エクイティの法理
―― 英米の土地法・信託法・家族法 ――

田島 裕 著作集
5

エクイティの法理
――英米の土地法・信託法・家族法――

田島　裕著

著作集 5

信山社

はしがき

　本著作集第4巻および第5巻（本書）は英米判例法の主要な法原理を説明することを意図している。第4巻ではコモン・ローを説明するので，本書ではエクイティを説明する。しかし，エクイティは，さまざまな法領域に関係するので，日本のように大陸法に属する国で法学を学んだ学生には非常にわかりにくい部分がある。エクイティの主要な法領域は土地法の中の信託法と呼ばれるものである。信託法はイギリス法固有の法領域であり，大陸法のように，物権か債権かという観念的な議論と結びつけることは困難であり，歴史的な産物として，そのいずれとも決めきれない性質の権利を含んだ法制度であると理解すべきであろう。このような視点に立って，本書は書かれている。第1章では「土地法の形成とエクイティ」について歴史的な基礎を説明した。

　第1章で注目するメートランドの研究が示しているように，土地法の領域はコモン・ローとエクイティが混在している。1925年の財産権に関する法律は，イギリスの土地法の近代化の基礎を築いた法律である。したがって，この法律について，第2章で一通り説明しておくことにした。「近代化」とは，土地の権利を人間の身分とは切り離し，自由に売買できる商品にしたことである，と理解することも可能であろう。信託法との関連では，土地利用の「公共性」という問題が重要である。さらに，1925年法は，土地の権利を絶対的単純不動産権と絶対的期間権だけにしたが，絶対的期間権は，いわゆる借地借家の基礎となる権利であり，この領域の法には国の福祉政策が関係している。

　第3章では，土地利用には「公共性」があり，行政法が伝統的なエクイティの法理を修正したことを説明する。英米には古くから固有な地方自治が残っており，土地の利用は地方自治と深いかかわりをもってきた。今日では，地方自治体の許可なしに土地を自由に利用することができないほど行政規制が

進んでいるが，このことが新しい問題を生んでいる。第3章では，このような視点に立って，地方自治法と都市計画法を説明する。第3章の最後に，アメリカのホーム・ルールに関する故ショウ・サトウ教授の論文を付けておいた。この論文は，同教授が東京大学でフルブライト客員教授として行われた講義をまとめたもので，わたくしが同教授と検討を重ねて日本語にしたものである。しかし，わたくし自身が日本語にしたものであるとはいえ，自分の著作物ではないので，通し番号はこれには付けなかった。

　第3章から明らかになったように，今日の社会では，地球環境の保護が重要な問題になっている。そこで，本書の第4章では，その問題に関する英米法の対応の仕方について説明した。環境保護は土地の利用のあり方と関係している。しかし，この問題を捉えるとき，その規制は地方自治の枠をはるかに超越して，国際法の問題にもなっており，非常に複雑な様相を示している。本書での研究は，問題点をスケッチしたものにすぎないが，より深い議論を展開するための礎石となってくれればありがたいと考えている。

　第5章では，現代信託法の法理を論じた。第1章で既にイギリス信託法のおおまかな構造と主要な法理の説明を終えており，本章では，そのことを前提としてわたくしが考察した2つの研究をこの章に入れることにした。第1は，わたくしの信託法学会での研究報告を書き直したものであるが，この研究は，上述のメートランドの問題提起に答えたものである。第2は，日本法における信託法とイギリス信託法とを比較検討したものである。この研究は，信託協会の研究助成を受けて土地法制研究会が行った共同研究の一部を引き受けたものであり，日本法を意識しているのはそのためである。この機会に，信託協会のご支援に感謝の意を表しておきたい。

　最後に，本書の中に家族法・相続法に関する研究も第6章としてまとめることにした。大陸法の視点に立つならば，本書でこれを扱う論理的必然性はない。しかし，封建時代の土地をめぐる権利関係が，身分と深いかかわりをもっていたことから，家族法の領域もまた，エクイティの影響を受けていることは，これまでの説明からも容易に推測できるはずである。ヨーロッパ

はしがき

　人権規約とも関係して，重要な判例があり，本書で紹介した。わたくしの著作集の中で，家族法・相続法を扱うとすれば，本巻が最も適していると思われる。この章の研究は未熟なものであるが，来栖三郎先生と過ごした思い出もこの部分にかかわっており，思い切って公表することにした。

　本書では，英文の研究が2点収載されている。1つは，第7章の「救済方法」である。実は，メートランドがいうように，今日では，コモン・ローとエクイティは相互補完関係にあり，切り離すことは適切でないので，エクイティの救済方法については，すでに第4巻で説明を済ませている。この第7章は，ロンドン大学高等法学研究所の依頼を受けて，日本法との比較研究を行ったものである。この論文の執筆に当たり，浜田俊郎氏の多大なご協力を得たので，改めてお礼を申し上げておきたい。第2は，筆者がロンドン大学で行った日本法の概説的な講義である。この研究は，本巻の主題とは直接関係するものではないので，付録の形で収載させていただくことにした。

　いつもながら，編集部の方々には大変お世話になったので，お礼の気持ちを表しておきたい。

　2013年8月

乃木坂の自宅にて
田　島　　裕

目　次

はしがき

1 土地法の形成とエクイティ …………………………………… 3

(1) コモン・ローとエクイティ ………………………………… 3
　(a) エクイティ裁判所 *(3)*
　(b) エクイティの特徴 *(6)*

(2) 封建的な土地制度 ……………………………………………… 8
　(a) 土地保有態様 *(8)*
　(b) 中世の不動産権（estate）の性質 *(10)*
　(c) 土地をめぐる訴訟方式 *(11)*

(3) 信託法の形成 …………………………………………………… 12
　(a) 歴史的背景 *(12)*
　(b) メートランドの講義の意義 *(17)*
　(c) 信託法の現代的意義 *(19)*

2 現在の土地・財産に関する法律 ……………………………… 21

(1) 1925年の財産権に関する法律の制定 ……………………… 21
　(a) 財産権の分類 *(21)*
　(b) 1925年法の構造と意義 *(23)*
　(c) 土地登記制度 *(25)*

(2) 現在の土地法 …………………………………………………… 26
　(a) 不動産（土地・建物）の譲渡または取得 *(26)*
　(b) 不動産（土地・建物）の賃貸借 *(28)*
　(c) 住宅政策の影響 *(31)*
　(d) 土地負担（land charges）*(33)*

目　次

　　　(3)　担保権の設定 ……………………………………………… 35
　　　　　(a) コモン・ローの担保権 *(35)*
　　　　　(b) エクイティの担保権 *(37)*
　　　(4)　ヨーロッパ人権規約第1プロトコールの意義と影響 … 39

3　地方自治法・都市計画法 …………………………………………… 43
　　(1)　地方自治法 ………………………………………………… 43
　　　　(a) 土地行政法の展開 *(43)*
　　　　(b) 地方自治体 *(44)*
　　　　(c) 土地利用の公的規制 *(46)*
　　　　(d) 特別裁判所の設置とその役割 *(47)*
　　(2)　イギリスの都市計画法 …………………………………… 50
　　　　(a) 都市計画法 *(50)*
　　　　(b) 土地利用計画を策定する機関 *(50)*
　　　　(c) 土地利用政策 *(52)*
　　　　(d) 利用計画許可制 *(56)*
　　　　(e) 計画行政の強制と紛争処理 *(60)*
　　　　(f) 都市再開発 *(62)*
　　　　(g) アメリカ法との比較 *(63)*
　　(3)　土地収用と正当な補償 …………………………………… 67
　　　　(a) 強制収用手続 *(67)*
　　　　(b) 正当な補償額の算定 *(69)*
　　(4)　アメリカ法(キャリフォーニア州)のホーム・ルール
　　　　　　［ショウ・サトウ＝田島裕訳］……………………… 71

4　まちづくりのための環境法（比較法）…………………………… 91
　　(1)　都市計画と環境保護 ……………………………………… 91
　　　　(a) まちづくりの現状の問題点 *(91)*

x

　　　　　　　　　　　　　　　　　　　　　　　　　　目　次

　　　(b) 都市計画の課題としての環境保護 *(92)*

　(2) 自然の保全管理 ………………………………………………… *94*

　(3) 公害の除去 ……………………………………………………… *95*

　　　(a) 水質汚染 *(95)*

　　　(b) 油濁汚染 *(97)*

　　　(c) 空気汚染 *(97)*

　(4) 廃棄物問題 ……………………………………………………… *98*

　　　(a) 廃棄物処理の機関 *(98)*

　　　(b) 環境大臣の監視義務 *(99)*

　(5) 環境情報の開示 ………………………………………………… *100*

　(6) ヨーロッパ連合の環境法 ……………………………………… *101*

　　　(a) EC（EU）法の環境保護政策 *(101)*

　　　(b) 水質汚染防止 *(102)*

　　　(c) 廃棄物規制 *(102)*

　　　(d) 自然保全・環境規制・監査 *(103)*

　　　(e) 大気汚染防止 *(103)*

　(7) 国際環境法 ……………………………………………………… *104*

　　　(a) ソフト・ロー *(104)*

　　　(b) 公害規制 *(105)*

　　　(c) 自然環境の保護 *(105)*

　　　(d) 危険物の取扱い *(106)*

5　現代信託法の法理 ……………………………………………………… *109*

　(1) イギリス法の公益信託 ………………………………………… *109*

　　　(a) 序説――普通の信託と公益信託の区別 *(109)*

　　　(b)「公益信託」の定義 *(111)*

　　　(c) 公益信託の濫用防止・救済方法 *(117)*

　　　(d) 将来に残された諸問題 *(122)*

目　次

　　(2)　日本の民法と信託法 …………………………………… *124*
　　　　(a) 序　説 *(124)*
　　　　(b) 信託の設定 *(127)*
　　　　(c) 受託者の権利義務 *(131)*
　　　　(d) 受益者の法的地位 *(133)*
　　　　(e) 信託の担保的機能 *(137)*
　　　　(f) 信託法の新展開 *(139)*

6　家族法・相続法 …………………………………………………… *141*

　(1)　子供・家族・国家 ……………………………………………… *141*
　　　　(a) キリスト教の文化の影響 *(141)*
　　　　(b) 家族と子供 *(142)*
　　　　(c) 国　家 *(144)*
　(2)　夫　婦 ……………………………………………………………… *146*
　　　　(a) 婚姻の成立 *(146)*
　　　　(b) 婚姻の効果 *(147)*
　　　　(c) 離婚 *(149)*
　　　　(d) 別居 *(150)*
　(3)　夫婦財産関係 …………………………………………………… *151*
　(4)　親　子 ……………………………………………………………… *153*
　　　　(a) 親子関係 *(153)*
　　　　(b) 養子と準正 *(157)*
　　　　(c) 扶養・監護・後見の義務 *(158)*
　　　　(d) 教育の義務 *(158)*
　　　　(e) 親　権 *(160)*
　　　　(f) 子供の権利 *(161)*
　(5)　相　続　法 ……………………………………………………… *163*
　　　　(a) 遺言相続と無遺言相続 *(163)*

　　　　(b) 承継的財産処分 *(166)*

　(6) 将来権の法システム ················· 168

　　　　(a) 起　　源 *(168)*

　　　　(b) 展　　開 *(170)*

　　　　(c) 現在の法律 *(172)*

　　　　(d) 将来権の再考 *(175)*

7　Tracing of Assets ［英文］ ················· 177

　(1) INTRODUCTION ················· 177

　(2) CAUSES OF ACTION ················· 178

　　　　(a) Note *(178)*

　　　　(b) Criminal action *(178)*

　　　　(c) Civil actions *(180)*

　　　　(d) Corporate actions *(184)*

　　　　(e) Administrative litigation *(186)*

　(3) FINDING AND TRACING ASSETS ················· 187

　　　　(a) Criminal procedure *(187)*

　　　　(b) Civil procedure *(190)*

　　　　(c) Trust law *(192)*

　　　　(d) Administrative procedure *(194)*

　(4) FREEZING THE ASSETS ················· 195

　　　　(a) Injunction（sashiosae） *(195)*

　　　　(b) Bankruptcy procedure *(196)*

　　　　(c) Auction（keibai） *(198)*

　(5) DUTY OF BANKERS TO PROTECT CONFIDENTIAL INFORMATION *200*

　　　　(a) General principle *(200)*

　　　　(b) Implied duty of the bankers not to disclose *(201)*

　　　　(c) Cases where bankers may disclose *(201)*

xiii

目　次

　　(6)　MONEY-LAUNDERING LEGISLATION ……………………… 202
　　(7)　MULTI-JURISDICTIONAL ACTIONS ………………………… 203
　　　　(a) Foreign corporations under Japanese law *(203)*
　　　　(b) Recognition in Japan of foreign judgments *(205)*
　　(8)　OTHER MATTERS ……………………………………………… 207
　　　　(1) Third party liability *(207)*
　　　　(2) Insurance policies *(207)*
　　　　(3) Lender's liability *(207)*
　　　　(4) Statutes of limitations *(208)*

付　録 ……………………………………………………………………… 211
　1　Learnig from Japanese legal tradition ……………………… 213
　　1.　JAPANESE LEGAL HISTORY ……………………………………… 213
　　2.　WRITTEN CONSTITUTION ………………………………………… 215
　　3.　ROPPO ……………………………………………………………… 216
　　　(1) Structure *(216)*
　　　(2) Exemption clause in contracts――Example *(217)*
　　4.　CUSTOMARY LAW ………………………………………………… 219
　　5.　CONCLUSION ……………………………………………………… 220

　2　Special Lecture ……………………………………………………… 223

事項索引│*(233)*
判例索引│*(239)*
法令索引│*(247)*

xiv

初出文献リスト

- まちづくりのための環境法『土地利用の公共性』(信山社、1999年) 369-384頁
- イギリスの都市計画法『土地利用の公共性』(信山社、1999年) 265-381頁
- ショウ・サトウ (田島裕訳)「キャリフォーニアにおける市の自治」アメリカ法 [1966-2] 215-235頁 (1966年)
- 「イギリスの公益信託」信託法研究13号67-83頁 (1989年)
- 「日本の民法と信託法」企業法学第9巻65-83頁 (2002年)
- 「将来権について」名城法学38巻別冊 (本城教授還暦記念論文)(1989年) 147-160頁
- 解説『来栖三郎著作集Ⅲ』(信山社、2004年) 418-22頁、448-50頁、467-72頁
- International Tracing of Assets, (Pearson Professional Limited 1996) pp. 1-20 (with Shunro Hamada)
- Learning from Japanese Legal Tradition, in Amicus Curiae [Journal of the Society for Advanced Legal Studies, London] No. 29 (2000)

エクイティの法理
―― 英米の土地法・信託法・家族法 ――

1 土地法の形成とエクイティ

(1) コモン・ローとエクイティ

(a) エクイティ裁判所

§1 著作集第4巻ではコモン・ローを説明したので、それに続く本巻［第5巻］では主としてエクイティの法理を説明する。しかし、歴史的な事情からも、エクイティの領域をコモン・ローから截然と区別して定義することは不可能であるし、そうすることは適切でない。エクイティは、国王の通常裁判所がコモン・ローをキャッチ・フレーズとして判例法を形成していったのに対し、主として請願（action でなく suit）による裁判を担当した別の裁判所が形成した判例法体系を意味するものである。歴史的には、もともと1つの国王の機関（後に述べる Curia Regis）がコモン・ローとエクイティの両方の裁判に当たっていたが、イギリスの歴史的な事情のために、2つの裁判所が分離した[1]。後に述べるように、19世紀後半に裁判所は統合されるが、コモン・ローとエクイティは今日でも別個なものである。

§2 12世紀には王会（Curia Regis）と呼ばれる合議体が裁判の審理に当たったが、これは国王に対する請願（petition）に対し、いかなる救済を与えるべきかを決定する機関であった[2]。13世紀および14世紀にかけて、この請願の数が急

---

(1) イギリス以外の諸国では、1つの裁判所がコモン・ローとエクイティの両方を運用してきた。2つの裁判所が別々にそれらを運用したという点は、イギリス法固有の特徴である。POLLOCK, THE TRANSFORMATION OF EQUITY, ESSAYS IN LEGAL HISTORY (1913) pp. 287-290.

(2) エドワード征服王がイングランドを統一する以前のアングロ・サクソン法には不明な点が多く残されているが、この王会の慣行はケントのエセルバート王時代の賢人会の伝統を引き継いだものと思われる。BEDE, HIST ECCL. ii5, pp. 150-1 を引用し、

1　土地法の形成とエクイティ

速に増えたことに対処するために，王座部裁判所（King's Bench）および評議会（Council）という組織にその裁判慣行が引き継がれ，これらの裁判所が厳格なルールを確立していた[3]。13世紀頃には民事訴訟裁判所が登場し，ほとんどの民事裁判は，王座裁判所の公判審理を行う前に，この裁判所が第1審の審理に当たるようになった[4]。1272年には，民事訴訟裁判所の裁判に当たる専任の裁判官が任命された。これらの裁判所は，コモン・ローの裁判所として成長していった。しかし，これらの裁判所が扱う事件は，訴訟方式による拘束を受けていたため，国王に対する請願は残った[5]。

§3　アングロ・ノルマンの時代から大法官（Chancellor）の役割は重要であった。王会（Curia Regis）においても大法官は重要人物であった。しかし，13世紀になると大法官の職務は，いちおう王会から分離され，裁判の職務に直接かかわらなくなっていった。大法官は，国璽を保管し，公文書の作成等に係わる行政官となった。しかし，国王の裁判所がコモン・ロー裁判所となり，厳格な形式を維持するようになると，厳格な訴訟方式に該当しない事件は，大法官が対処しなければならず，ここにエクイティの裁判所が起こる遠因があった[6]。コモン・ロー裁判所は，ローマ法の影響を受けていただけでなく，

P. WORMALD, THE MAKING OF ENGLISH LAW: KING ALFRED TO THE TWELFTH CENTURY (1999) p. 29は，これを検証している。

(3)　POLLOCK AND MAITLAND, THE HISTORY OF ENGLISH LAW BEFORE THE TIME OF EDWARD I (1895) vol. 1, at 177.

(4)　ヘンリー3世は1224年に成人になるが，それ以前には王座部裁判所（King's Bench）で実際に裁判に当たることはなく，国王の裁判所（coram rege）は開かれず，この経験が民事裁判を簡略に処理する慣行を生む原因になったものと思われる。

(5)　P. H. PETTIT, EQUITY AND THE LAW OF TRUSTS (10th ed. 2006) p. 2. 大法官がエクイティの裁判所としての形を顕在化したのは1474年頃である。Earl of Oxford's Case, (1615) 1 Co. Rep. at 6 (per Lord Ellesmere) 参照。

(6)　訴訟当事者は，訴訟を開始する前に大法官府へでかけ，訴訟開始令状を取得する必要があった。この令状はローマ法のアクチオ（訴訟方式）に倣うもので，厳格な様式をそなえていた。後に場合訴訟（case）という弾力性のある訴訟方式が認められるようになるが，適切な訴訟方式に当てはまらない場合には，大法官が略式の紛争解決をはかる必要がしばしばあった。

(1) コモン・ローとエクイティ

ラテン語を使って裁判をしたので，王会のラテン・サイドとも呼ばれた（これに対してエクイティはイングリッシュ・サイドと呼ばれた）。この両者は，協力する関係にあって，裁判管轄もしばしば競合していた。

§4 ところで，13世紀には，国王の財政に係わる事件の裁判のために，財務府が財務裁判所という組織をもつようになった[7]。この裁判所の起源は明らかでない。しかし，王会やその他の会合で財政に係わる訴訟が問題になった場合，財務に責任を負うバロンは，その事件を財務局（Exchequer）に持ち帰り，ここで討議することが1238年頃からあったようである。エドワード1世の時代には，財務局での合議は裁判に類似した形で進められるようになり，これが後に財務室裁判所（Court of Exchequer Chamber）と呼ばれるようになった。1579年には，独立した裁判所として確立している。エクイティ裁判所がコモン・ロー裁判所と対立するようになったのはその頃（16世紀）である。

§5 テューダー王朝からステュアート王朝に移行する時代に，クックがコモン・ロー裁判所の裁判官を代表して国王と対立したとき，国王側を支持する裁判所として，大法官が財務室裁判所と結託してエクイティ裁判所が形成された。土地財産の保護を求める訴訟の多くは，エクイティ裁判所に持ち込まれた。エクイティの裁判所が独立した裁判所になったことについては，クックとベーコンの個人的対立があったこととかかわりがあると思われる[8]。ベーコンはステュアート王朝の国王ジェームズの寵愛を受け，はじめは法務総裁として，後には大法官として，個人的にクックを攻撃した。訴訟開始令状を発給する代わりに，訴訟当事者を星の間（Star Chamber）に招き入れ，略式の裁判を行った。

§6 ホッブスの著作にこの対立に言及した部分があるが，クックの裁判はしば

---

(7) 財務室裁判所は今日にいたるまで名前を変えて残存しているが，長い歴史の間に大きく変遷している。17世紀頃の財務室裁判所は，今日の大法官裁判所のようなものではなかった。

(8) この2人の生涯通じた対立は，C. D. BOWEN, THE LION AND THE THRONE: THE LIFE AND TIMES OF SIR EDWARD COKE (1956) に詳しく説明されている。

1 土地法の形成とエクイティ

しば間違ったものであり，その間違いを訂正する裁判所としてエクイティ裁判所の存在を肯定している[9]。当時のコモン・ロー裁判所の裁判は，ラテン語やフランス語を使って行われていたようであり，余りにも形式を重んじすぎる傾向があったため，国民は新しい裁判所の登場を期待していたものと思われる[10]。エクイティ裁判所は，開始令状（original writ）を発給する職務を担っており，その発給のときに，この国民の期待に応えようとしたのであるが，コモン・ロー裁判所は，司法令状（judicial writ）を発給することにより，それに対抗しようとした。

(b) エクイティの特徴

§7 19世紀の後半に両者は統合され，単一の裁判所によって裁判されるようになった。1873年の裁判所法により，今日の裁判所制度の基礎が作られたとき，エクイティ裁判所はコモン・ロー裁判所と統合された。しかし，その頃までに判例法理の体系がすでに確立しており，その体系が維持された。高等法院の大法官部は，エクイティ裁判所の伝統を引継いでおり，歴史的継続性が今日でも維持されている。エクイティは，ローマ法における法務官法（jus praetorium）に類似した特徴をもっているが，明確な相違点もいくつかある。しかし，「いかなる［コモン・ローの］先例よりも正義と理性の方が有力である」とされ，補充的な役割をはたしてきたという点では，その両者は非常によく似ている[11]。

§8 コモン・ローとエクイティは，しばしば管轄権を競合した。ローマ法には「信託法」はないが，イギリスのエクイティ裁判所は，信託法を形成し，特定履行や差止命令など，多くの弾力的な救済方法を生んだ。エクイティ裁判所は，罰則付召喚令状（subpoena）を発給することができた。このエクイティ

---

(9) T. Hobbes, A Dialogue between a Philosopher and a Student of the Common Laws of England (1971 [1681]) pp. 86-8.
(10) エクイティ裁判所について，詳しくは，著作集第3巻1章1節4項を見よ。
(11) Y. B. 184, 19 Ed. III R. S. 376 (1346).

が創造した判例法は，次のような特徴をもっている。第1に，「エクイティは対人的に働く（equity acts in personam）」。ローマ法では，法務官は独立の裁判所と理解されたことはなく，対物管轄訴訟（Suit in rem）も行われていたが，イギリスでは不動産明渡訴訟も ejectment の訴訟であった。救済手段についても，判決（decree）に違反すれば拘禁（imprisonment）により強制することが行われた。

§9 イギリスでは「権利あるところに救済あり（Where there is a right, there is a remedy）」といわれる。コモン・ローでは訴訟方式は厳格なものであり，形式的な要件事実を備えていなければ，訴えは却下された。しかし，エクイティの裁判所では，権利が認められるときは，救済方法が裁判所によって考案された。古い時代には，エクイティ裁判所は，conscience および natural justice に従って裁判を行なうものと考えており，equity will not suffer a wrong to be without a remedy とも言われた。Equity looks to the intent rather than the form という格言も同じような意味で使われた。

§10 Equity follows the law は，エクイティのコモン・ローに対する優越性を意味する[12]。例えば，契約法上たとえ有効な契約が締結されていると認められる場合であっても，エクイティ裁判所は，その権利行使を「権利濫用」や「エクイティに違反すること」を理由として禁止することができた。しかし，エクイティの救済を求める者は，汚れた手をもつ者であってはならない（He who comes into equity must come with clean hands）。この格言は，He who seeks equity must do equity とも表現された。その他，delay defeats equities, equality is equity, equity looks on that as done which ought to be done, equity imputes as intention to fulfil an obligation などとも言われた。

---

(12) したがって，エクイティの権利を主張する者は，コモン・ロー上の権利に欠陥があることを証明する責任を負っている。Pettitt v. Pettitt, [1970] A. C. 777参照。

1 土地法の形成とエクイティ

(2) 封建的な土地制度

(a) 土地保有態様

§11 土地法の歴史は不法侵害（trespass）訴訟の歴史と同じくらい古い[13]。トレスパスは，土地に対する不法侵害を禁止している。中世の法律は，ほとんど土地法に関するものであった。土地はその他の財産と著しく異なった性質をもっており，古くから詳細な法規範があった。ローマ法では，土地の所有権は絶対的な排他的な権利であると考えられていたが，外国の土地を侵略してイングランドを統一した国王にとっては，このローマ法の理論は不都合であった。イギリス法は，土地は神によってのみ所有されるものと擬制し，独自の土地法の理論を生んだ[14]。国王は神の代理人ではあるが，国王が土地を所有するのではなく，いわば管理するものと考えられたのである。

§12 国王に忠誠を誓う者に対し，国王は土地を封土した。これは，受封者が土地保有態様（tenure）の諸条件を満たしている限り，受封者が自由に土地を使用し，収益するのを許すものであった[15]。土地の処分ないし譲渡が許されるようになったのは1540年以降のことである。土地の保有態様は，大別すれば，自由保有（free tenure）と非自由保有（unfree tenure）とに分けられ

---

[13] BAKER AND MILSOM, SOURCES OF ENGLISH LEGAL HISTORY (2nd ed. 2010) は，土地に関する訴訟として，(1) writs of right (Bavent v. Garnoise [1194])，(2) writs of entry (Alam of Gus v. Panton [1210])，(3) assize of mort d'ancestor，(4) assize of novel disseisin を説明している（pp. 10-34）。ちなみに，Trespass（不法侵害訴訟）に関しては，多数の判例を紹介しているが，王の平和（King's peace）の法理の事件（Anon (1304) が最初の判例である（pp. 338-50）。

[14] BRACTON, DE LEGIBUS ET CONSTITUDINIBUS ANGLIAE (1250) の1に説明されている。

[15] Statute Quia Emptores (1290), Statutes of the Realm, vol. 1, p. 106は，再封土を含む自由保有を認める条件として，provided however that the feoffee shall hold those lands or tenements of the same chief lord and by the same services and customary dues as his feoffor previously held them と規定しており，この規定がフランスやドイツとは異なる土地保有制度を生むことになる。

る。自由保有は，保有条件に従っている限り，土地を自由に使用，収益，処分できるものである。自由保有は，これに付される条件によって，軍務奉仕（sergenty），騎士奉仕（knight service），自由寄進（frankalmoin），鋤奉仕（socage）に分類される。例えば，騎士奉仕の場合，(1)臣従の誓い（homage）をたて，(2)相続のときに相続料を払い，(3)後継者が未成年者である場合には，後見料（wardship）を払って土地を管理してもらい，(4)婚姻するときには相談料（marriage）を支払って了承を得て，(5)緊急時には国王ないし領主のために援助金（aids）を出すことが付随条件となっていた[16]。

§13　1660年の土地保有態様に関する法律は，きわめてわずかな例外は別として，鋤奉仕以外の保有態様を廃止した。古い時代に土地保有に付随していた封建的な諸条件は，現在では法律によって廃止されているが，観念的には古い時代のそれが残っており，土地法の理解には歴史の研究が必要である[17]。その時代の土地法については，リットルトンの『土地保有権論』[18]に詳しく説明されている。その封建的土地法の存在を前提として，イギリスの歴史的事情から信託法と呼ばれる法が生まれた。これに関係する諸法理はエクイティであるが，これについては本書第5章で詳しく説明する。

§14　非自由保有は，謄本保有（copyhold）とも呼ばれる。土地の保有者がいわゆる小作人であって，その権利の内容が領主裁判所の謄本に記録されているものをいう。この保有者は，領主の土地を耕し，指定された作物を作ることが許されたが，土地を離れれば権利を失ったので，隷農と呼ばれることもあった。とはいえ，他のヨーロッパ諸国と比べれば，この謄本保有は法律上の権利であり，当時としては，きわめて先進的な法制度であった。もっとも，こ

---

[16] ヘンリー8世はローマ教会から破門され，自らイングランド教会の長となってのであるが，英国内の教会がヘンリー8世を支持したことに対する見返りとして，1540年法により主に教会に対し土地に関する特権（処分権）を付与した。

[17] Martin Dixon, Modern Land Law (8th ed. 2012) p. 2.

[18] 中世の土地法を叙述したLittleton (?-1481) のTenures は，Coke, Institutes のvol. 1 (1624) に再編され，注釈を付した著作物として残されている。この著作物はCoke upon Littleton と通称されている。

1　土地法の形成とエクイティ

の権利は，国王の裁判所で直接保護を受けることはできず，原則として領主の荘園裁判所の保護しか受けることができなかった。この制度は，現在では完全に廃止され，後に述べるような近代的な賃貸借の制度に変わっている。

(b) 中世の不動産権（estate）の性質

§15　土地保有の態様とは別に，それぞれの個人がもつ土地に対する権利に注目すると，不動産権（estate in possession）が問題となる。これは，それぞれの者がもつ権利の性質や，それに付随する義務と関連する法律上の観念である。主要なものは，単純不動産権（fee simple），生涯権（life estate），限嗣不動産権（fee tail）である。

§16　まず単純不動産権とは，わが国の民法の土地所有権に近いもので，土地保有者は，その土地を自由に使用し，収益し，譲渡することができる。生涯権は，例えば夫に先立たれた未亡人が保有する権利であって，土地を譲渡ないし処分することは認められない。限嗣不動産権は，相続人である娘の夫が保有する権利であって，その娘夫婦の間に男子が生まれ，将来その子に単純不動産権が移転されることを条件として認められる権利である。換言すれば，直系卑属のみが相続しうる自由保有権である。不動産権についてこのようなものが生まれたのは，女性には原則として土地の権利が認められなかったことによる。コモン・ローにより認められたこの限嗣不動産権は1925年の財産権に関する法律により廃止され，現在では，エクイティ上の権利であるにすぎない（後述，第2章）。

§17　不動産権としては，さらに残余権（remainder）と復帰権（reversion）と呼ばれる権利がある。甲が生存している間は甲が，ただし甲が死亡したときは乙が，不動産権を取得することになっている場合，乙は残余権をもっており，甲が死亡したときにその権利を実現することができる。ところで復帰権は，甲が不動産権を一定期間乙に移転したとき（乙は期間不動産権をもつ），甲の相続人がもつ権利である。その相続人は，当該期間が過ぎたときにその権利を実現できる。これらは一種の将来権であり，不確定な要素が含まれている

(2) 封建的な土地制度

が，独立の権利として譲渡することができ，少なくともエクイティにより保護される。

§18 不動産権と関連して seisin という観念を説明しておかなければならない[19]。これは土地に対する現実の占有を意味するものであったが，近代になると，土地に対する支配権（control）を証明することによって，排他的な所有権の存在を推定せしめる用語となった。イギリス法では，ローマ法のような絶対的・排他的所有権は認めないので，この言葉が事実上それに代わるものとして使われてきた。不動産をめぐる訴訟ではこの言葉が使われ，重要な意義をもっている[20]。ここで説明した中世のイギリス不動産法は，しばしば法律によって改正された。現行法は，1925年の財産権に関する法律であるが，この法律については次章で詳しく説明する。

(c) 土地をめぐる訴訟方式

§19 土地封土が捺印証書によってなされている場合には，その保有者がもつ土地の権利がコモン・ロー上の権利が正当なものであるとされる。Law of Property (Miscellaneous Provisions) Act 1989, s. 1は，捺印証書を定義し，単純な契約書以上の厳格な様式を要求している。(1) 書面の中に「土地権利

---

(19) ローマ法の dominium（所有権）と対比される possessio（占有権）に類似する概念であり，フランス語の saisine に由来することばである。S. F. C. MILSOM, A NATURAL HISTORY OF THE COMMON LAW (2003) p. 62は，国王は排他的な権利を封土したが，土地が適切に管理されず，負担の支払いが遅滞すればその土地を取り戻したのであり，絶対的な所有権を国王が留保していたと言う。より詳細な説明は，MAITLAND, COLLECTED PAPERS vol. 1 (Cambridge, 1911) pp. 329-84 参照。

(20) S. F. C. MILSOM, A NATURAL HISTORY OF THE COMMON LAW (2003) p. 101は，国王にとって重要なことは，主従の忠誠契約の付随条件（incidents）として課させる負担が金銭で代替して支払われることであり，この負担の対価として支払われるものが seisin であった。この seisin をもつ者を確認することが重要であり，エクイティ裁判所が，assize of novel disseisin（新・侵奪不動産・占有回復訴訟）や assize of mort d'ancestor（相続不動産・占有回復訴訟）を生んだ。本書第2章で土地法・財産法を扱い，また第6章で家族法・相続法を扱うが，大陸法とは違った法理が英米法に残っているのは，このようなエクイティ判例法が存在するためである。

1 土地法の形成とエクイティ

証」である旨が明記されていなければならない。(2) 当該の書面が権利証として作成されたものであることを証明できる者が存在していなければならない[21]。捺印については，古い時代には，蝋に印を押しつけて作成されていたが，現在では，その蝋印の部分は L. S. という略号で省略され，当事者本人の署名があれば足りる。短期賃借権（short term lease）の場合には，捺印証書の作成は必要ないが，その他のコモン・ロー上の権利を作るためには，この書面が必要であり，2003年10月13日以降は，登記が必要とされている[22]。

§20　そもそも議論の出発点として「所有権」とは何かが問われなければならない。イギリス法では，大陸法にいう所有権はない。土地はだれのものではなく，社会が共有するものであり，国王がその利用権について管理している，と理解されているように思われる[23]。土地明渡請求訴訟は ejectment と呼ばれるが，この訴訟は所有権に基づく対物訴訟ではなく，John Doe と Richard Roe という架空の人物間の対人訴訟である。現在においても，不動産の所有権が争われる場合，当事者間のいずれの言い分がより信憑性が高いかを確認する形で行われる[24]。

(3) 信託法の形成

(a) 歴史的背景

§21　エクイティがもっとも重要な機能を果たすのは信託法においてである。中世の社会では，教会は国王に匹敵する強力な権力をもっており，教会法が財産法の法領域に大きな影響を与えた。教会は土地に大きな関心をもっており，早い時期にイギリス土地法を形成させる大きな理由となった（例えば，ドー

---

(21) Eagle Star Insurance Co. v. Green, [2001] EWCA Civ. 1389参照。
(22) Land Registration Act 2002, s. 7 and s. 27(1). なお，短期賃借権（short term lease）について，Law of Property Act 1925, s. 52(2) and s. 54(2)を見よ。
(23) Covenant は，もともと writ of right（権利令状）の1つであった。Fitzherbert, N. B. (1534) 119L. collation sigilli が要件であった。この訴訟方式は，1833年に廃止された。
(24) Littleton, *supra* note 18, §324, §567.

(3) 信託法の形成

ムズディ・ブックの作成）。封建時代の土地法は，身分と権利を結合したものであった。上述 §12で述べた(1)の sergenty は，いわば国王の身辺警護にあたる限られた身分の者が保有する土地保有態様である。(2) knigh は，いざことあるごとに戦場に駆けつける封建領主の土地保有態様である。(3) frankalmoin は精神的奉仕に対する土地保有の態様であり，教会の牧師，芸術家，芸能人，大学の学者などが得ることのできるものである。(4) socage はいわゆる農民の土地保有態様であり，もっとも一般的なものである。(5) copyhold は，謄本小作権を意味する。荘園領主が小作人の登録簿を維持することが法律上義務付けられており，これに登録された小作人は，国王の裁判所で，小作権の保護を受けることができた。

§22 「所有権（estate）」の説明のため，もう少し knight 保有について詳しく説明しよう。その土地保有に付された付随条件は，scutage[25]と呼ばれるもので，これは国王が戦争を行うときに一定人数の兵士を引き連れて王と共に出兵するか，それだけの兵力を買い求めるためにかかる財政支援を与えるか，いずれかのことをする義務である。この義務を守っている限り，土地の保有が認められるが，このシステムの中での権利関係は次のようになっていた。

［事例 1］

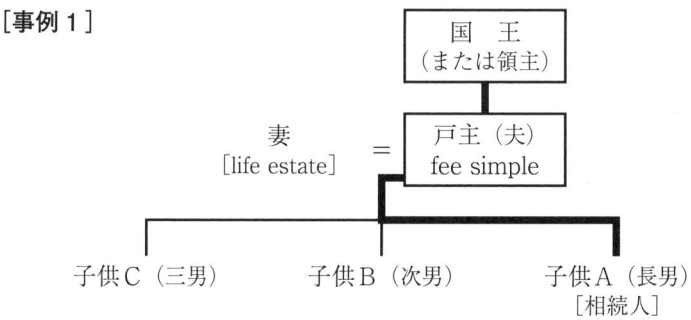

この関係において，国王に忠誠の誓いを立てた戸主は，単純封土権をもっている。この単純封土権は，日本民法にいう土地所有権に近いもので，使用，

---

[25] escuage とも書かれるが，英訳すれば，shield-money, すなわち戦時の楯を購入する資金の提供義務を意味する。

1 土地法の形成とエクイティ

収益，処分の権利を内容とする。その妻には生涯権が認められる。この生涯権は，処分権が含まれていない。すくなくとも，夫の財産の3分の1に対し，寡婦産（dower）として自分が生きている限り，従来どおりそれを使用し，収益することが許されていた。もし戸主があらかじめ「相続料」という一種の税金を事前に払っているならば，子供A（長男）が父親の単純封土権を相続することができた。もし子供Aに何らかの欠格事由が生じた場合には，子供B（次男）がAに代わって相続することも可能であった。

§23 Knightのもう1つの事例を想定し，限嗣不動産権，残余権，復帰権を説明することにしよう。

［事例2］

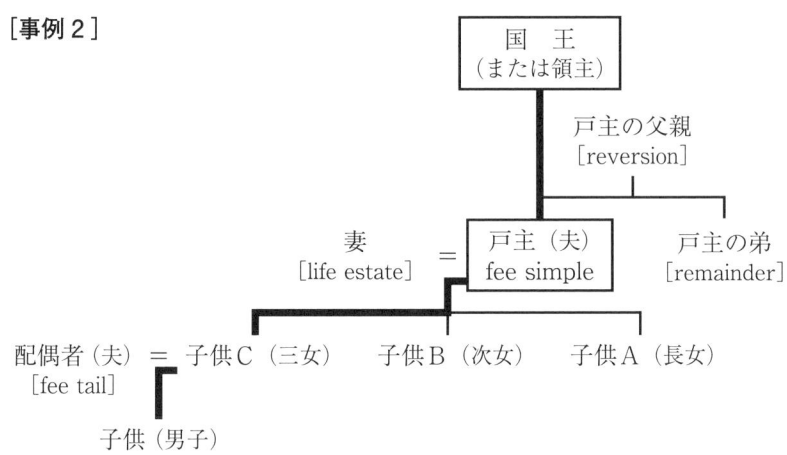

この事例では，国王に忠誠を立てて土地保有の認められた戸主が，男性の子供をもたない場合を想定している。シェクスピアの『リア王』のような家族の場合[26]のように，女性が3人いるとすれば，この3人の子供は，妻の生涯権を共有の形で相続することができる。しかし，3人の内のいずれかの女子が結婚し，男子の子供を生んだときには，一応その配偶者が「限嗣不動産権（fee tail）」を取得することになる。この不動産権は，いわばその男子

---

(26) リア王は3人の娘をもち，三女が最初に結婚して子供（男子）を産んだ。

14

(3) 信託法の形成

に単純封土権を相続させるための信託財産として扱われ，一定の時機に息子への正式な相続が行われることになる。しかし，これが行われない場合，財産が残存している限り，相続権は戸主の弟に移り，もしこの弟が存在しない場合には，戸籍を遡り戸主の父親，さらには叔父へと復帰権が生まれていくことになる。

§24　上述§13で紹介したリットルトンの著作には，このような身分と土地に関係するさまざまな土地保有態様（tenures）が説明されているが，事例2のような場合，家族は自分の土地の権利について，大きな不安を抱えていたものと思われる。イギリスでは，国王から封土された土地を再封土することは禁止されていたため，その禁止の回避をする試みがなされた。例えば，神が所有する国土を王が適切に管理するための調査を行った（doomsday）の記述の中で，ad opus domini Regis（自分が国王に代わって）という表現が用いられていることから，ad opus Johannis（Johnの代わりに）封土を受けるなどの表現が使われるようになった。この用法は，「村の教会に代わり」とか「大学に代わり」などの表現に流用されるようになり，実際上，娘を含めた家族が「負担を回避して受益する」目的で使われるようになった。後に述べるように，この慣行はuse（opusの古いフランス語）と呼ばれるようになり，The Statute of Uses（1535, 27 Henry VIII, ch. 10）により禁止されるが，use upon useという類似の慣行が生まれ，裁判所もこれは有効であるとする判決をくだすようになった[27]。後に説明するように，現代になると信託として益々利用されるようになった。

§25　この1536年のStatute of Usesの説明の前に，1290年のエドワード1世の法律（Quia Emptores）は，イギリス法制史上重要な立法である[28]。この法律

---

[27]　コモン・ロー裁判所（民訴裁判所）は，Tyrrel's Case, (1557) 2 Dyer 155a でこれを違法と判決したが，Sambach v. Dalston, (1634) Tothill 188で，信託制度を理論的に整理し，公益性のあるその慣行を有効と判決した。

[28]　Statute of Westminster III (1290) と呼ばれる法律で，法文の冒頭の文章がQuia Emptoresから始まっていることから，このように呼ばれる。ちなみに，エドワード1世は，イギリスのユスティニウスと呼ばれることがあるように，重要な立法を数

に言及する必要がある。この法律は，§16で言及した「単純不動産権（estate in fee simple）」の保有者が，その権利を他人に譲渡することを許したが，再封土を禁止したものである。土地を譲り受けた者は，国王への忠誠義務を承継し，国王との直接の関係が維持されるものと擬制された。このことは，他のヨーロッパ諸国（例えばドイツ）のように，どんどん小さく分割され，やがて国王ないし領主が最下位の臣民との直接の関係がなくなるような状態を生ぜしめるのを防ぐことに役立った。Quia Emptores がなければ，1536年の Statute of Uses は生まれなかった。

§26　1536年のユース法および1660年の土地保有態様の廃止に関する法律にも言及しておかなければならない[29]。ヘンリ8世は，財政難に苦しみ，封建的な課税制度を利用して財政の建て直しを意図して国会を説得し，ユース法（1536年）を制定させた。この法律は，コモン・ロー上違法とされていたユースの慣行を承認し，実質的な受益者（cestui que use）を土地所有者として課税することを内容とする。当時の国会は，コモン・ロー法律家により支配されていたが，彼らにとっても，コモン・ロー上の権利を承認することにより職域を広げることになり，これを歓迎したのである。しかし，このことは土地の権利関係を複雑化することになり，1660年には，一方では税法を近代化するとともに，土地の権利を socage に一本化することになった[30]。

§27　信託の目的のために考案された法的仕組みをセッツルメントと呼んでいた。家族の戸主である父親は，自分の子供たちのために財産を残したいと考えたであろうし，過重になりがちな税負担を回避したいと考えたにちがいな

多く制定した。

(29) J. L. BARTON, FUTURE INTERESTS AND ROYAL REVENUES IN THE SIXTEENTH CENTURY, IN ARNOLD, GREEN, SCULLY AND WHITE (eds.), ON THE LAWS AND CUSTOMS OF ENGLAND: ESSAYS IN HONOR OF SAMUEL E. THONE 321-35 (1981) は，これらの立法の歴史的意義を詳しく説明している。

(30) Tenures Abolition Act 1660. Statute of Uses (1536). 1692年に最初の土地税制が導入され，さらに1799年に所得税法が導入され，封建的な付随条件は消滅した。ちなみに，所得税法はその後廃止されたり，再導入されたり，数度の変遷を経て現在の Income and Corporation Taxes Act 1988となっている。

(3) 信託法の形成

い。もし自分の財産（土地）を税金の免除される教会などに寄進し，家族はその利益をいつまでも享受できるならば，その希望は実現される。はじめは，ユースという形での信託の取決がなされたが，ユース法が制定されてこれが禁止されたので，やがて信頼を意味する信託（trust）の慣行が行われるようになったのである[31]。これにより財産は受託者に移転するが，その信託契約によって，その運用の利益は受益者が享受できる。

(b) メートランドの講義の意義

§28 エクイティの領域は，中世にまでさかのぼって議論がなされ，現存の資料がとぼしいということもあって，はっきりとして定説はない。しかし，細部について多少の異論はあるとしても，メートランドのケンブリッジ大学での講義は，その研究にとって最も貴重な文献である。メートランドは18年余りエクイティの講義をし，2つの重要な業績を後世に残した。第1に，訴訟方式を整理し，詳細に解説した「F. W. MAITLAND, THE FORMS OF ACTION AT COMMON LAW（Chaytor and Whittaker ed. 1948）」がある。この著作は，いわばコモン・ローの基本書であり，これについては第4巻で紹介した。第2に，1909年に『エクイティ』と題する著作（A. H. Chaytor and W. J. Whittaker 編）がある[32]。この著作は，エクイティの法理を詳しく説明しながら，信託法がなぜイギリスで形成されたかについて，深い考察を示している。

§29 メートランドは，上述の著作の中で，本書でこれまで説明したような歴史を概観しているが，その最初の部分でブラックストンの研究を紹介し，エクイティとコモン・ローとの関係を問題にしている。ブラックストンによれば，「コモン・ローの厳格さを和らげることがイギリスにおけるエクイティ裁判

---

(31) 前述§26で説明した1536年のユース法は，免税が認められる受託者に信託のため土地を移譲することを禁止したが，丙の利益のために甲が乙に信託を設定することは禁止していなかったので，裁判所は3者関係の信託を有効とした。

(32) F. W. MAITLAND, EQUITY-A COURSE OF LECTURES (J. Brunyate rev. 1936). この著作は，メートランドの学生 Chaytor and Whittaker により，その講義ノートに基づいて編纂された。

1　土地法の形成とエクイティ

所の役割である」。「エクイティの裁判所は，文章の厳密さに従って判決するのでなく，ルールの精神に従って判決する」。「信託はエクイティの固有な研究対象であるが，コモン・ローでも扱い得る」。さらに，「エクイティの裁判所は，法理または先例によって拘束されることはなく，すべての個々の事件の諸情況に基づく裁判官の意見に従って行動する」という[33]。

§30　要するに，エクイティもコモン・ローもともにフィクションであり，その2つは対立するものではなく，補完する関係にあるというのである。メートランドは，ブラックストンのエクイティとコモン・ローの融和の理論が，1873年および1875年の司法府に関する法律を生んだのであり，この法律がイギリス法の新時代の基礎を築いた，と理解している。メートランドによれば，The Supreme Court of Judicature（司法府最高法院）の High Court に管轄権が集約され，Chancery Division が分離されているとはいえ，この分離は協力を目的としており，エクイティとコモン・ローの融合を実現したものだという。このことは，信託法の領域において，特に重要な意味をもつ。

§31　メートランドは，コークの信託の定義を引用しながら，その現代的意義を説明している。コークの定義によれば，A が B に土地を移転し，その土地から得られる収益を C が受益するという信頼関係が成り立っており，その信頼を裏切られないことを監視することによって信託は成り立つ[34]。例えば，イギリスで遺言が執行されるとき，被相続人の全財産が遺言執行人に移される。遺言執行人は相続法に従って誠実にその全財産を相続人に配分する義務を負う。その遺言執行人が誠実に職務を果たさない場合，コモン・ローは事後的に損害賠償を認めることしかできないが，エクイティはその職務を誠実に実行する力をもっている。エクイティの裁判所は，差止命令，特定履行命令などを出すことができる。メートランドは，公益を目的として信託が使わ

---

[33]　BLACKSTONE, COMMENTARIES vo. 4 (1769[復刻版, 1966]) Pt. 1, cc. 4 & 8. *Cf.* Cowcher v. Cowcher, [1972] 1 All ER 943 at 948.

[34]　COKE, INSTITUTES vol. 1 [Littleton upon Tenures] (1628) p. 272b.

18

れる場合，いかに有用な法理であるかを説明した[35]。

(c) 信託法の現代的意義

§32 現在の信託法は土地以外の財産に関係することが少なくないが，形成期の信託法は土地法の一部として使われたものであった。中世では，土地保有に付随する諸条件が一種の租税としての機能を果たしていた。また，女性は土地の所有権をもつことはできなかったので，娘しかもたない夫婦は，信託契約によって娘を受益者とすることによってその実質的な利益を娘に与えようとした。このようにして，信託の慣行は中世に生まれた。それは主として，封建的な身分関係に結合した土地保有の付随的諸条件から逃れようとする企てであったといってよい[36]。この目的のために考案された法的仕組みをセッツルメントと呼んだ。家族の戸主である父親は，自分の子供たちのために財産を残したいと考えたであろうし，過重になりがちな税負担を回避したいと考えたにちがいない。

§33 信託は寄託とは異なる[37]。たしかに，教会や大学が寄進を受ければ，教会や大学は，それを有益に利用することによって，その財産の何倍もの価値を生み出す。財産を預かるというだけでなく，新たな価値を生み出すところに視点が置かれている。わずかな寄付であっても，多数の寄付が集まれば，想像できないほどの大きなプロジェクトを実現することもできる。投資信託のように，営利を目的としていたとしても，営利で得た利益を年金の形で関係者に配分される仕組みであれば，社会福祉に役立つ。これと関連して「公益性」について議論の余地があるが，この問題については，本書では第5章1節で

---

(35) 例えば，メートランドがいたケンブリッジ大学を何百年にもわたって維持できたのは信託法理があったためである。

(36) Settled Land Act 1925の基で許されていた承継的家族財産。この制度は，Trusts of Land and Appointment of Trustees Act 1997により廃止され，近代化されている。これについては，後述165頁§264。

(37) 信託法について，ブラックストンがとくに関心をもったのがこの論点である。BLACKSTONE, COMMENTARIES vol. 2 (1766[復刻版，1966]), p. 451.

1　土地法の形成とエクイティ

詳しく説明する。ここでは，Pettitt v. Pettitt 判決[38]に注目するにとどめたい。

§34　現代においては，近代的な租税法や相続法が制定されているし，また女性も平等に財産権を平等に享受できるので，信託を利用する歴史的意義はなくなっている。しかし，実際にはますますその重要性を増している。それは，信託法は通常の委任契約では実現できない，もっと高度の人間の信頼関係を保護するものであり，当事者の目的を最高の能力に頼って実現したいと望むとき，信託法は便利な道具となりうるためである[39]。ヘイトンは，「信託」は便利なものであり，その担保機能を利用した「信託証券担保」のほか，企業活動のために「事業信託，ユニット信託，年金基金信託，従業員信託」など多くの目的のために使われていることを説明している[40]。租税回避という点についても，もし公益性の高い学術研究などに役立てることができるならば，理想的な租税誘引措置となりうる。受託者の義務は，きわめて厳格なものであるが，受託者であるという事実は，その者が信頼に値する人物であることの証拠であり，多少の負担を負っても受託者になる者が多数いる。

---

(38)　Pettitt v. Pettitt, [1970] A. C. 777. この事件は，妻が贈与を受けた不動産を売却し，新しい不動産を買い，その所有権は妻のものと理解されていたが，後に夫との間で，その権利が争われた事件である。夫は，不動産を改良しており，この場合には擬制信託が存在すると主張し，一定限度で認められた。

(39)　委任契約違反に対する救済方法は，損害賠償に限られるが，信託法違反に対する救済方法には，追跡権の付与や特定履行の強制も含まれている。例えば，ルーブルや大英博物館などに所蔵されている名画が盗まれたとき，その絵画がどこで発見されようとも，当該絵画をとり戻すことができる。

(40)　今日の信託法は，大陸法と英米法の2類型があるだけでなく，今日では，イギリス法とアメリカ法の間にも大きな相違が見られる。最近，ヨーロッパを中心として国際的な統一を図る努力が見られる。これについては，新井誠編『欧州信託法の基本原理』(有斐閣，2003年)，ハーグ信託法条約 (1988年採択，1993年発効)。1999年の国際会議。D. J. HAYTON, KORTMANN AND VERHAGEN (eds.), PRINCIPLES OF EUROPEAN TRUST LAW (1999) を見よ。

2　現在の土地・財産に関する法律

(1) 1925年の財産権に関する法律の制定

(a) 財産権の分類

§35　イギリス議会は財産法（property law）に関する法律と呼ばれる法律を1925年に制定した。19世紀末には産業革命は完成期を迎え，イギリス社会は大きく変わった。第一次世界大戦を経験し，新しい社会を創ろうとする意欲にもえていた。その時代の土地は，前章で説明したような人間の身分に関係するものではなく，新しい事業を行うために必要な空間であった。また，土地はそれ自体が大きな商品であり，資産としても最も重要なものである。「財産」には土地以外の財産も含まれる。例えば，1893年の物品売買法は，買主が代金と呼ばれる約因を支払い，売主がそれに対して物品を買主に移転したとき，買主は財産権を取得することと定義している。さらに，買主が全額の支払をしないときは，売主が権利を留保し，この権利を証明する証書を担保として利用することもできる。現在では，会社が社債担保を利用したり，会社資産を対象に銀行などと浮動担保権を設定することが行われている。

§36　イギリス法で「財産法（property law）」という場合，土地がその主要なものであることは現在でも変わりない。しかし，ジョン・ロックは，『市民統治の真の起源，範囲および目的に関する論文』と題する論文の第5章を「財産権」についての論考にあて，「財産権は労働の産物」であるとする理論を展開している[1]。ジョン・ロックのいう「財産権」は土地の権利だけに限られない。むしろ，自然に存在する物（things）とは区別される人間の労働価

---

(1) JOHN LOCKE, AN ESSAY CONCERNING THE TRUE ORIGINAL, EXTENT AND END OF CIVIL GOVERNMENT (1690) §25, §27参照。

2　現在の土地・財産に関する法律

値を添加した生産物に対する権利を「財産権」と呼んでいる。このような物品の価値に注目する考え方は，本書第3章で説明する土地の強制収用に対する「正当な補償」の算定額などに直接影響を与えている。

§37　イギリス法上，財産は動産と不動産に分類される。不動産（real property）でない財産は，しばしば人的財産（personal property）と呼ばれる。人的財産は動産（chose in possession）と無体財産（chose in action）とに分類される。無体財産は，訴訟（action）によってのみ実現される権利を意味する。具体的には，為替手形，約束手形，船荷証券，倉庫証券などを指すことが多い。これらの証券は，通常流通性が認められており，善意有償の保持人（holder in due course）は，それに表象される物に対する完全な権利が認められる。さらにまた，最近では，クレジット・カードが普及し，文字どおりの信用取引（信用を担保とする取引）が行われるようになっている。プロジェクト・ファイナンスの取引ではプロジェクト自体が財産的価値をもち，それを担保として融資が行われている。

§38　ところで，第1章§33で信託と寄託の区別に言及したが，寄託（bailment）は，イギリス法に固有な法律関係である[2]。この関係は，(1)無償で保管してもらう場合（depositum），(2)寄託物を使用して何かをしてもらう場合（mandatum），(3)使用貸借の場合（commodatum），(4)質入の場合（pignus），(5)賃貸借（locatio conductio）の場合，(6)物品運送や船荷契約の場合の6種類の場合に生じる。物の引渡を受けた者が占有権（possession）をもち，その占有を奪われたときに訴権が生じる[3]。受寄者の責任は，有償の場合には善良な管理者として

---

[2]　来栖三郎はこの用語に「委任」という訳語を当てているが，これについては，本著作集第4巻の「契約法」の章で詳しく説明する。

[3]　O. W. Holmes, The Common Law (Howe ed. 1963) は，その第5講でイギリスの「寄託（bailment）」に関する法の発展について，本文で述べるようなことを説明している。とくに Coggs v. Bernard, (1703) 2 Ld. Raym. 909, 91 ER 25 および Southcote v. Bennet, (1601) Cro. Eliz. 815, 4 Co. Rep. 83b, Co. Lit. 89, 76 ER 1061 の読み方を重要視しているが，その読み方はイギリスの法律家の読み方とは微妙に違っているように思われる。この読み方の違いが，後に本書で説明するイギリス信託法とアメリカ信託法の特徴の相違を生んでいる。

(1) 1925年の財産権に関する法律の制定

特別の注意を払って保管することを意味するが，受寄者の好意により無償で保管される場合には，寄託者がその者の重過失を証明しない限り免責される。「寄託」である場合には，「譲渡」は成立しない。しかし，その寄託物が信託財産であり，受寄者が信託受託者である場合には，もっとも厳格な責任を負う。

(b) 1925年法の構造と意義

§39　土地法の歴史は，非常に長く，複雑であるが，1925年の財産権に関する法律（Law of Property Act）（以下，「1925年法」という）は，イギリスの土地法制を近代化した最も重要な基本法である[4]。近代化とは，土地に関する諸権利が身分と関係をもっていて複雑になりすぎているので，土地を商品化するということを意味する。産業革命が完成した時代においては，人々は一つの土地に定着することは重要とは考えず，土地の慣習法の中の不都合な部分を廃棄したいと考えた。もちろん，イギリスは歴史的継続性を重んじる国であり，この法律は慣習法を明文化したものではあるが，制定の過程で思い切った単純化が行われた。また，土地の売買を自由にして，事業に必要な資金の融資を受けるために，土地に譲渡担保権が設定されるようになった。これに関する法理が追加されている。

§40　1925年の財産権に関する諸法律は，コモン・ローの土地の権利を単純化し，絶対的単純不動産権と絶対的期間権だけになっている。その他の土地に関する権利はエクイティ上の権利とされる。エクイティ上の権利でとくに重要なものは，第5章で説明する信託法上の権利である。今日のコモン・ロー上の権利が絶対的なものであるといっても，当然，担保権（mortgage），通行権，採光権，水利権等の土地負担（land charge）に服することとなっている。さらに，本書第3章で説明するように，今日では，土地負担の主要なものは，地方行政の規制によって生まれている。既に本書7頁 §10で述べたように，エクイティ上の権利はコモン・ロー上の権利に優先する。

---

(4) E. H. BURN AND J. CARTWRIGHT, CHESHIRE AND BURN'S MODERN LAW OF REAL PROPERTY (18th ed. 2011)

2　現在の土地・財産に関する法律

§41　ところで，絶対的単純不動産権は，相続人が存在する限り，永遠に取り上げられることなく，土地に対して主張できる絶対的な権利である。イギリス法では，大陸法の「所有権」という概念を使うことを意識的に回避している。イギリス法では，土地は他の財産とは異なり，移動させることができないので，その物理的性質上，さまざまな制約を受ける。絶対的権利は国民のもの（又は神のもの）であるとされており，その代理人である国王が封土を通じて管理がなされるというフィクションが使われてきた。しかし，絶対的単純不動産権は，国王は取り戻すことができず，大陸法の所有権と類似した権利である。「財産権」の概念について後に説明することになるが，土地，とくにその絶対的単純不動産権は，もっとも重要な財産権である。

§42　絶対的期間権は，必ず元の所有者に土地を返還しなければならないが，約束した返還の時がくるまでは，自分のものとして排他的に占有し，利用する権利を意味する。本章第2節において賃貸借契約に基づく賃借権について述べるが，その賃借権がその主要なものである。この賃借権を大別すると，長期賃借権，短期賃借権，継続的定期賃借権に分類することができる。長期賃借権とは，例えば，絶対的単純不動産権を保有する者が，99年間賃借する契約書を締結し，これに基づいて設定した賃借権をいう。この賃借権を持つ者が，別の者に5年間不動産を転貸すれば，短期賃借権が成立する。さらに，賃借期間を1週間とか，1カ月に設定し，定期的にこの契約が更新されるとする契約が結ばれれば，継続的定期賃借権が成立することになる。

§43　エクイティ上の権利とは，1925年および不動産登記法と並んで制定された土地継承法（Settled Land Act），受託者法（Trustee Act），遺産管理法（Administration of Estates Act），土地負担法（Land Charges Act）などで規定される権利である。これらの法律については，主として信託法に関する章（第5章）で説明することにするが，ここではカシミール・コール対ギル事件[5]

---

(5)　Kashmir Kaur v. Gill, [1988] 2 All ER 288. この事件では，夫が結婚して妻と一緒に生活するために住宅を買ったが，妻が子供とともに別居を始めた。夫はその住宅を第三者に売却した。妻は居住権を登録しており，第三者を訴えて，その売買

(1) 1925年の財産権に関する法律の制定

で問題になったエクイティ上の権利を例示しておこう。一般論として、契約上の義務の重要な部分がすでに履行されている場合（口頭の売買契約がなされ、すでに不動産の明渡しが済んでいるような場合）、エクイティによれば特定履行による救済が認められる。このエクイティの判断は裁判所の裁量であり、はっきりした判断基準があるわけではない。カシミール・コール事件では、1983年の婚姻住居に関する法律により妻の居住権があるとして救済を認めることもできたが、妻のエクイティ上の居住権は、夫から住宅を買い取った第三者（銀行）の権利に優先すると判決した[6]。

(c) 土地登記制度

§44 土地が売買の対象になり、あるいは担保に供されるようになると、土地登記の制度が必要になった。そこで、1925年の土地登記法は、土地の権利を登記する制度を新しく導入した[7]。指定された地域では登記が強制的に行われるようになった。この指定地域は、最初はダラムやピータボロなどのいくつかの都市に限られていたが、現在では、人口1万人以上のすべての都市が登記を行っている。登記できる権利は、単純不動産権だけでなく、賃借権（leasehold）なども含まれる。しかし、登記をしても権利の証明が容易になるだけのことであって、訴訟の場合には、従来と同じように、原告の権利が

契約の取消しを求めた。しかし、Ghaidan v. Godin-Mendoza [2004] UKHL 30では、賃借人が死亡し、その同居人が相続により賃借権を相続した場合、たとえその同居人が同性であっても配偶者としての権利を主張できると判決した。この判決は、Matrimonial Homes Act 1983, s. 1(3)の「事件の全部の事情を考慮して公正でかつ相当と思料する判決を下すことができる」という規定を解釈したものである。

(6) 一方で、resulting trust（結果信託）の法理があり、他方、Law of Property Act 1925, s. 78(1)の解釈によるものと思われる。本件の妻の権利をより明確にするため、Contracts (Rights of Third Parties) Act 1999が制定された。

(7) 1925の法律と関連して、土地登記法（Land Registration Act）も制定された。担保権の設定にも関係するイギリスの土地登記は、1862年にはじまる。しかし、これは任意の登記であり、登記された土地はロンドンの一部に限られていた（現在では、イギリス全土の登記簿が作成され、今後の土地移転はこれに反映されることになっている）。Land Registration Act 2002.

2　現在の土地・財産に関する法律

被告の権利よりも優先するものであることを証明しなければならない。したがって，この証明の仕事に携わる者は，相変わらず大きな利権を負っている。日本の登記の制度とは異なり，イギリスでは建物を別個の不動産とは考えないので，建物の登記は別になされない。この法律が何度も改正され，現在では，イギリス全土の土地が登記されるにいたった。

§45　現行法（Land Registration Act 2003）のもとでは，1990年以降の取引については取引後2カ月以内に登記をしなければ，その取引は無効となり，エクイティ上の権利しか認められないことになる。土地所有者は，現行法のもとでも登記義務を負っていないが，登記する場合には，次の3つのうち，いずれかを選択することになる。今日では，絶対権（absolute title），良賃借保有権（good leasehold title），占有権（possessory title），および制限付土地保有権のいずれかに分類され，この分類に従って登記がなされている。第1は，property registerであるが，この登記は，土地の記述に続き，通行権の有無など付随的な権利について説明が追加される。第2は，proprietorship registerであるが，土地所有者の名簿である。各所有者が保有する権利がablosute, qualified, possessory, or good leaseholdのいずれであるかについての説明が付されている。第3は，charges registerであるが，これについては，第3章で土地負担を詳しく説明するので，その内容がここに記載されるものと理解してほしい。

(2)　現在の土地法

(a)　不動産（土地・建物）の譲渡または取得

§46　現在では土地もまた重要な商品として取引の対象となっているが，土地は動産とは異なる特質をもっており，この取引はより一厳格な規制に服している。第1に，土地の契約は一定の方式を備えた書面によってなされるか，契約上の義務の重要な部分がすでに履行されている場合でなければ，有効ではない。書面の要件については，1677年の詐欺防止法は，訴訟の基礎となる

(2) 現在の土地法

合意またはその覚書ないし記録が書面になっており，訴えられる者またはその代理人がそれに署名をしている場合でなければ，土地もしくは土地の権利の売買またはその他の処分について，訴訟を提起することはできない，と規定している。この規定で要件とされる「書面」は，古い時代には捺印証書 (deed)[8]を意味するものと理解されていたが，現在では契約を証する何らかの文書が残っていれば足りるとされている。

§47　Law of Property Act 1925, s. 52 (1)は，「土地譲渡またはそれに対する権利の譲渡は deed によってなされるのでなければ，不動産権の譲渡または創設の目的のためには，無効である。」と規定している。この文書には，(1)当事者の氏名，(2)物件の特定，(3)約因，および(4)取引される不動産権の説明が記載されていなければならない。「覚書ないし記録」というのは，契約が1通の契約書に作成されていない場合を想定して作られたもので，例えば，書簡を交換して取引がなされた場合，全体として上記の条件が満たされておれば良いとするものである[9]。

§48　1925年法は不動産法を単純化したとはいえ，今日でも不動産取引は複雑であり，事務弁護士（solicitor）を媒介して行われるのが通常である。イギリスの不動産登記の制度は権利を保証するものではなく，権利関係の実態を調べる必要がある。事務弁護士は，日本の場合より，権利調査について厳しい責任を負っている。Ross M Coates, Conveyancing (Longman 2d 1990)は，この調査について非常に丁寧に説明しているが，弁護士が都市計画の調査を怠ったり，弁護士が買主に説明すべき情報をもっていたのに，開示しなかっ

---

(8)　正式には deed of covenant と言う。不動産の移転を内容とする文言が書き込まれ，溶かした蝋の上に押印した書面(Law of Property (Miscellaneous Provisions Act s. s. 1(1)-(3))，または認証の行われた書面(id. s. 1(3))。不動産移転の約束も契約であったが，重要な，または神聖な，約束であることを証する儀式として，この書面が移転を受ける者に引き渡された。

(9)　現在では，この署名または認証の要件は，いっそう形式化され，電子的な署名または認証でも有効とされている。Land Registration Act 2002参照。少なくとも，署名の時に蝋の捺印は行われることはない。L. S. (locus sigilli) と書き込むだけで足りるとされている。

27

2 現在の土地・財産に関する法律

たとき，損害賠償責任が認められている[10]。

(b) 不動産（土地・建物）の賃貸借

§49　自分の土地を手放す意思のない所有者が，一定期間，その土地を他人に利用させることがある。換言すれば，不動産の所有者には自分の土地を取り戻す意思があり，一定の期間が経過した後，その所有者に返還される。これはコモン・ローであり，口頭による契約によって設定することもできるが，転貸借は制定法によって「書面によるべし」と定められているので奇妙なことが起こり得る[11]。イギリスは，第一次世界大戦でも第二次世界大戦でも勝利したが，住民は深刻な被害を受け，住宅問題が起こった。政府は，不動産の賃貸借契約に2つの側面から干渉した。1つは，レント・コントロールと呼ばれる行政規制である。他の1つは，地方自治体が住宅を造り，適正な賃料で住宅を貧困者に提供した。その干渉の仕方は，非常に複雑であるが，大まかなチャート図を示せば，次のように整理することができる。

```
Landlord and Tenant Act 1954 ── 営利目的：更新について賃借人
            │                          に対する一定の保護
         非営利目的                       （正当事由など）
            │
    ┌───────┴───────┐
 長期賃貸借契約      短期賃貸借契約（3年以内の賃貸借）
    │
Local Government and Housing Act 1989の適用
    │
┌───┴────┐
公共部門の賃貸借              公共部門以外の賃貸借
または1989年1月15日以前に     または1989年1月15日以後に
締結された賃貸借契約          締結された賃貸借契約
│                              │
Rent Act 1977の適用：公正な    Housing Act 1988（assured and shorthold
賃料の保障。一定の要件を満た   tenancies）の適用：契約期間の終了時に家
す場合，買取権が賃借人に認め   屋の引き渡しが保障される賃貸借契約
られる。
```

---

(10) 例えば，G. P. & B. v. Bulcraig and Davis, (1988) 12 EG 103およびLake v. Bushby [1949] 2 All ERでは，事務弁護士の過失に基づく損害賠償が認められた。この事件では，事務弁護士以外に調査士（surveyors）も訴えられたが，調査士は地方自治体に電話をかけ，開発計画がないことを確認していたため，過失責任はないとされた。

§50　賃貸借契約（tenancy）の関係が認められない場合には，利用許可（secure licence）または限定的契約（restricted contract）である。単なる利用許可は賃貸借でないかどうかが争われた指導的判例は，ストリート対モンフォード判決（1985年）[12]である。この事件では，原告は被告に対し2つの部屋を占有する権利を付与した。しかし，14日前の通知によって，いつでも原告は被告に対し明け渡しを請求できることになっていた。また，この契約は「賃貸借契約」でないことが合意されていた。しかし，その実態をみると，被告には排他的に占有（exclusive possession）が認められているし，居住が許される期間についての合意があり，賃料が支払われているので，合意のいかんにかかわらず，賃貸借契約が存在していると貴族院［現在の最高裁判所］は判示した。

§51　賃貸借契約の関係が認められる場合には，関連する建物が営利目的のために使われるかどうかが問われる。もし事業目的のための賃貸借であれば，Landlord and Tenant Act 1954により規制されることになる。賃貸人は，解約の通知を賃借人に送達できるが，賃借人は契約更新を申し立てることができる。賃借人の側から契約更新の訴えを起こすこともできる。いずれの場合でも，裁判所は，例示された更新拒否理由に該当しない事例ならば，更新を認めなければならない。更新拒否によって損失が生じることが証明される事例では，裁判所は損害賠償を認めなければならない。但し，賃貸借の期間は15年を超えることはできない。

§52　上の設問に対し，営利目的のための契約でない（例えば，居住を目的とする契約）とすれば，次に賃貸借の期間の長短が問題になる。もし長期の賃貸

　　Lake事件では，買主が問題の土地に住宅を建てるつもりでおり，事務弁護士も知っていたが，売主が「建築許可を取る」と言ったのに，それを怠った。

(11)　これらは住居に関する規制であるが，これに関係のない普通の土地の賃貸借は，3年以上の期間にわたるものであれば，先に引用した詐欺防止法の適用があるので，書面によって契約が締結されなければならない。期間権として賃借権の登記がなされた後は，賃借人はその権利を賃貸人の同意なしに第三者に転貸することができる。

(12)　Street v. Mounford [1985] A. C. 809.

2 現在の土地・財産に関する法律

借であれば，Landlord and Tenant Act 1954およびLocal Government and Housing Act 1989の適用がある。長期の賃貸借とは，3年以上の賃貸借を意味するが，長期の賃借人は，登記をすることによってコモン・ロー上の権利をもつことになる。この登記のために書面を作成する必要があるが，これにより安心して居住することができる[13]。この登記がない場合，賃借権はエクイティ上のものとなり，§43で例示した権利のように，保護されるかどうかは裁判官の裁量にかかることになる。

§53 長期の賃貸借契約であって，賃貸人が公共部門であれば，Housing Act 1985の適用がある。保証付き賃借権が認められる。つまり，賃借人は，原則として，不動産の占有を維持することが許されているのである。賃貸人が公共部門でない場合であっても，問題の賃貸借契約が1989年1月15日以前に締結されている場合には，Rent Act 1977が適用される。このRent Actは，第3章で説明するように，地方自治体に置かれた賃料審査官により「公正な賃料」を決めてもらう権利をもっており，その審査官による決定について不服があれば，さらに特別裁判所による司法審査を受けることができる。

§54 問題の賃貸借契約が1989年1月15日以前のものであり，法定の通知が出されている場合には，Assured Shorthold Tenancy under Housing Act 1985の適用がある。法定の通知が出されていない場合でも，1997年2月28日以後の賃貸借であれば同法の適用がある。1985年の住居に関する法律は，次のようなことを規定している。2年以上正当な借地人であった者に対して，(a)独立家屋に住む者については，その自由保有権を，また(b)建物を共有する住居に住む者については，その長期賃借権を買い取る権利が認められる[14]。そして，

---

(13) 制定当初から反対意見が強かったが，さらにLeasehold Reform Act 1967は，低賃料で21年を超える賃貸借期間を定める契約上の家屋賃借人がfreehold（自由保有権）を取得できることを定めた。このように，長期賃借人は特権（enfranchisement）を得たと表現されることがある。後掲§77および§125で引用するJames v. United Kingdom (1986)の説明も見よ。

(14) この法律は，サッチャー政権が強く推進した「全部のイギリス人が自分の住宅をもつ国」造りのための立法であり，公営住宅（市営住宅，公団住宅など）に居住す

(2) 現在の土地法

いずれの場合でも，(c)抵当権を設定してその住宅を買い取った者は，土地の購入価格に売買契約書の作成および登記等の費用を加算した額を超えて返済金を支払う必要がないことを定めている。上述の(a)および(b)の権利は「買取権」と呼ばれるが，この買取権は正当な賃借人を保護するよう広く弾力的に認められる[15]。

(c) 住宅政策の影響

§55　上述のような賃貸借契約の考え方は，イギリスの住宅政策と深い関わりをもっている。1875年に Public Health Act が制定され，地方条例による規制が認められた。このときから地方自治体の不動産賃貸借問題への干渉がはじまるが，ここでは公衆衛生が問題になっている。1915年には，Increase of Rent and Mortgage Interest（War Restrictions）Act が制定されたが，この法律は戦時中の極端な賃料の変動に対応するために作られた法律である。その当時，国民の90％が賃貸住宅に住んでおり，土地所有者は10％程度にすぎなかった。1923年になると Housing Act（Chamberlain Act）が制定された。この法律は，Minister of Health の許可を得て，地方自治体が市営住宅を造ることが許された。この住宅に住んでいた国民は，1951年の統計では，17％程度であったといわれる。

§56　第二次世界大戦後に住宅政策の考え方が変わった。Rent Act 1957により，ロンドンでは40ポンド，その他の地方では30ポンド，を超えない賃貸借の賃料規制を始めた。Rent Act 1965は，regulated tenancies の制度を導入した。Rent officers と Rent Assessment Committee の制度を導入し，fair rent の登記制度を導入した。さらに，Rent Act 1974は，Furnished Housed（Rent

---

　　る善良な市民に自分の住宅をもつ夢を与えた。後述§77も見よ。

(15) この買取権の行使は，一般的に council tenants（市営住宅居住者）に認められるもので，サッチャー政権の住宅政策のため，公正市場価格の40％から60％が売却価格とされた。しかし，転売による利得を目的とする者が現れ，不当な転売に罰則が課せられるようになった。R. v. Rushmoor Borough Council, *ex p.* Barrett, [1988] 2 All ER 268 (C. A.) 参照。

Control）Act 1946で認められていた例外を廃止した。これらの規制は，直接賃料の適正化を目的としている。さらに，Rent Act 1977は，賃料の最高限度額を定めた。賃貸人が不動産の返還を求めるためには，訴訟を提起しなければならなくなった。また，同法により，敷金（key money）を取ることも禁止された。

§57　1997年2月28日以後の賃貸借でなければ，Housing Act 1988の規制を受ける。1988年の住居に関する法律は，その他の賃借人についても，賃貸人が契約を解除して明渡しを請求するのには裁判所の命令が必要であることを定め，賃借人の保護を強めた。さらに，Housing Act 1985は，地方自治体に対しホームレスの受け入れを強制した。その結果，住宅互助協会（housing associations）の制度が導入され，不動産の賃貸人は，むしろ不動産を売却するようになり，1998年には，68％は住宅の自己所有者となっている[16]。ちなみに，今日では，市営住宅は16％であり，私的賃貸借は9％であり，住宅互助協会（housing associations）は4％となっていると言われている。

§58　ホームレスの問題はいっそう複雑な問題を生んでいる。一方では，土地所有権の絶対性を否定し，他方でホームレスの保護を法的に義務づけることになれば，違法ではあるが寛容の精神により黙認された住民が生まれる。オースティン対サウスウォーク判決（2010年）[17]では，判例法の不完全な隙間に根付いた「ゾンビのような生き物」を生んだと述べた。その生き物を an oxymoron と呼んで，法の保護から切り離した。この事件では，市営住宅の賃借人が貧困のため賃料の支払いを滞らせた。しかも，病気になって看病が必要となったため，弟が同居するようになったとき，市当局は，賃貸借契約を解除する通知をした。当該の住民が死亡したが，その弟も自分の生活を考えなければならなくなり，結局，その住宅に住むことに決めた。そこで，遅延した賃料の全額の返済を約束して，入居を希望した。下級審はその権利を

---

(16)　現在では，イギリス人が自己所有者は90％を超えるほど増大していると聞いている。Cf. Day v. Hosebay Ltd., [2010] EWCA Civ. 748.

(17)　Austin v. Southwark LBC, [2011] A. C. 355.

(2) 現在の土地法

否定したが，貴族院は，上記の通知の送達の時点で賃貸借契約は消滅しており，明け渡しを強制しなかったから弟のエストッペルの権利は生まれないが，エクイティの立場で，裁判所の裁量により救済の可能性は残されていると判決した。

　(d)　土地負担（land charges）

§59　土地負担（mortgage）は，担保権の設定によってつくられる。土地負担の多くは，譲渡担保権（mortgage）の形をとられるが，その形をとらないものもある。たとえば，コモン・ロー上の担保権として vendor's lien が認められているし，制定法上の土地負担がある。土地負担は登記可能な権利であるが，その登記簿は4種類に分類されている。第1は，地方自治体の土地負担であり，第2は，売買契約など，当事者間の契約または合意によって設定される土地負担であり，登記することにより第三者に対しても効力が認められる。第3は，Land Charges Department が設定する土地負担で，土地の登記がなされていない不動産でもこの登記が可能である。第4は，上述のような譲渡担保権の設定である。

§60　第1類型の「地方自治体の土地負担」は，本書第3章で詳しく説明する。ここでは，Access to Justice Act 1999, s. 10 (7)［法律扶助］に関係するサマーセット市の土地負担判決（1997年）[18]を検討することにしよう。この事件では，Harcombe 婦人が単身でサマーセット市の市営住宅に住んでいたが，アルツハイマー病にかかり，住宅の賃料を払えなくなったというだけでなく，病院に入院して治療を受けなければならなくなった。オーストラリアに移住していた息子が帰国し，母親の看病に当たったが，一時的に良くはなったが，その母親は死亡した。息子は，母親の家に居住することを決意したが，市当局はこれを認めず，明け渡しを請求した。高等法院女王座部は，息子のニーズには合致するが，市共同体の利害には反するのであり，息子はその家に居住

---

(18)　R. v. Somerset CC, *ex parte* Harcombe (1977) 37 BMLR 1, 96 LGR 444.

2 現在の土地・財産に関する法律

することはできないと判決した。

§61 この事件が今日争われるとすれば，もう1つの重要な論点を検討しなければならない。フーンスロー市の事件（2011年）[19]でも，市の住宅当局が住民に対し賃料の未払いを理由として明渡しを請求した。市当局は，数カ月の賃料の未払いがあれば，当然明渡請求できるのであるが，本件の住民たちはいわゆるホームレスであり，地方自治体は一般的な生活保護義務を負っていた。しかし，その住民たちは騒音その他の理由により，近所の多大な迷惑（ニューサンス）をかけており，隣人に嫌われていた。住民たちはヨーロッパ人権規約を引用し，「平和な家庭生活を維持する権利」の侵害に当たると主張した。イギリス最高裁判所は，その論点を考慮する必要は認めたが，地方自治体の土地負担の主張を支持した[20]。

§62 第2類型の「土地負担」は，いわゆるリーエンに関係する土地負担である。1925年の財産権に関する法律第205条(1)(vi)は，売買契約の売り主が，その代金の請求権を限度として，売却した物（土地を含む）に対して認められる先取特権がその例である。ボスカワン対ボジャ事件[21]では，銀行の顧客が不動産を購入するために融資を申し出たが，同じ不動産を買いたいという第2の買主が現れた。そこで，銀行は自分の顧客を支援するために，正式の売買契約が完了する前に，自分の顧客が支払う契約代金から，売主が当該の土地に付けていた担保権を取り除く目的で，売主のソリシタにその代金の一部を前払いした。ソリシタは，代金を違法に転用し，売主は倒産した。控訴院は，この前渡代金の返還を求める債権は，他の一般的債権より優先する権利であると判決した。

§63 第3類型の契約による土地負担は，登記できる土地負担は，6つに分類されている。A分類は，Agricultural Holdings Act 1986, s. 86の例のように，

---

(19) Hounslow London Borough Council v. Powell Leeds City Council v. Hall Bingham City Council v. Frisby, [2011] 2 All ER 129 (S. C.).
(20) 問題の不動産は，公共財産であり，反社会的な土地利用は否定される。
(21) Boscawn v. Bajwa [1996] 1 WLR 328 (CA).

(3) 担保権の設定

制定法から生まれるものである。B 分類は，制定法によって課される義務から生まれる（例えば，Access to Justice Act 1999, s. 10 (7)）。C 分類は，一般的なエクイティ上の土地負担である。D 分類は，租税法上の義務から生まれる土地負担である。E 分類は，年金に関係する土地負担である。F 分類は，婚姻関係上生まれてくる土地負担である。この F 分類の権利について，プチット対プチット判決[22]が興味深い事例である。

§ 64　譲渡担保（mortgage）が，実際上，今日では最も重要な土地負担であり，この担保権を登記できることはいうまでもない。しかし，譲渡担保がいかにして設定されるかなど，これについて説明するためには，ここにはスペースの余裕がないので，むしろ 1 つの節に独立させ，次節で説明することにする。

(3) 担保権の設定

(a) コモン・ローの担保権[23]

§ 65　イギリス法上，担保権は通常，譲渡担保の形で設定される。この設定の仕方は 2 つある。その 1 つは，土地所有者が金銭貸借契約を結び，その書面（demise）のなかで，もしその借主が借金を一定期間（多くの場合 6 月）以内に返済しないときは，貸主のために一定期間（通常3000年）不動産権を設定することを約束するものである[24]。他の 1 つは，捺印証書（deed）によって土地負担を設定するもので，これはいわば第 2 抵当権としての機能を果たす。同じ方法で第 3 抵当権以下の担保を設定することもできる。担保権者は，契

---

(22) Pettitt v. Pettitt [1970] AC 777. 妻が贈与を受けた不動産を売却し，新しい不動産を買ったが，所有権は妻のものと理解されていたが，夫が改良し，夫の権利を請求した事件。擬制信託が存在すると判決された。

(23) E. L. G. TYLER, FISHER AND LIGHTWOOD'S LAWS OF MORTGAGE (Butterworths, 10th ed. 1988) は，この問題について詳細に説明した便利な書籍である。

(24) demise とは，不動産賃借権の設定または譲与を意味する。ちなみに，3000年の期間は，期間権については明確な期間がされなければならないと考えられているので，単なるフィクションにすぎず，長期間と同じ意味である。

35

約に定められた返済期間の間は，貸し付けた金銭の返還を請求することもできないし，土地の権利を譲渡することもできない。

§66 借主が約束どおり元本と利息を返済しないときは，(1)土地の占有を取得すること，(2)失権確認（foreclosure）の手続をとること，(3)権利を第三者に譲渡すること，(4)約束違反に対する損害賠償を請求すること，または(5)破産手続をとること，ができる[25]。担保権者は，返済期限が到来する前でも，エクイティ上の担保権を第三者に譲渡することができる。この場合，借主はその第三者に対し直接義務を負うことはないので，返済期間内に元本と利息を約束どおり支払って担保権を消滅させることができる。担保権者は，返済期限が到来する前でも，エクイティ上の担保権を第三者に譲渡することができる。この場合，借主はその第三者に対し直接義務を負うことはないので，返済期間内に元本と利息を約束どおり支払って担保権を消滅させることができる。

§67 担保権が設定される土地が登記された土地であれば，demise（またはsubdemise）を作成しなくても，その登記にchargeの設定を付記するだけで担保権の設定が可能である[26]。この登記は，譲渡担保権の登記であり，登記上の土地所有者がその土地を維持しつづけるが，借金を返済しない場合には，担保権者がその所有権を獲得し，その土地を第三者に処分（売却）する権利をもつことを意味する。被担保権者は，借金を返済することによって，担保権設定登記を抹消することができる。担保権者は，登記を義務づけられているわけではなく，登記がない場合でも，エクイティ上の担保権者としての保護を受けることができる。

§68 担保権が設定される土地が登記されていなければ，担保権設定契約書を登記することができる。この場合，契約書を作る必要があるが，これが登録される場合，3000年間の賃借権が担保権者のために設定されたものとみなされる[27]。この担保権も，demiseによって設定することもできるが，今日では，

---

(25) Alliance and Leicester plc v. Slayford [2001] 1 All ER 1 (CA) 参照。
(26) Land Registration Act 2002, s. 23 (1) (a).
(27) Land Registration Act 2002, s. 85 (1).

(3) 担保権の設定

この慣行はほとんど廃れている。登録することにより，第2順位以降の権利者よりも優先的に債権の弁済を受けることができる。例えば，担保権の優先順位は，日本法の場合と同じように，担保権が設定された日時の早いもの順によるものでなく，担保権が登記された日時の早いもの順による。

§69　登記された担保権は，それ自体が独立の財産権であり，第三者に譲渡することができる。この譲渡について，登記の書き換えが行われなければ，譲受人の権利はエクイティ上の権利でしかない。登記の書き換えがなされても，もし担保権の実行により不動産がエクイティ上もつことになるその買戻権を消滅させることを目的とするなど，不正があると裁判官が思料する場合には，登記の効力が認められないことがある[28]。(利息制限法があれば禁止されると思われる程度の) 暴利をむさぼることになると思われるような事例でも，裁判所はエクイティにより，利息の利率を合理的な率まで引き下げることを強制した[29]。

§70　(アメリカ法におけるイギリス土地法の継受)　土地法の領域においても，アメリカ法はイギリスのコモン・ローを継受している。しかし，この法領域は，地理的状況や自然環境などによる大きな影響を受けるため，地域性が非常に強くあらわれる。イギリスは島国であるのに対し，アメリカは大陸にある国家である。しかも，イギリスに比べ，アメリカは非常に多くの民族からなる国家であり，生活様式も大きな多様性をもっている。これらのことから，その両国の間に大きな違いが生じている。

(b) エクイティの担保権

§71　次に，エクイティ上の担保権を説明することにしよう。ファースト・ナショナル銀行対トムソン判決[30]をまず取り上げることにしよう。この事件では，

---

(28) Multiservice Bookbinding Ltd. v. Marden, [1979] Ch. 84. *Cf.* Knightbridge Estates Trust Ltd. v. Byrne, [1939] Ch. 441.

(29) Cityland and Property (Holdings) Ltd. v. Dabrah, [1968] Ch. 166.

(30) First National Bank plc v. Thompson [1996] Ch. 231, [1996] 1All ER 140.

2 現在の土地・財産に関する法律

トムソン氏の妻が，その前夫と共同で土地を購入し，前夫の名義で土地の登記がなされていた。この土地購入に当たり，ファースト・ナショナル銀行が融資をしたので，その土地に担保権を設定し，担保権の登記をした。トムソン氏は，その前夫から当該土地の権利を買取り，土地の所有者となった。そこで，ファースト・ナショナル銀行は，担保権の設定をトムソン氏に対するものに書き換えようとしたが，トムソン氏はそれを差し止めようとした。高等法院（アーデン裁判官）は，トムソン氏の主張を認めたが，控訴院裁判所はその決定を破棄した。

§72 コモン・ロー上の担保権をもつ者が，担保権の登記をしていなくても，エクイティ上の権利をもつことは，すでに§67で述べたところである。トムソン氏はファースト・ナショナル銀行とは取引しておらず，ファースト・ナショナル銀行は，登記の変更をトムソン氏に請求することはできないとしても，エストッペルの原則が働く，とするのが控訴院判決の趣旨である。この点について，高等法院は，担保権の範囲を明確に特定すべきであり，feeling estoppel が認められると判決した。エストッペル法理の解釈について，明確な先例がこれにより確立されたとは言いがたいが，登記のなされていない銀行の担保権が裁判所の裁量により保護される可能性は大きい。

§73 リーエンをもつ者も，エクイティ上の担保権者であり得る。例えば，スイス銀行対ロイド銀行事件[31]では，投資家（Truiumph）がロイド銀行に投資口座を設けて，その口座を通じてスイス銀行からの融資付きでイスラエル銀行の証券に投資した。この投資家は借金を返済できない状態になり，ロイド銀行（リーエン保持者）は当該口座を買い取った。スイス銀行は，ロイド銀行に対し貸付金の決済を求めて起こしたのが本件である。ロンドンの控訴院裁判所は，ロイド銀行がエクイティ上の担保権者であることを認めて当該口座の取得には問題はないと判示し，スイス銀行の請求については，イングランド銀行の投資に関する違反があるとして，請求を退けた。

---

(31) Swiss Bank Corp. v. Lloyds Bank Ltd., [1982] A. C. 584.

§74　ところで，エクイティは，担保権者だけを保護するだけでなく，賃借人の保護も目的としている。例えば，銀行は借金の返済をしない債務者の土地を処分する権利をもっているが，土地の処分は銀行の目的ではない。もし土地の処分をしなくても借金の返済を受ける明瞭な可能性があるならば，エクイティは，土地を失った債務者が合理的な期間内にその土地を買い戻す権利を認める。この買戻権の法理は，すでにカスボーン対スカーフ判決（1738年）[32]で確立されていたが，最近のイギリス法でも当然認められている。ホーシャム不動産グループ対クラーク判決[33]では，1925年の財産権に関する法律第101条による担保権の行使について，ヨーロッパ人権規約第1プロトコールと結びつけ，債務者は，買取権の意思表示をして書面上取り上げられた財産を合理的期間内に取り戻す権利があると判決した。

(4) ヨーロッパ人権規約第1プロトコールの意義と影響

§75　著作集第2巻で詳しく説明したように，21世紀になってからヨーロッパ統合がいっそう進み，イギリスもヨーロッパ憲法やヨーロッパ人権規約に直接拘束されるようになった。この影響は，本章で引用した多数の土地法に関する諸判例に顕著に見られる。ヨーロッパ人権規約第1プロトコールは，財産権保護を規定しているが，イギリス法にはその規定と抵触すると思われるところが少なからずある。同プロトコール第1条は，財産権を保護するという一般的条項に続いて，次のように定めている。

「(2)何人も，公共利益のための場合，および，法によって，また国際法の一般原理によって，定める諸条件に従う場合は除き，その者の占有を奪われることはない。

(3)しかし，上述の諸規定は，一般的利益に従って財産の使用を統制する

---

[32]　Casborne v. Scarfe (1738) 1 Atk 603, 26 ER 377.
[33]　Horsham Properties Group Ltd. v. Clark [2008] EWHC 2327, [2008] All ER (D) 58 (Oct.).

2　現在の土地・財産に関する法律

ために，または租税，その他納付金または罰金の支払を確保するために，必要と思われる法律を強制する国家の権利を，いかなる方法によっても傷つけるものであってはならない。」

§76　上の規定は，アメリカ合衆国憲法第5修正の規定と同じように，英米法における「財産権」について規定した憲法原理である。イギリスには憲法典がなく，その原理を定める法律の規定はないが，イギリス法の考え方がそれと異なることはない[34]。しかし，上述のヨーロッパ人権規約の規定は，イギリス憲法原理と抵触するところが多くあるように思われる。第1に，その規約の規定はあいまいであり，具体的な事件における法律の解釈を通じて，調和がとれる解決を模索しているように思われる。ヨーロッパ裁判所は，3つのプログを設定して，法律の解釈を進めるが，イギリスもこれに従っている。

§77　最初に，Leasehold Reform Act 1967と関連して §52脚注[13]で言及したジェームズ判決[35]に注目しよう。この事件は，ロンドン市のオックスフォード・ストリートやリージェント・ストリートの住民たちが，ウェストミンスター公爵に対し，freeholdの取得を主張し，土地賃借料の支払いを拒絶したものである。イギリスの裁判所は，公用収用に対する正当な補償が憲法原理であることを認め，原告が問題の土地を買い取るか，ウェストミンスター公爵が失うことになる土地の権利に対する正当な補償を国が支払う必要があると判示した。しかし，この事件はさらにストラスブールのヨーロッパ人権裁判所へ上訴され，同裁判所は，公用収用に対する正当な補償がヨーロッパ憲法の憲法原理でもあるが，1967法はウェストミンスター公爵の私有財産を剝奪したものではなく，この原理が適用される事件ではないと判決した[36]。

---

(34)　但し，アメリカ憲法解釈について，本書69頁§126で取り上げるKelo判決を見よ。
(35)　James v. United Kingdom, Series A No. 52, (1986) 8 EHRR 123.
(36)　control of use は regulation であり，deprivation (confiscation) ではないという。なお，ヨーロッパ法の公用収用に対する正当な補償の憲法原理について，Sporrong v. Sullen, Series A No.52, (1983) 5 EHRR 35参照。ちなみに，ジェームズ判決の一裁判官の傍論において，もともとウェストミンスター公爵はイングランド侵略者の子孫であり，その土地所有権の主張には正当性がない，と述べられている。この点と

(4) ヨーロッパ人権規約第1プロトコールの意義と影響

§78 上のような制度の背後には土地の効率的利用を促進しようとする政策があると思われるが、ヨーロッパ人権規約による違憲審査が行われ、その制度は否定されている。J. A. Pye (Oxford) Ltd. v. Graham [2003] 1 A. C. 419では、ヨーロッパ人権規約議定書第1条の「財産権の保障」および人権規約第4条の「公正な裁判」を受ける権利を侵害していると判決された。この事件では、licenseをもつ者がその許可期間を経過した後に土地を明け渡さなかった場合、その後12年の経過により、時効取得することができるが、ヨーロッパ人権規約はこのような時効取得を許さないと判決された。ちなみに、1998年の人権に関する法律第3条は、「できる限り人権規約に適合するように運用されなければならない」と規定している。

§79 本章で引用した判例でも示されていたように、ヨーロッパ人権裁判所は、弱者保護の視点を明らかにしている。第1に、「平和な家庭生活」の保護を意識している。第2に、消費者保護の観点から、割賦販売に不公正な契約であると思われる要素があれば、同裁判所はイギリス法に干渉する。最後に、マンチェスター市議会対ピノック判決を検討しておこう[37]。この事件では、30年間市営住宅に住んでいた市民が、§54で説明した買取権を行使しようとしたところ、市は買取りを認めなかった。その理由は、申請人の息子たちが様々な非行を繰り返し行っているので、多くの住民が反対したためであった。イギリス最高裁判所は、この決定を取り消したが、その判決理由として、ヨーロッパ人権規約8条違反をあげている。同条は市民の「平和な家庭生活」の権利を保障しており、買取拒否の結果、この権利が侵害されるという。市営住宅の賃貸借契約が解除されることになれば、その家族は行き場を失い、重

関連して、Land Registration Act 2002, ss. 79(1) and 132(1)により、土地は国王（神の代理人）のものであるというフィクションが修正された。また、Administration of Estates Act 1925, s. 46(1)(vi)は、倒産等により適切な管理がなされていない土地は、国王に復帰するという規定についても、Scmlla Properties Ltd. v. Gesso Properties (BVI) Ltd., [1995] BCC 793は、そのフィクションを批判した。

(37) Manchester City Council v. Pinnock, [2010] UKSC 45, [2010] 3 W.L.R. 1441.

2　現在の土地・財産に関する法律

大な社会問題となることを考慮すべきであるというのである[38]。

―――――――――――――――――
(38)　ヨーロッパ人権裁判所の判例法理 proportionality test を採用した判決であり，ヨーロッパ法の影響が強く見られる。proportionality test について，詳しくは，A. BARAK, PROPORTIONALITY（Cambridge, 2012）を見よ。

(1) 地方自治法

3 地方自治法・都市計画法

(1) 地方自治法

(a) 土地行政法の展開

§80 本書では土地法に注目してきたが、今日では、ほとんどすべての土地が、地方自治体の厳しい規制に服している。ダイシーは行政法の不存在がイギリス法の優れた特徴であると主張したことがあったが、イギリスでも行政法は重要な法領域になっている。とくに土地に関する行政法の展開には顕著なものがあり、土地の諸権利が行政的に制約されるようになった。例えば、1971年の都市計画法（最初の法律は1947年に制定）は、土地保有者が地方計画局の許可なしに勝手に建物を建てたり、修築したりすることを禁止している[1]。担当大臣または地方当局が必要であると考えるならば、土地を収用し、そこに住む者を他の場所へ強制的に移転させることができる。不動産の賃貸借についても、今日では様々な行政規制があるが、これについては第2章2節で既に説明した。

§81 上述のようなことは、夜警国家から福祉国家への移行ということばで表現されることがある。山田幸雄は、『行政法の展開と市民社会』（有斐閣、1961年）と題する著作の中で、現在のイギリスは「病院、ホテル、学校、鉄道など、ほとんどあらゆる事業を行っている」と述べている（47-50頁）。これらの行政は、今日では、もっと拡大されていると思われるのであるが、英米では、地方自治体が主体となってその大部分の行政を行っている。そこで、行政機構をまず説明したいが、その前に、行政は何らかの法的な枠をはめられ

---

(1) Local Government Act 1972, s. 1 は、County と District の区分を採用している。Municipal Corporations Act 1882, 45 & 46 Vict. c. 50.

43

3 地方自治法・都市計画法

ているかという一般的な問題にふれておきたい。法の支配の憲法原理が国王をもコントロールする規範であるとすれば、この規範は地方自治体にも当てはまるかが疑問となる。

§82 地方自治体の行政は、権限踰越（ultra vires）は禁止されており、裁判所は、権限踰越がなかったかどうかを司法審査する。しかし、今日では、その原理はほとんど無意味になっている。今日の地方自治体は、株式会社と本質的に異なるところは余り多くない。地方自治の事務を遂行するのに必要な財政は地方税によってまかなわれる。固定資産税は地方税である。rateと呼ばれる地方税は、固定資産税よりもっと重要である。しかし、地方自治体は、その資産を投資運用することができ、株式会社と同じように、収益を目的とした事業を行っている。しかし、Westdeutsche Landesbank v. Islington, [1996] 2 All ER 961で示されているように、その範囲は明確ではないが、権限踰越（ultra vires）による制限はいちおう残されているように思われる。

(b) 地方自治体

§83 地方自治体の基本構造は、1972年の地方自治法に定められている。この法律によれば、イギリスの地方自治体は、基本的には、県（counties）と地区（districts）からなる。地区は県の中の小区分であり、日本の構造と対比すれば、これは市町村レベルの自治体である。首都圏の構造は、非首都圏の構造とは大きく異なることから、さらに詳細で複雑な小区分がなされている。その自治体の意思決定機関は議会であるが、意思決定の仕組みを図式化すれば次のような形をとっている。

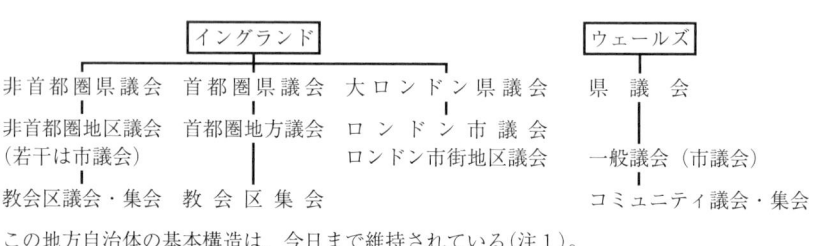

```
            ┌──────────イングランド──────────┐          ウェールズ
非首都圏県議会   首都圏県議会   大ロンドン県議会        県 議 会
非首都圏地区議会  首都圏地方議会  ロンドン市議会
（若干は市議会）              ロンドン市街地区議会    一般議会（市議会）
教会区議会・集会  教会区集会                        コミュニティ議会・集会
```

この地方自治体の基本構造は、今日まで維持されている(注1)。

(1) 地方自治法

§84　地方自治のサービスは、おもに(1)公衆衛生、(2)住宅、(3)都市計画、(4)高速道路、市道、橋、(5)河川管理、(6)警察、(7)社会保障、(8)教育、(9)公的事業（病院などの trading undertakings）、(10)許認可行政（licensing）からなる。これらの内、本書では特に土地法に関係する都市計画および道路管理に注目する。また、本書第4章では環境保護の問題について、別途、考察することにしたい。19世紀には国家は夜警国家と呼ばれていたが、今日では福祉国家となっており、行政のかなりの部分が国民へのサービスの提供からなっている。英米では、地方自治の伝統があり、地方自治体のイニシャティブで行われることが多いが、最近では、中央政府の権限および責任が増大している。

§85　1997年に政権が保守党から労働党へ移行した。この政権移行により、地方自治の重点が大きく変化している。保守党政権のもとでは、中央政府が都市計画の根幹を決定し、それに示されたスタンダードに従って地方自治体が事業を進めていった。教育および社会保障に重点が置かれ、その他のサービスは削減された。基本理念として、民営化と自由競争が重要視され、その結果、地方自治の全国的な画一化と自治体公務員の忠誠心の低下をもたらした。「教育」の領域も、伝統的には地方自治に任されてきた領域であるが、中央集権化がはかられた[2]。

§86　労働党政府は、地方分権化を主要な政策にかかげ、多くの検討を重ねた後、新しい地方自治の理念を2001年法および2003年法に盛り込んだ[3]。この法律が地方自治に関する現行法であるが、その法律の基本理念はつぎのことにある。イギリスは地方自治の伝統を守ってきた国であり、それを基礎とした国

---

(2) 「教育改革」については、本書158頁§251で説明する。ちなみに、イギリスの大学は private corporations であり、charities（慈善団体）である。しかし、財政的な支援を行い、中央政府が大学行政に間接的な関与をしている。Higher Education Act 2004参照。また、D. FARRINGTON AND D. PALFREYMAN, THE LAW OF HIGHER EDUCATION (Oxford, 2006) も見よ。

(3) Local Government Act 2000年および同2003年は、本文で説明する修正を加えた。

(4) Local Government and Public Involvement in Health Act 2007 (Ch. 28) が制定されている。

45

3　地方自治法・都市計画法

家の繁栄を図るということである。中央政府の政党の派閥が地方自治に影響を与えるようになっており，政党の方針に影響を受けず，経済的にも自立できる地方自治を再生させようとしている。裁判所は，権限踰越（ultra vires）の原理により地方自治活動に制限を課する判決をくだしているとする批判も出ている。このような視点に立って，Local Democracy, Economic Development and Construction Act 2009やLocalism Act 2011を制定し，地方自治の改革が進められている。

(c) 土地利用の公的規制

§ 87　もともとイギリス土地法は，公共性を尊重するものであった。現在でも，土地はだれのものでもなく，所有権はだれももっていない。20世紀になるとこの特徴がいっそう顕著なものになった。それは2つの側面においてよく現れている。第1に，1947年以降，中央政府および地方自治体が国土計画を立て，土地利用を計画し，この計画を実現するために，土地収用などの強制手段が法律によって付与されたことである。第2に，私人による有効な土地利用の促進が図られると同時に，私人による土地利用については許可が必要となった。土地の賃料についても，後に§§90-92で説明する特別裁判所のシステムによる監視のもとに置かれている。

§ 88　都市計画については，1947年に制定された都市・国土計画法が基本法である。産業革命後この法律の立法にいたるまで，ロンドンの都市計画を中心として，個別的ないくつかの立法がなされた。しかし，1947年法は，それ以前の法律をすべて廃棄し，新しい都市計画法の基本的な仕組みを構築した。この法律は，土地を国有化したのではなく，土地利用の利益を国有化した[10]。この法律に従い，地方自治体は，土地利用について計画を建て，その計画を

---

(10) Sir Desmond Heap, An Outline of Planning Law (11th ed. 1996) p. 14. ちなみに，Bractonが説明しているように，イギリスの土地所有権は原則的に認められておらず，このことが大陸法系の諸法理との大きな相違を生む原因となっている。

(1) 地方自治法

実行するため私有地を利用することができるようになった[11]。また，一定の厳しい手続きを経て，土地収用もできるようになったが，この場合には，公正市場価格による正当な補償がなされる[12]。1947年以降にも数度にわたり法律改正が行われているが，基本的な考え方はいまも変わっていない。

§89　第2に，私人が新しい建物を建てるなど土地利用を行うためには許可が必要とされるが，地方自治体は，許可に条件を付することができる。この条件は，(a)一般法の目的に反するものであってはならない，(b)条件を付ける根拠となる法律の条文を示さなければならない，(c)不合理なものであってはならない，(d)十分に確実性があり，明瞭な条件でなければならない，とされている[13]。この審査は，司法審査を意味するが，この審査のさいに，決定について自然的正義の原則が守られているかどうかが審査される。

(d) 特別裁判所の設置とその役割

§90　土地法の領域では，いくつかの特別裁判所が設置されている。例えば，Housing Act 2004によって設置された住宅不動産裁判所（residential property tribunal）がある。同法は，地方自治体が定期的に住宅不動産を調査し，その評価を行うことを義務づけている。その結果，「改善を必要とするもの」「住宅に不適合」「危険であり廃棄されるべし」と評価されたものについて，強制的な措置をとることが義務づけられた。その他の評価がなされる場合でも，マンションの売買に直接影響を与えるため，管理業者は，できる限り高い評価が得られるように努力するようになった。上述の評価を再審査し，必要があれば強制命令を出すことがその特別裁判所の職務である。

§91　この特別裁判所の意義を理解するために，多少一般的な説明が必要である。

---

(11) 開発により不利益が生じた場合には，ex gratia "payment" が国家基金から支払われる。

(12) Land Compensation Act 1961, s. 5; Planning and Compensation Act 1991.

(13) Mixnam's Properties v. Chartsey Urban District Council [1964] 1 Q. B. 214, *affirmed*, Chertsey Urban District Council v. Mixnam's Properties [1965] A. C. 735.

3　地方自治法・都市計画法

　20世紀の初め頃にヨーロッパの学界において、イギリスには行政法が存在しないということが問題になった。夜警国家から福祉国家へ移行するに当たり、積極的な行政サービスを行う必要があったが、それを基礎づける法律がイギリスにはなかったのである。フランスには行政法があり、効率的な行政を進めていたが、フランスの制度に倣うシステムの導入は「法の支配」の原理に反するとする有力な学説があった。そこで、新しい行政サービスを開始する法律が制定されるときに、行政に関する苦情ないし紛争を司法的に解決することによって行政権をコントロールするために、行政裁判所が設立された。この行政裁判所は、フランスの行政裁判所のように司法権のコントロールの外にあるものではなく、また、厳密には行政といえない問題にも管轄権をもつことから、特別裁判所（special tribunals）と呼ばれてきた[14]。

§92　現在、イギリスには１万を超える特別裁判所があるが、５つの類型に分類することができる。第１は、国民保険法や国家扶助法などの給付（生活保護）行政に関する法律により設立された特別裁判所である。第２は、都市計画法や住宅環境の改善に関する法律により設立された特別裁判所である。第３は、重要産業の国有化・民有化や公社の運営に関する法律により設立された特別裁判所である。第４は、経済的統制を目的とした法律により設立された特別裁判所である。第５は、通常裁判所の重責の一部を軽減する目的で設置された特別裁判所である。これらの特別裁判所は、退職した大学教授らの支援を得て運用されており、この存在が通常裁判所の事件処理の数量を減少させるのに役だっている[15]。

§93　1958年に審判所および調査に関する法律が制定された。この法律に基づいて特別裁判所評議会（Council on Tribunals）が設置されている。この評議会は、大法官によって任命される10名ないし15名の有識者からなる。この評議会は、

---

(14)　このような歴史的事情について、田島裕『議会主権と法の支配』（有斐閣、1979年）129-40頁参照。

(15)　同上133-134頁、および田島裕「イギリスの特別裁判所」法の支配139号（2005年）13-19頁参照。

(1) 地方自治法

特別裁判所の審判官の任命について一般的に監視し，適正な運用がなされるように指導に当たる[16]。ときどき監視員を派遣することも行われている。評議会のもう1つの役割は，特別裁判所の審判官に対し「自然的正義」の講義をし，教育を行うことである。そして，毎年，定期的に特別裁判所全体についての「白書」を国会に提出することになっている。上述の1958年の法律は，現在では Tribunals, Courts and Enforcement Act 2007になっているが，この2007年の改正法は，従来の特別裁判所の仕組みに上訴審に当たる特別裁判所を導入した[17]。

§94 特別裁判所の制度が，期待されたとおり理想的なものになっているわけではない。本書第2章では，「公正な不動産賃借料」のコントロールについて説明したが，この問題に関する特別裁判所として，Rent Act 1968は rent tribunal を設立した。この特別裁判所は，家具付きの住宅に関する賃料を rent officer が決め，この決定に関する紛争の迅速な処理に当たる。しかし，家具付きでない不動産については，rent assessment tribunal があり，その管轄権が曖昧になっており，このことが新たに争われることがあった[18]。こういった問題を解決するために，最近，Independent Tribunals Service（独立裁判所サービス局）が設立された[19]。よりいっそうの改善が必要とされているように思われるが，本書で説明した地方自治の実行に当たり，特別裁判所が重要な役割を果たしていることを強調しておきたい。

---

[16] 審判長は法律家であり，陪席の審判員（通常2名）は問題に関する知識をもつ専門家から選ばれる。大法官省（Lord Chancellor's Department）が審判員となり得る人材の情報を集め，リストを作成している。

[17] 例えば，employment tribunals の上に The Employment Appeal Tribunal があったが，このような二層構造の制度にしようとしている。

[18] 例えば，Goel v. Sagoo, [1969] 1 All ER 378; R. v. Fulham, Hammersmith and Kensington Rent Tribunal, ex parte Zerek, [1951] 2 K. B. 1を見よ。

[19] Constitutional Reform Act 2005により，大法官省は憲法問題省（Department of Constitutional Affairs）になったが，同省が最初に導入した改革である。Constitutional Reform Act 2005について，田島裕「2005年の憲法改革法（イギリス）」法の支配168号（2013年）20-23頁を見よ。

49

3 地方自治法・都市計画法

(2) イギリスの都市計画法

(a) 都市計画法

§95 第1に,都市計画について,1947年に制定された都市・国土計画法を説明しよう。産業革命後この法律の立法にいたるまで,ロンドンの都市計画を中心として,個別的ないくつかの立法がなされた。しかし,1947年法は,それ以前の法律をすべて廃棄し,新しい都市計画法の基本的な仕組みを構築した。この法律は,土地を国有化したのではなく,土地利用の利益を国有化した[20]。この法律に従い,地方自治体は,土地利用について計画を建て,その計画を実行するため私有地を利用することができるようになった[21]。また,一定の厳しい手続を経て,土地収用もできるようになったが,この場合には,公正市場価格による正当な補償がなされる[22]。1947年以降にも数度にわたり法律改正が行われているが,基本的な考え方は今日でも変わっていない。

(b) 土地利用計画を策定する機関

§96 土地の問題は住民の利益に直接関係することから,伝統的には地方自治の問題であると考えられてきた。しかし,20世紀になると,ロンドンなどの大都市には,各地から人が集まり,市だけの問題であるとは言えなくなったことから,制定法により国全体の都市計画の問題とされるようになった。その後,1947年の制定法によって,中央政府の権限がさらに拡大され,現在の都

---

(20) 今日では,私有地であれ国有地であれ,誰でもその利用の仕方について,意見を提起できる時代になっている,と表現されることもある。Gray, *Equitable Property*, 47(2) CURRENT LEGAL PROBLEMS 157 (1994) at 188-214. また,E. T. Freyfogle, *Context and Accommodation in Modern Property Law*, 41 STAN. L. REV. 1529 at 1545-6 (1988-1989) も見よ。

(21) 批判のある判例であるが,§124および§126で紹介するR (Sainsbury's Supermarkets Ltd.) v. Wolverhampton, [2011] 1 A. C. 437 および Kelo v. City of New London, 545 U. S. 469 (2005) がその例である。

(22) 正当な補償の算定については,後述69頁(b)節を見よ。

(2) イギリスの都市計画法

市計画法の基礎が作られた。これによって，一方では，中央政府が国家全体の土地利用計画を作成するとともに，他方，中央政府が地方自治体によって作られた都市計画の審査を行うという二重の構造が完成し，その両者の相互作用によって土地政策が推進されるようになった。地方自治の伝統のあるイギリスでは，今日でも土地の有効な利用は地方自治体のイニシャティブで推進されているが，国家政策に合致する計画には中央政府の補助金が与えられ，この補助を利用した形で間接的なコントロールが図られることが多い。本章の問題に関する現行の基本法は，1990年の都市・農村計画法（Town and Country Planning Act）である。

① 環境大臣と地方計画局

§97　今日，土地利用について中央政府が関与する論拠が主として「環境保護」であることから，環境問題担当国務大臣が土地利用に関する最高責任者となっている[23]。1991年の実施規則（SI 1991 No. 2794）に定められた手続を経て，同大臣は土地利用に関する国家の基幹計画（structure plans）を作成する。そして，各地方自治体が提出する地方土地利用計画案を検討し，基幹計画に抵触しないよう監視し，必要な助言を行う。1980年代に入ってから，中央政府は規制緩和の観点から業者の参加を助長することを意図した多くの通達を出し，イギリス経済の活性化に役立つ土地利用計画を盛んに奨励してきた。

§98　たいていの土地利用計画は地方自治体が作成するが，その決定のために住民の聴聞会が開かれる。この聴聞会を経てなされた地方議会の決定には「開発計画」という表題が付され，これが中央政府に付託される。中央政府が承認すれば，その計画が実施されることになる。もっとも，最初の計画案は不動産会社によって作成されることが多く，このような計画は「私的計画」と呼ばれて，実際に地方自治体自身が作成する「公的計画」と区別される。しかし，第4節で説明する「開発許可」を取得する手続にはこの区別は関係ない。

---

[23]　1970年まで住宅・地方自治大臣および公共建築・工事担当大臣が計画案を作成していた。SI 1970 No. 1681.

3　地方自治法・都市計画法

②　関連協力機関

§99　環境大臣および地方自治体以外に都市計画に関わる組織として，第1に，立法府には庶民院に環境問題専門委員会が設置されている。独立の監視組織として，女王陛下公害監視官，全国水当局，農業・漁業・食品担当大臣，いわゆる厚生省（Department of Public Health）などの組織がある。環境問題を総合的に扱う環境省を設置することが検討されたこともあるが，それぞれ異なる見地から監視するのが望ましいという判断によって，これまで権限の統合は見送られてきた。

(c)　土地利用政策

①　土地の公共性

§100　イギリスの土地法は，大陸法のそれとは異なる際だった特徴をもっている。土地の絶対的所有権は，公共のものである（「土地は国王のものである」というフィクションがある）。また，「環境」等の利益は「公共財産」であり，国はその法的利益を保護する信託法上の義務を負うと考えられている。その結果，すべての土地は，環境等の利益を害しないように利用されなければならず，国家はその義務を国民に遵守させるよう土地利用をコントロールすることになる。

　土地利用規制に関する法はすべて制定法によるものである。現在の基本法は，1990年に制定された都市国土計画法（Town and Country Planning Act）(1990年法という）である。イギリスの土地利用規制は，1947年の都市計画法に始まるものであるが，その基本的な考え方は1990年法でも維持されている[24]。その法律は，土地利用についての住民の民主的な合意を得るためのプロセスを規定するものであって，特定の土地政策を押しつけるようなもので

---

(24)　1947年法により，地方自治体に対し「開発計画」の作成が義務づけられた。しかし，この義務は厳格すぎて現実と合致しないことが多くあったため，1971年にそれを弾力化する法改正が行われ，その後の数度にわたる小さな文言修正などを経て，現行法に至っている。

(2) イギリスの都市計画法

はない。そして，中央政府がコントロールをもっているとはいえ，イギリスの伝統である地方自治を尊重している。

② 土地に関する私権

§101　イギリス法上，土地に関する法律は非常に近代化が遅れた。1925年に財産法に関する法律（Law of Property Act 1925）が制定されるまで，封建的な慣習法に従っており，われわれ外国人には理解できないほど複雑なものであった。従って，事務弁護士は，当事者の将来の紛争を回避する目的で土地売買に関与し，その媒介を主たる職としていたほどである[25]。1925年以後には，土地に関する基本的な権利は，(i)単純不動産権（estate in fee simple）と(ii)定期賃借権（leasehold estate）だけである。1990年12月1日以降，土地に関する権利は登記されるようになった。全国的に統一化された土地登記台帳には，(i)不動産（地番が付されている），(ii)所有権者，(iii)その他の諸権利（種々の負担）が記入される。現在では，不動産取引がなされるごとに登記簿に記入され，この登記記入なしにコモン・ロー上の不動産権を取得することはできない。

§102　所有権者は，登記をすると登記官から権原証書（land certficate）を受理するが，この権原証書は伝統的な捺印証書による土地譲渡と同じ法的効果をもつ。つまり，土地の権原をもつことを証明するものである[26]。土地物件の記述，それに付随する担保権などの諸権利の記載に続く第3の部分には，地役権や鉱物採取権，土地利用制約の地域規約（resrictive covenants）などが登記される。その他，建築制限，道路制限，環境規制などの公法上の規制も，地方の土地負担登録（local land charges registration）に登録される。この登記を行うのは地方議会の権限によるものであり，この登記は一定の地方自治体の組織がその不動産の利用について一定の利用・制約権限をもっていることを示して

---

(25) 不動産取引の媒介を主たる業務とする事務弁護士（solicitor）は不動産取引媒介士（conveyancer）と呼ばれる。

(26) Land Registration Act 1925, ss. 63-70. 不動産取引は伝統的には捺印証書（covenant）によって行われてきた。

3　地方自治法・都市計画法

いる。

§103　このようにイギリスの不動産法は単純化されたとはいえ，今日でも複雑な部分が残っている。それは主にエクイティ上の権利に関するものである[27]。不動産譲渡担保（mortgates），売却を目的とした信託（trusts for sale），不動産共有権（co-ownership），家産承継（settlements），制約的規約（restrictive covenants），住宅に関する最近の規制立法について多少の説明が必要であるが，ここでは簡単な概略を説明するのみにとどめる。第1に，信託法上の不動産権は，例えば，相続人が未成年者である場合に，受託者に財産を信託し，その未成年者が1人前になって1人で事業ができると受託者が判断したときに，当該財産を引き渡すという信託契約によって創設される。また，エクイティ上の不動産権は，銀行が融資するときに，不動産を譲渡担保として取り，融資を受けた者が一定の条件で買戻権を維持する場合に使われる。この権利（土地負担）も登記をすることができるが，登記がなくてもエクイティ上の保護を受ける[28]。

③　環境保護政策

§104　中央政府による土地利用計画審査は，主に環境保護の観点からなされる。この審査が行われる場合について，環境大臣の決定の前に聴聞が要求されるかどうか，意見の分かれるところである。環境大臣による審査の1つの重要な観点は，土地利用規制について，地方ごとにあまり大きな相違ができないように公平に予算を配分することである。環境大臣は，制定法によって付加的統制義務およびそれに関する権限を付与されている。その主なものは次のようなものである。

1　歴史的な意味の大きい建物やその他の理由によって地方自治体が保存す

---

(27)　主たるものは Land Charges Act 1972, s. 4 (6)によって認められる地役権（D(iii)クラス土地負担）と呼ばれるものである。

(28)　エクイティ上の権利は，善意有償の第三者に対しては主張することはできないが，登記は「悪意」を推定せしめるものであるにすぎない。

(2) イギリスの都市計画法

ることに決めた建物を「登記済建物」とし，その管理保全に当たる。これは1990年の計画（リストされた建物および保存地域）法（Planning [Listed Buildings and Conservations] Act 1990）による。

2　特別保存地域は1990年の計画（リストされた建物および保存地域）法（Planning [Listed Buildings and Conservations] Act 1990）による。

3　古代遺跡は1979年の古い記念物および建造物の保存地域に関する法律（Ancient Monuments and Archaeological Areas Act）に従って地方計画局により指定される。

4　古跡も1979年の同法に従って地方計画局によって指定される。

5　広告は，ロンドンなどの商業地区以外の地域では，美観を損ねるものとして一般的に禁止されている[29]。広告を掲示する前に地方計画局の明示的許可を取得しなければならない。一般的に広告は住民の関心を引こうとする余り，刺激的なものになりがちであり，美観を損ねることがある。拒絶された場合，環境大臣に不服申立をすることができる。この審査は，アメニティの観点からなされるもので，その内容の価値判断に基づくものであってはならないとされている。

6　樹木は，開発とは直接関係しないので，切り落とすことに許可は要らない。しかし，地方計画局は，アメニティの観点から，開発の条件に樹木または森林の保存を付加することができる。

7　キャンプ場（caravan sites）については，都市計画局はその土地をキャンプ場に指定するか否かを決定し，その決定が下されれば，実際の管理は管理局に委ねられる。イギリスのキャンプ場は，移動住宅自動車用のたまり場となるのであるが，この利用規則ないし規制は，管理局の裁量にある。

8　都市再開発を行う権限は地方自治体にある。古くなって疲弊した都市を新しく甦生させるという決定を地方議会が下すならば，都市計画の通常の手続を経て，その承認を環境大臣から得る。これに従って，地方自治体は

---

[29]　Town and Country Planning Act 1990, s. 220.

3　地方自治法・都市計画法

土地収用を行い，再開発計画が実施される。この手続については，第6節で改めて説明する。

9　危険物に関する取締まりは，第一次的には健康・安全局の権限である。1990年法24条は，危険物担当局は「違反を特定したうえ」適切な措置をとることができると規定している。現在，「危険物 (harzadous substances)」は，1992年規則第656号付則1にリストされている[30]。

(d)　利用計画許可制
① 「開発」の定義

§105　イギリスにおける土地規制には2面がある。その1つは，個人が所有する土地であっても，地方自治体内に設置される専門委員会の審査を受け，「開発」ないし「土地利用」の許可を得なければならないということである。ここにいう「開発」は，都市計画法で使われる専門用語であるが，「地上，上空または地下に建物，工事，鉱業，その他の操業を行うこと」または「建物または他の土地利用に重大な変更をもたらすこと」を意味するものと定義されている[31]。端的に言えば，土地・建物の外観に変化をもたらす全ての利用について，地方自治体の許可が必要であるということである。

他の1つは，地方自治体が積極的に都市改良計画をたて，中央政府の承認を得た上で，公益性を高めるための土地利用が促進されていることである。この目的のためには強制的土地収用がなされるが，当然，その収用に対し「正当な補償」がなされる[32]。ただし，この補償額の算定方法は，日本の場合と

---

[30] Arsenic trioxide, arsine, hydrogen selenide, methyl isocyanate, nickel tetracarbonyl, oxygen difluuoride, pentaborane, phosgene, phosphine, selenium hexafluoride, stibine, tellurium hexafluoride, 2, 3, 7, 8-tetrachlorodibenzo-p-dioxin, sulphur dicoxloride など65品目。これらは後に説明する条約による規制に適合する。

[31] Town and Country Planning Act 1990, s. 55 and s. 57.

[32] 2名の土地鑑定人が評価報告書を出し，それを考慮して決定される。実際の評価は，争いがある場合には，問題となる土地の近隣の公正市場価格を基礎とし，さまざまな調整をしてなされる。第5節2四で言及する土地審判所がこの決定権をもっている。なお，土地収用と補償額の算定については，本書では，§§118-119で説明する。

(2) イギリスの都市計画法

はかなり違っている。中央政府自身も土地利用計画を立てる権限をもっているが，イギリスは地方自治の国であり，地方のイニシャティブが非常に尊重されている。

② 指導的判例の解釈

§106 実際の審査プロセスを説明するために，1つの事件をここで説明しておこう。ランベス事件では[33]，ロンドン市の古い行政区画が変更されたときに大ロンドン市議会（Greater London Council）が廃止され，その議事堂を再利用することが問題となった。1986年10月に区の教育委員会，消防署などが利用申請を出し，これを受けて国務大臣調査を勅撰法廷弁護人（Q.C.）に命じた。その受命調査官は，4カ月ほど考慮したのち，建物の利用目的が本来のものと違うと判断し，新たな利用許可手続が必要であると結論した。大臣は議事堂を会議目的のため将来使う可能性があることを理由に，そのまま維持することを提案したが，ロンドン市は聴聞を経た後，会議室以外の部分の利用許可を認めた。これに対し，高等法院へ訴えが両方の側から提起され，裁判官はロンドン市の許可を肯定した。これに対し控訴院へ上訴され，再び肯定された後，貴族院へ上訴されたが，貴族院もまた，ロンドン市の決定を肯定した。判決の中で，貴族院は，現状の維持によって得られる利益との比較考量は必要ではなく，有効な利用の提案があれば，反対の理由が明瞭に示されな

---

(33) London Risiduary Body v. Lambeth BC [1990] 2 All ER 309. 最近の判例として，Shimizu (U.K.) Ltd. v. Westminster City Council, [1997] 1 All ER 481 (H.L.); City of Edinburgh Council v. Secretary of State for Scotland and Another, [1998] 1 All ER 174 (H.L.) も見よ。ちなみに，清水建設（英国）の事件では，ロンドン市ボンド・ストリートの歴史的建造物の建て替えの許可申請に対し，入り口およびそれに付着する暖炉設備の部分を元のまま保存することを条件に許可が下りた。昔の設備をそのまま使うことは多くの点で不利益があり，清水建設は土地審判所（Lands Tribunal）へ訴え，新しいものと取り替えることを主張して認められた。しかし，高等法院はこの決定を覆した。貴族院は，この判決を支持したが，昔の物をそのまま利用して建て替えるために余計にかかる費用を市当局は補償しなければならないと判決した。

3 地方自治法・都市計画法

い限り，土地利用の許可を出すのが原則であると判決した。

③ 利用計画許可手続

§107 土地利用は，「開発」許可に基づいて行われるが，「開発」は都市・農村利用計画一般開発令（1988年）の適用があるときは，比較的簡単に許可が出される。その他の場合には，都市・農村利用計画（利用の種類）令（1987年）によって審査がなされるが，利用計画許可の取得の手続は，次のようになっている。

1 利用計画の許可申請者は，地方計画局に所定の様式の申請書を提出する。この計画に関係する土地の所有者および賃借人に対し，その計画の通知を与え，通知をしたことの証明書を当該申請書に添付しなければならない。そのときに，法律に定められた手数料（建物の建設1個につき，120ポンド，改築につき60ポンド）を支払わなければならない。利用計画許可は，大別して2種類からなるが，関係する工事の性質によって，建設工事，土木工事，掘削工事，その他の工事に細分される。利用計画許可の付与の法的性質は，一種の財産権の付与と考えられており，いったん許可が下りた後にそれを否定するときは，一種の収用手続によることになる。

2 地方計画局が利用計画許可申請を受理した後，速やかにその計画に関連する諸機関（道路公団，全国水管理局など）の意見を聞くことになっている。それと同時に，申請があったことを公示しなければならない。その利用計画の規模が1haを超える，10戸以上の家屋の建設，または1,000㎡以上の事業である場合については，所定の広告板を当該計画に関連する土地に立て，近隣の住民に対し公示しなければならない。その後に，聴聞会が行われる。

3 開発計画の聴聞が行われるときまでに環境計画ステートメントが作成される。このステートメントは，当該計画によって環境にどの程度の影響が見られるかの評価を含むものであって，計画が許可されるときに，条件を付する根拠として使われる。

4 国務大臣は，地方自治体レベルの聴聞会に出席する義務はない。しかし，

(2) イギリスの都市計画法

国ないし社会一般の利益の保護の観点から，聴聞会に出席して土地利用計画について意見を述べることはできる。
5　申請の決定は準司法的になされる。自然的正義の原理に従う聴聞が開かれ，すべての利害関係人の意見が聴取され，提出された参考資料を適切に考慮に入れ，証拠に基づく決定が下される。結論だけではなく，結論に到る理由が論理的に説明されなければならない。
6　土地利用許可はたいてい認められるが，ほとんどの場合，何らかの条件が付される。1990年法第70条(1)項は，地方計画局が「適切であると思料する（as it thinks fit）条件を許可に付することができると規定している。付される条件は，(1)計画に関連したものでなければならず，(2)許可された計画に関係するものでなければならず，(3)具体的で，実現可能なものでなければならず，(4)不確定（uncertain）なものであってはならない。これらに違反する条件は，権限踰越（ultra vires）の法理により司法審査に服することになる(34)。

④　利用計画の実施

§108　利用計画許可または既存利用権の取消しまたは変更は，上述の手続と同じ手段で行われる。利用計画が許可されると，一定の合理的期間内に利用計画を実施する義務が生じる。もっとも，地方自治体のイニシャティブによる土地開発の場合には，手続は簡単である。当然，関係諸機関の意見を求めることは法律上の義務であるが，地方自治体が建設業者と請負契約を締結し，それに従って土地開発が行われる。大規模の計画であれば，国家事業の形で，国が当事者となって手続が進められる。国の計画の一例は高速道路の建設の場合である。この場合でも，基本的には通常の地方自治体による手続と大きく異なるところはない。

---

(34)　田島裕『議会主権と法の支配』（1979年）143頁。

3 地方自治法・都市計画法

(e) 計画行政の強制と紛争処理
① 自然的正義と高等法院の役割

§109　イギリス法の特徴は，法的紛争を処理するための詳細な手続をもっているということであろう。一般的に言えば，「自然的正義の原則[35]」による手続であるといってよいが，具体的に言えば，すべての利害関係人に対し利用について口頭で説明を行い，それについての討論を十分尽くすことが要求される。地方自治体の決定に対し不服がある場合には，上述の国務大臣に対し上訴することになる。そして，「法律問題」に関する争点については，1981年の最高法院法（Supreme Court Act）の定める司法審査の手続による訴訟を提起することができる。この司法審査については，後に改めて説明する。

§110　② 一次的紛争の処理

1　強制命令は，地方計画局の裁量によって出される。緊急を要することがらについては，後に言及する停止命令を出すこともできる。この手続は，最終的には刑事責任につながることから厳格に進められる。

2　情報収集は，1991年の計画および補償に関する法律（Planning and Compensation Act）によって新しく追加された救済方法である。これは，地方自治体の計画局がモニター制度を採用し，都市計画が実際に行われているかどうかを監視するシステムである。

3　計画が予定どおり行われていない場合，停止命令が出される。地方計画局は，1990年法183条によって違法行為に対する停止命令（stop order）を出すことができると規定されている。命令の送達後，その命令に記述された3日ないし28日以内の期限内にそれに従わない場合には，行政罰が科せられる。

4　不服申立は，利害関係が衝突する私人によって行われる。法律解釈を争

---

[35] アメリカ法の due process に相当する概念で，具体的には，(i)判定者に予断と偏見がないこと，(ii)種々の利害関係人に公正な通知を与え，弁明の機会を与えること，(iii)証拠に基づき，理由を付した決定を下すことを意味する。

(2) イギリスの都市計画法

う場合は別として，計画決定に関し一般的には，不服申立は環境大臣に対してなされる。その審査機能は一種の準司法機能であり，裁判と類似した手続がとられる。土地の権利をめぐる紛争については，特別な専門知識を必要とされるので，土地審判所（Lands Tribunal）が審理にあたる[36]。この審理は第1審の裁判に相当するので，これに対する上訴はうかがい訴訟（case stated）の形で訴訟院へなされる。審査に当たる専門家（大法官により任命される）は裁判官ではないが，当事者主義によって両当事者の主張を聞き，証拠に基づいて決定を下すことになる。

5　差止命令は，伝統的なエクイティ上の救済方法であるが，土地利用規制に違反があり，救済が不可能になると思われるような違反行為を事前に差し止めるための手段として使われる。地方自治体の関係者らによる申立てに基づいて，裁判所が裁量によって認める救済方法である。これが得られるかどうかについては，いかなる確定性もない。

6　違反は刑事上の犯罪とされる。もっとも，刑事事件として裁判が始まる前に，地方自治体は，その違反を是正するための予備的手続をとることができる。裁判所が積極的違反があったことを認定する場合には，略式手続により2万ポンドの罰金を科することができる（1990年法第23条）。正式起訴手続による場合には，罰金の上限はないが，被告人は，誠実に違反の防止に努力したことを証明すれば，抗弁となる。

③　司法審査

§111　利用計画許可の拒否に対する上訴は，高等法院に対してなされる。その審査は，いわゆる法律の運用の間違いの有無を検討するものであって，1981年の最高法院に関する法律第31条に基づいてなされる。これは司法審査（judicial review）の訴えと呼ばれる手続であるが，その救済は，certiorari,

---

[36]　Lands Tribunal Act 1949, s. 1 (3) [Compulsory Purchase Act 1965, s. 39 (4)]; Land Compensation Act 1961, s. 1.

3 地方自治法・都市計画法

prohibition, mandamus, declaration, injunction である[37]。通常，高等法院がこの司法審査を行う管轄をもつものと考えられている。この審査は一種の請願手続の性質をもつものであり，「記録 (records)」に基づく見直しを意味する。法律の解釈・運用の間違いを正すのが主たる目的である。高等法院の判決に対し，控訴院へ，さらに貴族院へ，上訴する道が開かれている。

(f) 都市再開発
① 再開発の決定

§112 1980年の地方自治，計画および土地に関する法律 (Local Government, Planning and Land Act) 第134条によって，担当大臣は，再開発地域を指定する権限を付与されている[38]。その指定がなされる場合には，実施規則を作り，その事業を遂行するため再開発団体を設立することになっている。この規則は国会の両院の承認を得たものでなければならない。再開発の実施に当たるのは，都市開発公社である。この公社も，担当大臣が規則を制定して設置することになっている。その目的は，効率的土地利用によって商業上より大きな利益をその地域にもたらすということであってもよい。現在，都市再開発の目的は，1989年の地方自治，住宅供給に関する法律 (Local Government and Housing Act) 第36条および第37条によって，経済的地域活性化にまで拡げられた。これにより，譲渡担保を設定すれば，地方自治体は，不動産改良のための資金貸付をすることができる。再開発の許可は，上で述べた土地利用許可の手続と同じプロセスを経て決定される。

② 再開発計画の実施

§113 地方自治体の都市計画局，ニュータウン公社，都市開発公社は，都市計画を策定し，聴聞の後，事業区域を指定することができる。1980年法はこの決

---

(37) Rules of Supreme Court Or. 53.
(38) Local Government Act 1972, s. 137によって，都市再開発のための支出が認められるようになった。

定を承認するとき，国務大臣は，都市開発事業体を規則によって設置することができる。この事業体は，国家機関ではなく，一種の特殊法人（gingo）である。再開発が決定されるごとに設置される。法人格が付与されるが，その目的は指定事業の実行のみである。略式利用計画区域は，上述の事業区域の設定の一種であるが，この区域では，規制を少なくすることによって，商業活動を活性化し，ひいてはその地域の経済的発展を実現することにある。この場合には，土地利用計画の目的のため土地を取得する及び／又は開発する地方自治体の権限が必要となるが，土地の取得に関する法律（Aquisition of Land Act 1981）によって付与されている。この法律によれば，地方自治体が国務大臣の許可を得て再開発事業を行う場合，土地収用権を付与されている[39]。環境保全を目的とする場合には，この手続は国務大臣によって行われる（同228条）。

(8) アメリカ法との比較
① アメリカのゾーニング

§114　最後にアメリカの都市計画についても少し言及しておきたい。アメリカ合衆国は広大な土地をもっており，土地利用の問題はイギリスほど深刻なことはなかった。アメリカでは，住民がより快適な生活を送るために住民自治によるゾーニングを行うことにより，都市開発が進められてきた。多くの紛争は，その手続的側面を争うものであった。ゾーニングの紛争は，環境保護に関係することが多いので，後にそれと関連する諸事例を検討するときに説明する。

② アメリカの都市再開発——公用収用の問題

§115　最近では，ニューヨーク，シカゴ，サンフランシスコなどの大都市の老朽化の問題が深刻になり，その再開発は，アメリカ都市計画法の核心をなすに至っている。この問題については，イギリス法よりも精緻な理論が展開され

---

[39]　Local Government, Planning and Act 1980, s. 135, Local Government, Planning and Land Act 1990, s. 226.

3 　地方自治法・都市計画法

ているので，ここではその側面だけに焦点を当てて，英米の法律を比較しておきたい。

　アメリカの都市再開発は，都市計画に従って土地を収用することから始まる。ポールタウン近隣住民評議会対デトロイト市判決[40]では，デトロイト市がジェネラル・モータース社の組立工場を誘致するために，住民の土地を収用しようとした。住民は，私人の土地を取り上げて他の私人にそれを移転するだけに過ぎず，この計画は「公用収用」ではないと主張した。これに対して，デトロイト市側は，工場誘致によって期待できる市の財政の改善，失業問題に与える影響，その他，市にもたらされる様々な利益を説明し，市が存続するための1つの選択肢であるからこの「公用収用」は適法であると主張した。住民側は，工場誘致によってもたらされると思われる犯罪率の増加，環境の悪化などを訴えたが，最終的には，裁判所は，市議会の決定が民主的になされたものである限り，適法であると判決した。

　しかし，1933年の全国産業復興法に基づく公営住宅建設のための土地収用事件では，裁判所は「貧困者の住宅を確保するための」一定の住民の土地収用は「公共のため」のものであるとは認められないと判決した[41]。これは，連邦憲法によって連邦政府に与えられた権限を超えているとされたためであって，連邦政府の適法な政策を実現するために，土地収用の権限があることは否定されない。この判決のために，連邦政府は住宅政策については補助金行政にとどまり，スラム街の一掃をすることができなかったと言われる。

③　過剰収用の問題

§116　再開発事業を進めるうえで，過剰収用の問題がしばしば争われる。キャリフォーニア，フロリダ，ケンタッキー，ネブラスカ，ニュージャージー，オレゴンおよびバーモントの諸州は，地方条例によって土地利用規制が行われ

---

(40)　Poletown Neighborhood Coucil v. Detroit, 304, N. W. 2d 455 (Mich. 1981).

(41)　United States v. Certain Lands in Louisville, 78 F. 2d 684 (6th Cir. 1935).

(2) イギリスの都市計画法

る前に，州法により州全体の将来の総合土地利用計画が策定されなければならないと規定している。もし地方条例の規制が，この総合計画に抵触するものであるならば，そのゾーニングは無効であると判決される[42]。しかし，その総合利用計画の枠内にある土地収用については，過剰収用があっても，合理的な理由の説明がある限り，適法とされる。

§117　技術的な側面について言えば，第1に，例えば高速道路を建設する目的のために牧場を収用する場合，全体として買い取らなければ残りの土地だけでは牧場として維持できず，その土地の経済的な価値が失われる場合には，その全体の超過収用は適法である[43]。第2に，必要以上の土地を収用し，不必要な部分を私企業に開発後の高値で再販売し，その差額によって全体の事業の経費を軽減することは原則として許されない[44]。第3に，公共事業の目的を保護するためには，過剰収用は適法であるとされる。例えば，公園を作ることが目的である場合に，静かな自然環境を維持したいと考えるのであれば，合理的な範囲内で過剰収用をすることが認められる[45]。

④　補償額の算定

§118　収用はやむを得ないと納得したうえで，当局が補償の額を争うことがある。とくに問題になるのは，土地収用が決定されてから，実際に計画が実施されるまでに相当の期間があり，その間の土地価格の増加分をどのように考慮すべきかという点である。一般原則による補償額は，収用の決定時における当該財産の公正市場価格（fair market value）である[46]。1990年のRelocation Actは，この「補償問題」を代替的なものに代えることを許し，弾力的な処

---

[42]　Kozesnik v. Township of Montgomery, 24 N. J. 154, 131 A. 2d 1 (1957).
[43]　State Highway Commissioner v. Buck, 226 A. 2d 840 (N. J. 1967).
[44]　Cincinnati v. Vester, 281 U. S. 439 (1930).
[45]　Kamrowski v. State, 142 N. W. 2d 793 (Wis. 1966).
[46]　Housing Authority v. Kosydor, 17 Ill. 2d 602, 162 N. E. 2d 357 (1959).

3　地方自治法・都市計画法

理を可能にした[47]。

§119　また，他方，アメリカでは再収用（recapture）や補償（condemnation）の問題が重要な争点となる。例えば，今まで何もなかった土地に鉄道が敷かれ，駅が出来たために，土地の地価が急激に高騰した場合，その価値の増加分はその所有者の不当利得であると考えられ，この部分をいかにして公共に還元するかが問題となる。これは再収用（recapture）と呼ばれ，公正かつ公平に行われる限り，適法であるとされる。この場合とは逆に，例えば，飛行場の建設のためにニューサンスの問題が生じた場合には，土地価格のtakingがあったものとして，補償が認められる。これを逆収用（inverse condemnation）の問題という。

⑤　ホームレスの問題

§120　§109で述べたように，土地収用は貧困者救済と関わりをもつことが多い。ホームレスの問題はアメリカだけの問題ではない。しかし，ニューヨーク市の問題ほど深刻な問題は世界の他の都市には見られない。その深刻さのゆえに，ニューヨーク州憲法は，州によるその援助，監護および扶養を義務づけている。そして，ニューヨーク市条例は，マットレス，枕，清潔なシーツ，石鹸および雨よけを各ホームレス1人1人に支給するものと定めている。1993年にはホームレスの数は2万4,000人を超え，市の財政負担は膨大なものになった。この費用のうち連邦法の要件を満たしている部分については，連邦政府の補助金が出される。イギリスにもホームレスの問題がないわけではないが，都市計画と土地利用との関係では，問題にはなっていない[48]。

---

(47)　この法律の内容は，西谷剛「アメリカの損失補償基準」西谷剛編『比較インフラ法研究』（良書普及会，1997年）217-245頁に詳しく説明されている。

(48)　Young v. New York City Jransit Authority, 729 F. Supp. 341 (1990); McCain v. Koch, 517 N. Y. S. 2d 918, 511 N. E. 2d 62 (1987). イギリスでは，ホームレスは不法侵害者である。Southwark London Borough Council v. Williams, [1971] Ch. 734, 744; Housing (Homeless Persons) Act 1977.

(3) 土地収用と正当な補償

(a) 強制収用手続

§121　都市計画を実施するためには、地方自治体が私人の土地を収用しなければならないことが多い。例えば、津波の防災を目的として防波堤を建設することを地方議会が決議した場合、これを実行するために、関係する土地を強制収用することになる。このような場合、私有財産を公共の目的のために使うことになるから、「正当な補償」が支払われることになる。この法理は、日本国憲法第29条3項でも採用されているが、英米法では古くから認められてきた憲法原理である。国際法でも、ヨーロッパ共同体法でも、この法理は原則的に認められるものと思われる。

§122　第1に問題になるのは、強制収用の手続である。この手続は「財産権」を奪う手続であり、デュー・プロセスが要求される。適正な通知と公正な聴聞の権利が保障される。イギリスでは、この手続は Compulsory Purchase Act 1965に定められている[49]。正当な補償の金額は、現実の損害と思われる金額であるが、その算定は Land Compensation Act 1961に従って行われる（§130）。Planning and Compulsory Purchase Act 2004は、都市再開発を目的として、迅速にこの手続を進めることができるように、より強力な権限を地方自治体に与えた。

§123　上述の諸立法は、一見、正しい方向へ向かっているように見えるのであるが、実際には新しい困難な問題を生んでいる。20世紀の終わり頃から公共事業の民営化が進められた。水道事業、電力発電事業など、多くの事業が私企業の手に委ねられると、事業活動が活性化し、国の経済全体からみて、良い効果をもたらした。しかし、その事業が公共性をもつため、地方自治体が私人の土地を収用し、その土地を私企業に安い値段で売却するようになった。また、

---

[49]　Acquisition of Land Act 1981により強制買取命令が出され、その後、聴聞および審査の手続を経て、被収容者が被る現実の損害額が確定される。

3　地方自治法・都市計画法

このような仕組みは,「公共性」の要件を緩めることになり,私企業の思い通りに,必要のない土地までも買収することが行われるようになった。

§124　問題になっている最近の判決を紹介しよう。2010年のウーヴァーハンプトン市の都市再開発計画に関する事件[50]では,市の国立病院地区がスラム化し,市当局がその地区を再開発しようと検討していたときに,大手小売業者であるセインズベリが,その地区に進出することを提案した。その再開発には膨大な費用がかかり,同市の財政ではまかないきれないことから,市議会はこの提案を歓迎し,ほとんどすべてセインズベリの提案どおり都市再開発計画を立て,1990年の都市開発法第226条により,問題の地区を強制収用し,これをセインズベリに与えた。この最高裁判所判決は,この強制収用を合法と判決した。しかし,その反対意見が指摘しているように,この収用が「公共のため」になるかどうかについての確証はなく,違法とされる可能性も十分に考えられる[51]。

§125　多数意見は,ヨーロッパ人権裁判所の判例を考慮に入れていると思われる。ジェイムズ対連合王国事件[52]がその先例の1つであるが,この事件では,ロンドンの中心部の都市再開発が問題になった。ソーホーと呼ばれる世界的に有名な売春街があり,この地域を明るい外国人観光客のために大規模な改革を立て,土地収用を行った。その土地の所有者がイギリスの最高位の貴族であったことから,その訴訟は複雑な進行を見せたのであるが,最終的には,当該の土地収用は適法であると認められた[53]。ヨーロッパ人権裁判所は,イ

---

(50)　R (Sainsbury's Supermarkets Ltd.) v. Wolverhampton, cc [2011] 1 AC 437.

(51)　Town and Country Planning Act 1990, s. 226は,開発が,(a) economic well-being of their areaだけでなく,(b) social well-beingであり,(c) environmental well-beingの促進または改善に役立つことも条件としている。ちなみに,都市計画法については,Planning Act 2008やLocal Democracy, Economic Development and Construction Act 2009により,いっそうの開発の促進が図られている。

(52)　James v. United Kingdom (1986), 8 EHRR 123.

(53)　ヨーロッパ裁判所は,1人の個人の財産を強制収用し,別の個人にその財産を移転することは,「公共の利益のために必要」であれば許されると判断した。Hawaii Housing Authority v. Midkiff, 467 U.S. 229 (1984) 参照。補償額の算定については,

(3) 土地収用と正当な補償

ギリスの歴史の中で，その貴族の先祖がイギリス国民から不当に剥奪した土地であるはずであり，その収用は「公共のため」になるというのである。

(b) 正当な補償額の算定

§126　土地収用の問題は，アメリカ法でも議論されている。とくにアメリカ合衆国最高裁判所の2005年のケロ判決[54]は，学界の注目をひき，大きな議論が起こっている。この事件では，コネチカット州のニュー・ロンドン市が，都市再開発計画を立て，薬品工場と公園の外115家族が住んでいた地域を作り直すことにした。この再開発により，ウォーターフロントとショッピング街が作られることを計画した。この計画が実現すれば1000を超える職が新しく生まれ，ホテル，レストラン，娯楽場が作られ，水辺には散歩道やボートなどのリクレーション施設が建てられる計画であった。市の税収も著しく増大すると主張された。しかし，そこに住んでいた住民らは排除されることになり，この計画が主張どおり「公共のため」になるかどうかは定かではなかった。

§127　アメリカ人は住んでいる土地へのこだわりは余りもっていないようで，この事件で争われている主要な争点は，正当な補償の額である。その先例となるルーカス判決[55]では，都市再開発の目的が環境保護にあることに重点が置かれている。環境の悪化は，不法行為と認められ得るのであり，不法行為を除去することはポリス・パワーの権限に含まれる。日本国憲法第29条2項が定めているように，ポリス・パワーを行使して環境保護を図るのであれば，そもそも私人対して補償をする必要はない。ルーカス判決では，合衆国最高裁判所は，原審裁判所は harm ful or noxious use の判例法理の適用を誤ったとして，原審に事件を破棄・差戻した[56]。

　　　適正な手続による決定がなされている限り，国内手続による決定が尊重されるべきであると判示した。

(54)　Kelo v. City of New London, 545 U. S. 469 (2005).
(55)　Lucas v. South Carolina Coastal Council, 505 U. S. 1003 (1992).
(56)　Sax, *Takings and the Police Power*, 74 YALE L. J. 36, 50 (1964) で説明された harmful or noxious use の判例法理は，Nollan v. California Coastal Commission, 483

69

3　地方自治法・都市計画法

§128　もう1つのイギリス枢密院の判決[57]にも注目しておこう。この事件では、香港の都市開発のために、総督府は原告の土地を強制収用する決定を下した。原告はその土地で mini-mill の事業をしていたが、1981年11月に収用通知が送達され、resumption order が1985年10月15日に出されたが、1886年7月30日まで休業を余儀なくされた。1987年1月に中国本国で事業を再開するまで、多額の損害を被った。「強制的公用収用」の事例であることは疑いないが、補償額について争われ、イギリスの枢密院（最高裁判所）は、補償額は fair compensation として relocation basis により算定すべきではなく、extinguishment basis により算定すべきであると判決した[58]。

§129　上に説明した諸問題は、学界でも激しく議論されているところであるが、多くの論文は「経済的利益」を得ることを目的とした「強制公用収用」は公共のためにならないと主張している[58]。確かに、東京ミッドタウンのようなプロジェクトは、国の経済の発展に貢献するかもしれないが、ホテルは最高級であり、レストランは1食だけで数万円も払わなければならず、銀行も個室で客に対応するようなもので、ほんの一握りの金持ちのためのプロジェクトであるとみることもできる。いまだ明確な理論が立てられているわけではないが、よりいっそう厳密に検討されなければならない課題であるといってよい。

§130　イギリス法における「正当な補償」は、次のように整理することができる。1916年に Compensation Act が制定され、6つの原則が確立された。1961年の現行法も、基本的には、この原則を維持している。しかし、同法第5条は、第1に、「不動産取得が強制的であることによる補償は認められない」、

U. S. at 834-5, 107 S. Ct. at 3147（1987）で substantially advances legitimate state interest という表現に変えられているが、基本的には同じことを意味している。

[57]　Director of Building and Lands v. Shun Fung Ironworks Ltd., [1995] 2 AC 111 (1995) 参照。

[58]　Land Tribunal は不動産等の資産の評価額を $109.75m と算定したが、Court of Appeal は、事業そのものを中国本国に移転するのに掛かった費用（$519）を損害額と算定した。

(4) アメリカ法（キャリフォーニア州）のホーム・ルール［ショウ・サトウ＝田島裕訳］

第2に，「土地の評価は，公正市場価格による標準的な価格とする」，第3に，「たとえ当該の土地が，他の土地とは違う利便性を備えていても，収用の目的に適う諸要件と関係がなく，市場の価値が認められないならば，算定に当たって考慮に入れてはならない」，第4に，「土地の使い方によって価値が高くなっていると思われる部分について，その増加額を考慮に入れてはならない」，第5に，「強制取得がなければ特定の目的のためにその土地が価値を持ち続けると考えられる場合，土地特別審判所が必要であると認定する限りにおいて，その代替物と同等の価値を評価すること」，第6に，「土地の価値と直接関係のない妨害物などの評価には，第2のルールの適用がないこと」を規定している。これらのルールによる補償額の算定は，収用の決定日を基礎としてなされるが，その決定において別の適切な算定日を指定することができる

(4) アメリカ法（キャリフォーニア州）のホーム・ルール　　［ショウ・サトウ＝田島　裕訳］

　この節は故ショウ・サトウ教授（キャリフォーニア大学バークレー校ロー・スクール）の論説を利用させていただいた。この論説は，もともとは同教授が1966年6月4日に行われた特別講演を整理したものである。地方自治のホーム・ルールの法理は，重要な研究領域の1つであるが，その法理を説明した論文として，今日でも重要な意義をもっている。できる限り同教授の研究を正確に残したいと考え，アメリカ法1966-2号（1966年）に掲載された形をそのまま残すようにした。ちなみに，本節の脚注も，本書の編集方針に従って付け直すことはせず，元の形を維持した。

　いうまでもなく，市は州の創造物であって，州が市の存続，活動の権限の淵源である。これは，市は当然に州の単なる政策執行機関にすぎず，完全に州の従属的な働きしかしない，ということを意味するものではない。なぜなら，「市」という言葉は，地方の住民が自分たちの共通の問題を自分たちで解決するために作った公共団体を意味しているからである。したがって，最も単

3 地方自治法・都市計画法

純な形式における地方自治（home rule）[a]という言葉は，地方の問題を地方で決定することを意味している。疑いなくアメリカ合衆国では，どの市にも，ある程度はこのように定義される地方自治が存在している。しかし，この地方自治の保証される程度と地方自治に任せられる問題の範囲は，州によってかなり相違があり，同じ州の中でも市の間で相違がある。地方自治は，州憲法によって規定されている州内統治機構に依るものであり，しばしば州の伝統や州立法部の自己抑制に依っている。

しかし，法的分析という観点からは，地方自治の程度は次のように分類することができる。

第1に，活動する権限が憲法によって市に委任されており，州議会はそれを市に代ってすることができないとされる場合，市は最高の自治形態を持つ。その範囲内では，市の立法権が優位する。

第2に，市は憲法から直接ではなく州議会からその権限を附与される場合がある。その権限の附与は広範にわたることがある。しかし，この機構の下では，州議会はいつでも自由にその権限を取り戻すことができる。

第3に，第2の分類と同じように，市は州議会の制定法によって作られるが，附与される権限が狭く限定されている場合がある。

最後に，「地方自治」は別の形態をとることもある。市は，その活動や規制が州の諸規制と矛盾し，それらによって取って代られるようになるまで，憲法によって活動の権限が与えられる場合である。

この分類から気付かれるように，関連のある異なった2つの問題がでてくる。その1つは，どの範囲まで市に活動の権限が与えられ，またかかる権限の淵源は何かという問題である。もう1つは，市が州立法部の支配に従う範囲の問題である。

そこで，キャリフォーニアにおける州と市の関係の歴史，地方の独立のた

---

[a] 本稿では，以下，home rule という言葉に「地方自治」という訳語をあてた。しかし，この論説の内容からも分るように，我国の「地方自治」の在りかたとはかなりちがった面があるようである［訳者］。

(4) アメリカ法（キャリフォーニア州）のホーム・ルール［ショウ・サトウ＝田島裕訳］

めの闘争から発した憲法のいくつかの条文，そしてそれらの条文の裁判所による解釈について述べながら，さらに具体的に「地方自治」を議論することにしよう。そして，「地方自治」に関する憲法の条文についての紛争を解決する時に裁判所が考慮すべきだと思われる基準をあげることにしよう。

まず最初に，キャリフォーニアには58のcounty[b]と1,000を超えるspecial district[c]があるということを述べておきたい。しかし，一般的にcountyは，憲法の下で地方自治の保護されるのは市よりもはるかに少なく，special districtは，実際上，自治を持たないということを述べる以外に，それらの地方自治についてここで論じようとは思わない。

1879年憲法が採択される以前には，キャリフォーニアにおける市は，事実上，州議会によって作られていた。市は州議会から附与された特別のcharter[d]の下に設立されており，市は州議会の干渉に対して何ら保護が与えられなかった[1]。債務を1つの市に支払わせたり，市の財産を他に移転したり，市の問題を管理する特別委員会を設立したり，税金を地方の色々な目的のために課税したり，地方職員の給料を定めたり，これらすべて，市の住民の同意なしになされることは，稀なことではなかった。しかし，1879年憲法が採択されるすぐ前に，固有の自治権の司法原理があらわれはじめた。この概念が十分に熟す前に，1879年憲法が制定された。

1879年憲法は，市について特別に重要な規定を5つ含んでいた。第1に，第11編6節は，州議会が市の設立，組織及び人口による分類について一般法

(b) Countyはフランス語から入ってきた言葉で，イギリス法にいうshire（サクソン語から出ている）と同じ意味で用いられる。それは，市を含める広い一行政区画を示すものである［訳者］。

(c) Special districtとは，わが国の地方公共団体の組合，財産区，地方開発事業団などに当るものであるが，ここでは「特別法人」とでも訳すべきであろうか。この特別法人の権限はさらに厳格に制限される［訳者］。

(d) この言葉には色々な意味があるが，ここでは「市の憲章」とでもいうべきもので，市の基本法をさす［訳者］。

(1) この間の詳細については，J. C. Peppin, *Municipal Home Rule in California: I*, 30 CALIF. L. REV. 1 (1941)を見よ。

3 地方自治法・都市計画法

で定めることを要求していた。その条文は、特別法による市の設立を禁じた。第2に、一定の人口を持つ市は、第11編8節の下で自己のcharterを作ることが許された。第3に、憲法は、第11編11節によって、市に州の一般法に反しない警察、衛生その他の地方条例を制定する権限を与えた。第4に、第11編12節は、州議会が市の色々な目的のために、市、あるいはその住民または財産に税金を課税することを禁止した。最後に、第11編13節によって、州議会は、市の改善、財政、資産などに干渉したり、市税を徴収したりすることを特別委員会、または、私的団体に委任することを禁じられた。

新憲法の下では、人口の要件を満す市は、自己のcharterを作ることができた[2]。市がcharterを採択すれば、市は州の一般法で与えられていない権限についてまで規定することができたが、そのcharterは、市に憲法で規定されている以上に州議会の支配からの保護を与えるものではなかった。なぜなら、charterの規定が州の一般法に反する場合には、後者が優位したからである[3]。

---

[2] 1879年憲法第11編8節の最初の規定の下では、100,000を超える人口を持つ市だけがfreeholders' charterを作ることが許された。その当時、その要件を満す市は、サン・フランシスコだけであった。Peppin, *Municipal Home Rule in California: II*, 30 CALIF. L. REV. 272, 275 (1942) 参照。1890年には第11編8節が修正されて、人口の要件は3,500に引下げられた。

 Freeholders' charterは、(1)市の選挙民によって選ばれた自由土地保有者委員会 (board of freeholders) または、(2)市の立法機関によって提案される。charterは市の選挙民に提出され、もし選挙のときに過半数の者がそれに賛成の投票をすれば、そのcharterは批准されたものとみなされる。そこで、charterは州議会に提出され、その承認を得なければならない。州議会は、拒絶しても承認してもよいが、それを変更したり修正したりすることはできない。かようにしてcharterを作った市を以後chartered cityと呼ぶことにする。

 これに対して、市が州の制定法に従って設立され組織されている時には、それらの市は、事実上、州議会から与えられるcharterを採用する。これらの市を以後general law cityと呼ぶことにする。憲法は、新しい市を設立する時にはまずgeneral law cityとして設立することを要求し、その後にfreeholders' charterを採択することを許すもののようである。市は、最初からchartered cityとしては設立されない。

[3] Davies v. City of Los Angeles, 86 Cal. 37, 24 Pac. 771 (1890); Hyde v. Wilde, 51

(4) アメリカ法（キャリフォーニア州）のホーム・ルール［ショウ・サトウ＝田島裕訳］

　このような機構に比べて，その他の市は，州の一般法の下で再設立する選択権（option）が与えられ，新しい市は，その一般法の下で設立されなければならなかった。1879年憲法が成立するとすぐに，州議会は6つの異なった種類の市の設立及び組織について規定する Municipal Incorporation Bill を制定した。それらは，general law city として知られるもので，2つの例外を除いて，その権限が州議会から与えられているという点で chartered city と違っていた。

　第1の例外は，第11編11節が county や市に「州の一般法に反しないような警察，衛生，その他の地方条例を制定し，強制する」権限を与えていることである。同節が市に，一般的にはそのような条例は，刑事的性格を持つ人の行為を規制する条例を採択する権限を与えるものであることは明らかである。地方条例が州の一般法に反する場合については，後に議論することにする。ここで重要なことは，11節が市に規制的な性質の条例以外の条例まで作る権限を与えるものであるかどうかである。例えば，州議会から特別の権限の附与を得なくても，市は11節の権限の下で病院を建てることができるだろうか。市は，州議会で立法がなされなくても，地方税を課税することができるだろうか。11節を文理解釈している判決もあるが[4]，私の見解では，同節をかように広く読むことはできない。そうでないと，11節は，すべての市にとってそれ自体が charter となり，8節で一定の市に charter を作ることを許す意味がなくなってしまうからである。さらに，同じように11節に含まれている county が，かように広い権限を持つとは考えられないからである。11節の下の権限を規制的なものだけに限定した判決[5]が支持されるべきである。

　第2の例外は11編19節にみられるが，それは後の憲法修正によって採択されたものである。同節の下では，すべての「市（municipal corporation）」が

　　Cal. App. 82, 196 Pac. 118 (1921).
(4)　例えば，Farley v. Stirling, 70 Cal. App. 526, 233 Pac. 810 (1925); 28 Ops. Cal. Atty. Gen. 282 (1956) を見よ。
(5)　Von Schmidt v. Widber, 105 Cal. 151, 38 Pac. 682. (1894).

3　地方自治法・都市計画法

その住民に公益事業をすることが許される。

　これまで，chartered city と general law city とを区別しながら，市の権限の淵源について議論してきた。そこで次に，両方の型の市に適用される憲法の保護規定について議論することにしよう。新しい憲法によって修正されることになった社会悪の1つは，特別法——1つまたはいくつかの市だけに適用される法律——によって市を創立したり，市の問題に州議会が干渉することであった。例えば，第11編6節は，州議会が一般法で市の設立，組織及び人口による分類のための規定を作ることを要求している。初めには，この条文は，州議会は設立と組織についての立法の目的のためにのみ市を人口によって分類することが許されるが，市の一般的な諸目的のためにはそうすることはできないと解釈された[6]。しかし，この判決は，その分類は設立や組織の問題だけに限定されて使われるよりも，むしろ市の権限について一般的な立法をするために用いられうる，と判示した後の判決によって黙示的に覆された[7]。しかし，裁判所は，もし州議会が市の問題について異なった立法をして異なった市にそれぞれ適用しようとするならば，市の人口による一般的な分類が採用されなければならないと判示した[8]。言い換えれば，そのつどそのつど分類していくことは許されないということである。さらに，裁判所は，立法事項が分類に適するものでなければならないと述べた。例えば，第6種の市に免許税を徴収する権限を与える立法は，異なった規模の市は異なった歳入を必要とするということを理由として有効であるとされた[9]。しかし，収用権を行使する時に第5種，第6種の市は被収用者と価格について協議しなければならないとする立法は，恣意的であるから無効とされた[10]。

　1955年までキャリフォーニアには2つの異なった組の分類があったから

---

[6]　Pasadena v. Stimson, 91 Cal. 238, 27 Pac. 604（1891）.
[7]　*Ex parte* Jackson, 143 Cal. 564, 77 Pac. 457（1904）.
[8]　Darcy v. San Jose, 104 Cal. 642, 38 Pac. 500（1894）.
[9]　*Ex parte* Jackson, 上の[7].
[10]　*Id*. 77 Pac. at 459.

(4) アメリカ法（キャリフォーニア州）のホーム・ルール［ショウ・サトウ＝田島裕訳］

非常に混乱していた[11]。その1つは Municipal Incorporation Bill に基づくもので，6種類に分類されていた。しかし，第1種，第2種，第3種の市は存在しなかったし，第4種の市もほとんどなかった。Chartered city 以外のほとんどの市が，第5種，第6種の市であった。この分類の他に，州議会は，単純に人口によって市を分類する Classification Act（［市の］分類に関する法律）を作り，1955年までに，1か8分の1とか4か8分の3とかいった約12の異なった分類を作った。Municipal Incorporation Bill の下での分類と Classification Act の下での分類には何ら相関関係がなかった。1955年に，州議会はそれまでの分類を廃止して，2種類，すなわち，general law city と chartered city だけにした[12]。今日では，general law city の設立と組織のための法律は，1つだけしか存在しない[13]。

その他の救済規定も，同じように司法部の州の法律に対する寛容な態度によって弱められてきた。第11編12節は市の諸目的のために住民またはその財産に税金を課税することを禁じているけれども，裁判所は，州議会が市に負担を負わせることは，終局的には市の税金を増やしてまかなわれることになるのだからその規定の違反にはならない，と判示した[14]。同じように，州議会が市にその職員に普通の賃金を支払うように命じたとしても，同節の違反

---

(11) Peppin, 前掲注(2), at 295-327を見よ。
(12) Calif. Govt. Code §§ 34100-34102.
(13) Calif. Govt. Code §§ 34100-. もし前のその時その時の分類を禁止する法律が今日でも有効な法律であるとすれば，それは，州議会は，今日でも，すべての general law city に適用されるものでありさえすれば，市の問題に関する立法をすることができるということを意味しているであろう。しかし，最近の判決は，上の分類に従う必要性を述べていない。裁判所は，売買を保障し，公債の支払いのために税金を用いることを4,500以下の人口の市のみに許している制定法を有効と認めた。Walnut Creek v. Silveira, 47 Cal. 2d 804, 306 P. 2d 453 (1957).
(14) Cf. Metropolitan Water Dist. v. Whitsett, 215 Cal. 400, 10 P. 2d 751 (1932)（公共事業の請負人による普通の賃金の支払いを要求している制定法に関して). 別の見解をとるものとして cf. Shealor v. Lodi, 23 Cal. 2d 647, 145 P. 2d 574 (1944)（もし市に対して義務を負わせるものと解釈されるなら重要な憲法問題となると思われる，警官の恩給制度を定める制定法に関して).

77

3　地方自治法・都市計画法

にならない。この規定に付されたもう1つの例外は，もし税金が州の目的のために用いられるならば，州が税金を課税することも許されるということである[15]。例えば，州が市の公道の維持のためにその市の範囲内で課税することは，その税金は州の目的のために使われると考えられるから，許される。

第11編13節は，州議会が市の当局以外の者に市の財産に干渉する権限を委任することを禁止している。しかし，この場合にも，州目的の例外が認められる[16]。

これらの解釈には非難があるかもしれないが，州目的の例外は，さらに大きな弾力性をみせて，個個の市ではできないことや嫌がられる事業を行なう公益法人を設立することを許した。それらの節は，市の範囲内で賦課税を徴収する特別法人を創設することの妨げとはならなかった。例えば，水事業公団は水利施設の建設と水事業を行う目的で作られたが，(1)特別法人は州の目的を遂行していること，(2)特別法人は市の範囲を越えるものであるから，特別法人税は市の目的のためのものではない，ということを理由にしてその設立が認められた[17]。もう1つの理由をそれに加えることができよう。特別法人は，これらの憲法の規定の諸目的のための地方公共団体であるから，税金は特別法人の諸目的のために徴収されているのではないのであり，12節と13節のいずれの規定の違反にもならない，ということである[18]。

要約すれば，general law city に与えられる権限と保護は次のようである。
1．General law city は，2つの例外を除いて，州議会に依拠している。例外の第1は，ポリス・パワーによる規制の権限であり，第2は，市の住民のために公益事業を営む権限である。

---

[15]　County of Los Angeles v. Riley, 6 Cal. 2d 625, 59 P. 2d 139 (1936); Santa Barbara County Water Agency v. All Persons, 47 Cal. 2d 699, 306 P. 2d 875 (1957);別の点でリヴューされた357 U. S. 275 (1958).

[16]　*Cf.* County of Sacramento v. Chambers, 33 Cal. App. 142, 164 Pac. 613 (1917).

[17]　Santa Barbara County Water Agency v. All Persons, 前掲注[15]。

[18]　Henshaw v. Foster, 176 Cal. 507, 169 Pac. 82 (1917); Pasadena v. Chamberlain' 204 Cal. 653, 269 Pac. 630 (1928).

(4) アメリカ法（キャリフォーニア州）のホーム・ルール［ショウ・サトウ＝田島裕訳］

2．州議会は，人口による分類によって異なった権限を与えたり規制したりすることができるが，最近では，州議会が自制してこの権力を濫用しないようになっている。
3．市は，第11編12節，13節の下で州議会の干渉から憲法上保護されているが，これは，市の領域を越える特別事業法人や特別規制法人を設立することを妨げるものではない。

　それでは，次に chartered city に関する話に移ろう。憲法が修正されて，3,500以上の住民を持つ市は，第11編8節の下で州議会の承認を得て charter を作ることが許された。そこで chartered city について議論する場合には，市の活動の権限とそれに対する州議会の規制との関係をはっきりさせることが非常に重要となった。一般的には，general law city の権限は州議会から与えられる，ということはすでに述べた。1879年の最初の憲法の下では，chartered city は，その charter の中に市の権限について規定することができた。しかし，州の一般法に反するものがあれば，一般法が charter に優先した[19]。かように，活動する権限は，抵触する一般法が存在しない場合にのみ，地方の規制に任せられた。かかる理由のために，上で議論した分類は重要だったのである。というのは，州議会は，この分類を通じて chartered city の内部問題について立法することができたからである。1906年に憲法修正が行なわれ，「市の内部事項」[(e)]に関するものを除いて charter は州の一般法に従うべきであり，また，それによって支配される，という規定がおかれた。この修正の効果は，chartered city を charter の中に特別に規定されている権限と「市の内部事項」に関する権限について州議会の干渉から保護することにあった。Charter の中に規定されていない問題については，州の一般法が依然として適用されることになっていた[20]。このように charter の中

---

(19) 前掲注(3)。
(e) Municipal affairs の訳語であるが，その内容は，地方自治の本質から出てくる地方の固有の事務ということである［訳者］。
(20) *Ex parte* Braun, 141 Cal. 204, 74 Pac. 780 (1903) を見よ。

3　地方自治法・都市計画法

に特定の権限を列挙しておくことや問題の性質が，ただ単に権限だけでなくchartered city の自由をも決定したのである。

1914年に憲法がさらに修正された。第11編6節は，今日，次のようになっている。「以後，この憲法に依って起草され，採択された charter の下で組織される市は……市のいくつかの charter の中に規定された制約と制限のみに従い，市の内部事項についてあらゆる法律及び規則を作り，強制する権限が与えられる。そして，その他の問題に関しては，市は州の一般法に従い，それによって規制される。」また，第11編8節は，次のように規定している。「本節の権限の下に起草される charter の中に，その下に組織される市は，市のいくつかの charter の中に規定された制約と制限のみに従い，市の内部事項についてあらゆる法律及び規則を作り，強制する権限が与えられる。そして，その他の問題に関しては，市は州の一般法に従い，それによって規制される，と規定するのが望ましい。」このような修正の効果は，市が charter を作り，あるいは修正して，charter によって明文で制限されていない限り，市の内部事項に固有の問題について活動や規制をする権限を与える広い規定を作ることを許すことにあった。このように chartered city は，この修正を利用して，charter を特定の権限を得るためよりはむしろ制限するためのものとみるようになった[21]。Charter は，明示の制限が附されていない限り市の内部事項を処理するために必要なすべての権限を市に与えるものと考えられたから，もはや charter の中に特定の権限を列挙する必要はなくなったのである。

要約すれば，州議会の委任に基づく general law city と違って，憲法を基礎とする chartered city は，その charter によって制限されていない限り，市の諸目的を促進するに必要なすべての権限を持っているということである。例えば，charter によって制限されていなければ，charter の中の「市の内部事項」の規定によって市議会は賢明だと考える税金を課税したり，住民に必要だと考えられる市の役務をなす権限が与えられるのである。

---

[21]　West Coast Advertising Co. v. City and County of San Francisco, 14 Cal. 2d 516, 95 P. 2d 138 (1939).

(4) アメリカ法（キャリフォーニア州）のホーム・ルール［ショウ・サトウ＝田島裕訳］

　市の内部事項に関してこのような広範な権限を chartered city に与えることは，chartered city は，「市の内部事項」に関しては州議会の干渉を受けないということを意味するのであろうか。これに関連のある憲法の条文が，chartered city は「市の内部事項」を自由に規制することができ，その他の問題に関してのみそれらは州の一般法に従う，と述べていることに注意されるべきである。これらの規定を最初に読んだ時には，憲法の下で附与される権限は州議会の干渉からの自由と同じ範囲のものであると思われるかもしれない。まさに初期の判例は，その「市の内部事項」という語句をかように解釈して，市の課税に対する州の一般法による制約は，chartered city には適用されないと判示した[22]。裁判所は，「市の内部事項」に対する権限を市が処理するに適している諸問題に対する権限を含むものと定義した[23]。しかし，や市の下水施設からの水汚染について州が規制することは適切である。このように市の外部にも影響を及ぼす場合には，もはや厳密に市だけの問題であるとは言えないからである。

b. 市とその職員との間の関係において，市は雇傭期間と雇傭条件を定めることができるべきである。しかし，もし州が一般的に適用される最低賃金や労働者災害補償法を制定しているなら，州の規制は市の活動を支配すべきである。なぜなら，被用者の福祉を増進するという点で私的セクターを公的セクターから差別する理由はないからである。他方，最低賃金に関して州の一般的な政策が存在しない場合には，公的セクターだけを規制しようとする州の規制は，chartered city には適用されるべきでない。いくつかの場合には，州の法律は公的セクターだけに適用されうるが，もしその法律が私的セクターにも同じように適用できる州の一般的政策を促進しようとしているなら，かかる法律は，たとえかような規制の細部が私的セクターに適用されるものと異なっていても，chartered city にも適用される

---

(22) *Ex parte* Braun, 前掲注(20)。
(23) *Ibid.*

81

3　地方自治法・都市計画法

べきである。
c. 市と住民との間の関係において，地方公共団体のすべての会合が公開でなされることを要求する法律のような州の法律は，chartered city には適用されるべきでない。市の外部へ影響を及ぼすようなことはないからである。これは，市と住民の合意による取決めの問題であり，住民たちは，もしそうしたいなら，容易に公開の会合の要件を規定することができる。同様に，市が仕事を請負わせたり契約を締結したりする方法——当事者間の合意による取決問題である——は，chartered city の排他的権限の中に入れられるべき問題である。ある特定の市が入札によって請負わせるか，あるいは協議によって請負わせるか，ということは州に関係しないからである。

　他方，市と住民との非合意関係を一般的に規制する州の法律は，市に適用されるべきである。かかる関係は外部に多くの影響を及ぼすものであり，市の問題に発言権を持たない非住民まで市の気まぐれな決定に従わされるべきでないからである，と言いうる。だから，地方公共団体の不法行為責任を一般的に定める州の制定法や，かかる責任を問う不服申立方法を規定する州の制定法は，抵触する市の規制に優先すべきである。
d. 市と住民との関係についての上の一般的な考察は，市の職員と住民との関係にも，一般的には，同じようにあてはまる。
e. 最後に，住民と住民との関係である。この関係についての規制は，第11編11節に規定されており，私の考えでは，「市の内部事項」の概念とは区別されるべきである。それ故に，次にこの規定について議論するのが適切であろう。

　記憶を新たにするためにもう一度述べるが，第11編11節は，「いかなる……市も……州の一般法と抵触しない範囲内で，警察，衛生，その他の地方条例を作り強制することができる」と規定している。前に論じたように，この規定は，この規定の下で附与された権限は規制的条例の採択だけに制限されるか，あるいは，権限の附与はもっと広範囲にわたるものかどうか，とい

(4) アメリカ法（キャリフォーニア州）のホーム・ルール［ショウ・サトウ＝田島裕訳］

う憲法問題を提起する。私の見解は制限的である，ということもすでに述べたところである。とにかく残されている問題は，規制的な規定に関してである。この条文の下で今日起っている主な問題は，地方の規制的条例が一般法に抵触するかどうかについてである，という点にも注意されるべきである。もちろんこの規定は，general law city にも chartered city にも適用される。

この規定に関する法の発展は，最近になって裁判所が過去とはっきり訣別するようになるまで，かなりよく理解されていた。そこで，抵触の問題に移る前にこの節で使われている「一般法」[h]の意味をはっきりさせておいた方がよかろう。州の法律が一般法である。County の条例は，市に関する限りでは一般法でないし[29]，またその逆も真である。言いかえれば，市と county の間の立法管轄権は互いに排他的であって，どの county の規制条例も市の管轄内に適用されることはない。これは，市の管轄内でも徴収が許される county 税の場合とは区別されるべきである。

州の法律よりもより緩やかな規制をしている地方条例は，州法と抵触し，それ故に無効である，ということは長く確立されている[30]。例えば，もし州が時速25マイルの速度制限を規定しているなら，時速30マイルの最低時速制限を定める市の規則は無効である。かような州法よりもより緩やかな市の規制は，州の規制規定を害することになるからである。

ただ単に州の法律と重複している地方条例も，抵触するから無効である，ということも確立されている。過去において，裁判所は，市の規則による訴追は double jeopardy に対する保護によって州法による訴追を妨げるから，

(h) これは，general law を訳したものであるが，すでに上にこの言葉は度度出てきており，そこでは意味を明確にさせるために「（州の）一般法」または「州の法律」と訳した。これは，条例に対する州の法律（例えば，わが国の民法，刑法，地方自治法など）にあたる［訳者］。

(29) *Ex parte* Roach, 104 Cal. 272, 37 Pac. 1044 (1894).
(30) Pipoly, v. Benson, 20 Cal. 2d 366, 125 P. 2d 482 (1942) 参照。この判決が出るまでの先例が要約されている。

3 地方自治法・都市計画法

かように重複する市の規則は州法と抵触することになると論じた[31]。さらに最近になって，裁判所は，管轄権の抵触（conflict of jurisdiction）という言葉を使いはじめた[32]。この用語の変化が何をもたらすかを決定することは困難であるが，もし裁判所が double jeopardy の判決理由を棄てようとしているのであるとすれば，抵触の範囲は広くなる。例えば，もし州の規制的法律が民事的な手段によってのみ強制され，地方条例は刑事的な性質を持つものであるとすれば，両方の法律の下での強制は，いかなる double jeopardy の問題を提出するものではないが，それは管轄権の抵触，あるいは，少なくとも管轄権の混乱を起させるであろう。この点に関して，裁判所は事実上どの見解をとっているのか決めることはむずかしい。

最近まで，州の法律よりもより規制的な地方条例は，州議会がその分野を占領，または先占するという意思をはっきりと明言していなければ，有効であると考えられてきた。裁判所は，市によって諸条件が変ってくるから，州はより一層規制的な規定を禁止しようとする意思を持たない，と論じた[33]。しかし，より規制的な規定は必然的に州の法律と重複し，その範囲で市の立法は無効である。さらに，もし地方条例が，より規制的であるけれども，州の救済手続法に反するものであれば，その地方条例は無効である。例えば，州の法律が団体交渉を無制限に認めている時に，使用者と労働組合との間のユニオン・ショップ協定やクローズド・ショップ協定を禁止する市の規則は無効であると考えられた[34]。

---

(31) *In re* Sic, 73 Cal. 142, 14 Pac. 405（1887）.

(32) Pipoly v. Benson, 前掲注(30)。

(33) *In re* Hoffman, 155 Cal. 114, 99 Pac. 517（1909）; Mann v. Scott, 180 Cal. 550, 182 Pac. 281（1919）.

(34) Chavez v. Sargent 52 Cal. 2d 162, 339 P. 2d 801（1959）. 州の法律は，単純に地方公共団体による活動を禁止することはできない；州は市条例が抵触すると考えられうる前に積極的に規制しなければならない；さもないと，市は第11編11節によって与えられている規制の権限を否定されることになる，と判示した判決もある。*Ex parte* Daniels, 183 Cal. 192 Pac. 442（1920）. これは，奇妙な古い原理である。なぜなら，もし州が特定の分野において規制が存在すべきでないと望んでいるなら，かような

84

(4) アメリカ法（キャリフォーニア州）のホーム・ルール［ショウ・サトウ＝田島裕訳］

　上に述べてきたことは，1962年に裁判所が先例と劇的な訣別をとげるまでの法律の状態についてである[35]。1962年の *In re* Lane 事件では[36]，互いに未婚の相手と性交することを犯罪とする Los Angeles 市条例を含んでいた。その条例の目的は，売春の有罪判決を下しやすくすることにあった。裁判所は，たとえ抵触する州の法律がなくてもこの条例は無効であると判示した。それは，州がその分野を先占しているから無効とされたのである。裁判所は，州議会のその分野を先占するという意思を示す明白な根拠を指摘することはできなかったが，州のいろいろな性犯罪を規定している刑法典を集めてきて，姦通と異性との同棲は犯罪とされるがそのいずれか一方だけでは犯罪とされないという点を重視した。裁判所はその証拠から「州議会は，かかる行為はこのような場合には，犯罪とされるべきでないと黙示的に定めている」と結論を下した。言いかえれば，裁判所は色色な性犯罪の一般的な定義の基準があると考えたから，それに照して犯罪とならないものは州議会は許す意図であると推定したのである。多数意見は，非常に不明快であった。その意見は，特定の分野における現行法の数をかぞえ，十分数があるかどうかを決定する数字遊びをしているような感じを与える。補足意見は，もう少しはっきり述べている。その意見の中で首席裁判官は「ある問題に関する総合的で詳細な一般計画または目的は，州議会が明白に述べているかどうかに関係な

　　政策をたてることができるべきであるからである。しかし，この判決が覆されるまでは，それを考慮に入れなければならない。

(35)　その誤りは Abbott v. City of Los Angeles, 53 Cal. 2d 674, 349 P. 2d 974 (1960) から起きた。この事件は，以前に一定の犯罪で有罪判決を受けた者が市へ入る時に登録することを要求していたロス・アンジェルス市条例を含んでいた。裁判所は，その条例は州の政策に反するから無効であると述べた。裁判所は(1)州は刑事統計を整理するための機関を設立している，(2)州は常習犯罪者を取り扱う制定法を定めているが，登録は要件とされていない，(3)州は一定の性犯罪だけしか登録を求めていない，という事実を指摘した。裁判所は，州は刑事事件の逮捕のための一般的政策も常習犯罪者の取扱いについての一般的政策もたてていないのであり，地方のレベルで広範な登録を求める条例は，州の政策に反するものと言わざるをえない，と結論を下した。

(36)　58 Cal. 2d 99, 22 Cal. Rptr. 857, 372 P. 2d 897 (1962).

3　地方自治法・都市計画法

く，州のその分野を先占する意図を示すものであるから，市がその分野について規制する余地は残されていない」と主張した。同裁判官は，今日の人口は１つの市から他の市へと流動しうるものであり，その境界線は，はっきりしないものであるから，それ故にもしそれぞれの市が私通に関して異なった規則を持つことが許されるなら混乱が生じて不安定になると論じた。この議論は，多くの場合には説得力を持つであろうが，もし無条件に適用されるということになると，余りにも行きすぎることになる。もし住民が市のおおまかに作った規則をすべて知っていると期待されえない場合には，州法と抵触するかどうかに関係なく，市は多くの場合には規制することを禁じられるべきである。ある反対意見は，登録とか不服申立てとか免許の取得とかいった積極的行為を要求する州の法律と，単なる禁止的な州の法律とは区別されるべきだと述べた。その反対意見の主張は，余分な負担を住民に負わせることを禁ずる州議会の意図は積極的な行為を要求する市の規則を無効とするかもしれないが，刑法のようにただ単に禁止的であるにすぎない場合には，かような意図は推定されえないとしている。

　In re Lane の判決は，当然多くの市の規制的条例の有効性に疑問を持たせた。そして，予期したとおり，この判決に対する批判がむちを打つようにつぎつぎと出された。その判決に従った諸判決では，もう明快な説明はされなかった。*In re* Lane のすぐ後の事件でキャリフォーニアの最高裁判所は，猥褻物の陳列，猥褻な劇，絵画を展示したり，行なったり，それを見に行くことを違法とする地方条例を州がその分野を先占していることを理由に無効とした[37]。しかし，その地方条例と州刑法典とを注意深く比較してみると重複があることが分るから，先占という言葉を用いる必要はなかったのである。先占を根拠とする判決は，広い切り幅で不必要に広く切り取ってしまう。それはただ単に問題となっている特定の地方条例を無効とするだけでなく，猥

---

[37]　*In re* Moss, 58 Cal. 2d 117, 23 Cal. Rptr. 361, 373 P. 2d 425 (1962).

(4) アメリカ法（キャリフォーニア州）のホーム・ルール［ショウ・サトウ＝田島裕訳］

褻の分野における一切の付加的な地方条例を妨げることになる。泥酔[38]や競馬の賭け[39]について引き続いて出された最高裁判所の判決でも同じ結論が出された。

下級裁判所は，疑いもなく最高裁判所の諸判決によって混乱させられ，一貫しない判決を出している。例えば，刃渡り3インチ以上のナイフまたは長さに関係なくバネ式飛出しナイフまたはスナップ・ナイフを含む隠された武器を携帯することを犯罪とする市条例の有効性に関する事件がある。州の制定法は，隠された武器の携帯を禁じてはいるが，その例示の中に刃渡り2インチ以上のナイフ以外のナイフをあげていない。裁判所は，制定法がすでにその分野を先占しているから，その市条例は無効であると判示した[40]。これと対照に別の下級裁判所では，たとえ州が隠された武器を身につけていたり自己の運行の用に供している車の中に隠しておくことを犯罪としていても，市は，客として乗って車の中に武器を隠すことも犯罪とすることは許される，と判示した[41]。

その他にも一貫しない判決をいくつかあげることができる[42]。そして，も

---

(38) *In re* Zorn, 59 Cal. 2d 650, 30 Cal. Rptr. 811, 381 P. 2d 635 (1963). また，*In re* Koehne, 59 Cal. 2d 646, 30 Cal. Rptr. 809, 381 P. 2d 633 (1963); People v. Lopez, 59 Cal. 2d 653, 30 Cal. Rptr. 813, 381 P. 2d 637 (1963) を見よ。

(39) *In re* Loretizo, 59 Cal. 2d 445, 30 Cal. Rptr. 16, 380 P. 2d 656 (1963).

(40) People v. Bass, 225 Cal. App. 2d 777, 33 Cal. Rptr. 365 (App. Dep. Super. Ct. (1963).

(41) People v. Jenkins, 207 Cal. App. 2d 904, 24 Cal. Rptr. 410 (App. Dep. Super. Ct. 1962).

(42) Spitcauer v. County of Los Angeles, 227 Cal. App. 2d 376, 38 Cal. Rptr. 710 (1964)（ヌード・モデルの写真を撮るスタジオを禁止する地方条例が先占されていると考えられた。）; People v. Franks, 226 Cal. App. 2d 123, 37 Cal. Rptr. 800 (1964)（賭博が行なわれる場所にいることを禁止する地方条例が賭博の他の面を問題とする州の法律によって先占されていると考えられた。）; Gleason v. Municipal Court, 226 Cal. App. 2d 584, 38 Cal. Rptr. 226 (1964)（明白な理由なく，また，警官に問われた時に自分の名前を告げ，何故そこにいるか説明できない者が街頭やあちこちの場所をうろついたり，さまよい歩いたりすることを州が犯罪としていたが，トンネルまたは地下道の中または近くをうろつくことを禁止した地方条例は支持された。）

3　地方自治法・都市計画法

しそれらの判決がいかなる基準をも示しえないものだとしたら，最も最近にでた最高裁判所の判決は，すでに濁っていた状態のものを完全にどろどろの状態にしてしまったことになる。In re Hubbard 事件では[43]，被告人たちが市条例によって禁止されている賭博の1つであるパンギギ（panguigui）というカード・ゲームをしたという廉で逮捕された。これに対し州刑法典では，列挙されている12のゲームによる賭博を禁じていたが，問題のゲームはそこに含まれていなかった。さらに，機械を使って賭けをしたり，一定の例外を除いて競馬に賭けたり，ボクシングに賭けたりすることを犯罪とする規定や，その他の賭博に関する規定があった。事情は In re Lane の場合と少しも異なっていないように思われた。しかし，裁判所は In re Hubbard の市条例は有効であると判決を下した。その分析にあたって，裁判所は，まず，州がその分野を先占しているかどうか決定するために，その分野が一致しているかどうか調べた。この点について，裁判所は主として賭博に注目し，州は将来の多くの出来事についての日常の賭けなど賭博の多くの面を規制しないまま残しているから，州は賭博の分野を先占していないという結論を下した。次に裁判所は，州はゲームの分野を先占しているかどうかについて考察し，同じように州は多くの型のゲームを規制しないままに残していると結論した。裁判所の言葉を借りれば，

　「州の一般法は，あらゆる形式の賭博を，あるいはあらゆる形式のゲームでさえも，違法としていないから，ポリス・パワーの行使の場合を除き，州がその分野を先占しているものとはいえない。ただし，もし我々が，被告人たちの主張にみられる逆接的な形式の議論，すなわち，州議会が特定の行為を違法とすることによって，州議会は同じ性質を持つその他のすべての行為について地方公共団体が反対の見解を採ることを禁止する意図を示している，という解釈の仕方をすれば別である。しかし，かような見解（これには先例は示されていない）を採ることは，特定の言葉

---

(43)　62 Cal. 2d 119, 41 Cal. Rptr. 393, 396 P. 2d 809 (1964).

(4) アメリカ法（キャリフォーニア州）のホーム・ルール［ショウ・サトウ＝田島裕訳］

や特定の文章を使う時には特定して述べていないものを除外する意図を含む，という十分確立した原理を真向から否定することになる。一般法を制限的に列挙された活動の制限または禁止だけに限定することによって，州議会は，何も述べていない問題に関してまで，地方公共団体が立法することを妨げる意図を持つものではない。」

これを裁判所が In re Lane で述べたことと比較してみよう。

「州議会が，すべての市の規制を除外すべく特定の分野を先占する意思を持っていたかどうかを決定する際に，我々は，<u>州議会の政策の全体の目的と範囲</u>を考慮に入れうるが，制定法の中で用いられた言葉の中だけにかかる意図をさがすことは要求されていない。

性行為の刑事面を規定する刑法典の諸条文は，それらに含まれる範囲が非常に広いので，それらは，明白に，州議会がこの問題の規制のために一般的な政策をとろうとしていることを示している。

それ故に，州議会が，当該行為はこの州では犯罪とされないということを黙示的に決定している，ということは明らかである。」

問題のむずかしさの根源は明白である。それは，裁判所が何も存在しないところに州議会の意思をさがしていることである。何ら基準なしにその時その時決定していくやり方は，法律に予見可能性を失わせて，止めどのない混乱へと導くことになる。

その困難さは，客観的な立法部の意思が欠けていることから起っている。そこで，立法部は，その意思をはっきりさせるために，次のような原理をもりこんだ制定法を制定すべきである。

1．もしその分野が主として健康や安全と対比される道徳の規制に関するものであるなら，州がその分野を先占していると考えられるべきである。道徳という言葉を，私は，主として関係当事者間の合意または自由意志による活動をさすものとして用いている。この場合においては，小さな共同社会の中の多数者にその道徳基準を少数者に押し付けさせるよりは，州のレベルでの一般的合意の方が望ましいからである。他方，健康や安全の基準

89

3　地方自治法・都市計画法

に関して，地方の行きすぎた規制を無効とすることによって行なうことが許される行為がもたらす社会的実益が，住民一般に与えられる保護よりも小さいということであれば，地方の付加的規制は許されるべきである。例えば，長い刃の付いたナイフを所持することを許すことの実益は，かような武器を持つことが許されることによって社会に与える危険よりもはるかに少ないものである。
2．しかし，もし州の健康や安全に関する規定が，輸送及び通商，並びに貿易，商事取引き，または職業につく資格に関係のある場合には，州の規制が先占しているものと考えられるべきである。なぜなら，地方の規制の行きすぎは，通商の自由な流れを妨げるから禁止されるべきだからである。
3．州の規制が，労働組合を認めたり地方公共団体の活動によって損害を受けた者に訴権を与えたりするように救済的な性質を持つ場合には，地方公共団体が法律に救済を求める権利とか，不法行為責任の主張をより直截にできるようにする州の政策を妨げることは禁じられるべきである。

　これらの基準は，州全体の統一を促進することの妥当性と地方の内部事項を規制する地方の付加的条例の制定との間に適切な均衡を保つことになると思う。

　この論説で，私は，住民の行為を規制することから起る諸問題と市の組織及び事業に関する諸問題とを区別しようとした。それは，キャリフォーニア憲法がその区別をしているからであり，またその2つの問題が異なったものであるからである。地方自治の本質については議論しなかった。事実は，憲法が<u>ある程度の</u>「地方自治」を保障しているということである。そして，その命令を受けて，私は，市と市との間に不統一な壁を作って州全体の福祉を傷つけないように地方自治を維持していくための合理的な基準を与えようとしたのである。

4 まちづくりのための環境法（比較法）

(1) 都市計画と環境保護

(a) まちづくりの現状の問題点

§131 まちづくりは各地方の住民の自己決定に従うのが理想的な在り方であろう。アメリカでは，ホーム・ルールないし地方条例による自主規制によってそれを行う。ユークリッド村対アンブラー不動産会社判決は，かかるホーム・ルールによるゾーニングを合憲と決定した[1]。しかし，ゾーニングは私有財産権の制約を伴うことから，それにより公益の増進に役立つことが立証されなければならないと判示されている[2]。ゾーニングの主題は州法ないし地方自治法の立法管轄に関するものであり，連邦法には直接関係しないが，連邦裁判所による司法審査が，「適正手続（due process）」および「平等保護（equal protection）」の観点から行われる[3]。

§132 かつてわが国の奈良県ため池条例事件においても，地域の安全を守るために，ため池周辺の土地利用について，県条例による厳しい規制が行われたため，その合憲法性が争われたことがある[4]。その論理は，公共のために私人の土地所有権を規制し，実質的に土地所有者が希望した利用が禁止されるならば，

---

(1) Village of Euclid v. Ambler Reality Co., 272 U. S. 365 (1926).
(2) Nectow v. Cambridge, 277 U. S. 183, 48 S. Ct. 447 (1928).
(3) デュー・プロセスの観点からの研究として，田島裕「デュー・プロセス法理の研究」英米法論集（東京大学出版会・1987年）143頁，とくに173-180頁参照。平等保護条項の論点は，前掲注(2)の判例で論じられている。
(4) 最高裁(大)判決昭和38年6月26日・刑集17巻5号521頁。ちなみに，この事件のもう1つの争点は，憲法29条2項が「公共の福祉に適合するように法律で規定する」と定めているのに，条例によって規定することが許されるかということである。

4 まちづくりのための環境法（比較法）

それは「公用収用（taking）」であり，正当な補償が必要であるとするものであった（日本国憲法29条3項）。この理論は，アメリカではポリス・パワー（police power）の行使の問題として議論されている[5]。ゾーニングの場合にも，同じような訴訟が数多くある。アメリカの環境法については，すでに前章で詳しく説明されているので，本章では主としてイギリス法およびヨーロッパ共同体法を説明することにしたい。

§133 ところで，先の奈良県ため池条例事件が示しているように，土地の利用は，土地そのものの物理的・自然的条件によって制約される。アメリカの諸判例では，ただ単に自然的条件によって制約されるというだけでなく，社会的条件によっても制約されることが認められている。例えば，ショッピング・センターとして使われている土地は，ビラを撒くことを禁止できない公的性質を備えた土地であると判決された[6]。

現在のまちづくりの問題点は，国土全体にわたるビジョンが欠けていることでなく，地方自治体住民の側で，長期にわたる将来計画を作る意欲がなく，中央政府からの財政的援助の期待できるプロジェクトを短期的に実行する形でまちづくりが進められることにある。そしてまた，まちづくりが土地利用と関係することから，生活環境と土地利用の問題も当然考慮に入れなければならないはずであるが，この点についての考慮が不十分であると思われる。

(b) 都市計画の課題としての環境保護

§134 まちづくりのための環境法という問題の捉え方は，イギリス法の捉え方である。環境利益の保護は，主として都市計画のさまざまなプロセスで考慮されるものであり，環境保護は都市計画を策定するときの重要な課題である。

---

(5) 田島裕『英米法判例の法理論』（信山社・2001年）117-125頁。
(6) Robins v. Prunyard Shopping Center, 23 Cal. 3d 899, 153 Cal. Rptr. 854, 592 P. 2d 341 (1979). この判決は多方面にわたってアメリカ法に影響を与えているが，これについては，Y. Tajima, *Fairness in Property Law and Constitutional Interpretation*（田島裕『比較法の方法』（信山社・1998年）付録4に収載）を見よ。

(1) 都市計画と環境保護

都市計画に関する行政機構（主として地方自治体）が環境保護と深く関わっている。開発許可を認めるに当たり，担当大臣（または地方計画局）は，それが環境に与える影響を評価することを義務づけられている。評価基準は地域ごとに異なりうるが，規則によって明確に定められなければならない[7]。

都市計画はすべて制定法によるものであるのに対し，環境保護の問題はむしろ伝統的にコモン・ローに関する問題であった。救済方法に関しては，不法侵害，過失，およびニューサンスの法理が関係する。特にニューサンス法理は，個々の市民の環境権を守るための重要な法理である[8]。しかし，その法理には曖昧な部分があり，制定法で明瞭にすることを目的として，若干の法律にニューサンス法理を法文化するようになった。例えば，イギリスの公害規制法（Control of Pollution Act 1974）第3条は，許可なく統制廃棄物を放出することを禁止している。さらに，イギリスの環境保護法（Environmental Protection Act 1995）第3章は，もっと一般的にニューサンスについて詳細に規定している。

§135　イギリス法上，下水処理は特別に扱われている。第1に，産業流出物を下水に捨てる企業は，下水処理請負人となる許可の申請をしなければならない。その申請書には，流出物の1日の量および含有物の率，その種類および性質などを記載しなければならない。当該請負人は，1年間有効な同意を一定の条件を付けて与えられる。この同意を得た企業は，全国河川局（National Rivers Authority）が水資源法（Water Resources Act 1991）に従って設定した水質基準を95パーセント以上満たすよう，適切な処理を行うことを義務づけられる。環境に危害を与える物質を正確に把握できるのは，この下水処理請

---

(7) Town and Country Planning Act 1990, s. 71A; EC Directive 85／337.
(8) Boomer v. Atlantic Cement Co., 26 Y. Y. 2d 219, 257 N. E. 2d 870 (1970)（私的ニューサンス）; State of New York v. Schenectady Chemical Co., 117 Misc. 2d 960, 459 N. Y. S. 2d 971 (1983)（公的ニューサンス）また，Borland v. Sanders Lead Company, Inc., 369 So. 2d 523 (1979)（不法侵害）; Dillon v. Acme Oil Co., 2 N. Y. S. 289 (1888)（過失責任）; Branch v. Western Petroleum, Inc., 657 P. 2d 267 (1982)（厳格責任）も見よ。

負人である。その情報が規制命令の根拠となるが、医師と同じように、事業の過程で得た情報を公開すれば、秘密漏洩罪に問われる。

　今日では、コモン・ローの諸法理による救済には限界があることと、後に説明するような国際協力の必要から、イギリスでは補完的な法律がいくつか制定されている。しかし、大陸法とは違って、イギリス法では、司法的な救済を重要視する伝統はいまだに維持されている。例えば、訴えの利益に関して、環境保護団体にも原告適格を認めて、法の目的の実現を促進しようとしている[9]。これらのことは、本書54頁③で既に概略を説明したので、本章では、「環境保護利益」が何であるかを説明することに重点を置きながら、イギリス環境法を概観することにしたい。

(2) 自然の保全管理

§136　イギリスの環境保護政策は、都市計画の推進とバランスをとりながら「自然の保全」をはかる形をとっている。「自然の保全」の観点から制定された法律として、第1に、国立公園法（National Park Act 1949）は、自然ないし動植物を保護するため、一定地域を自然保護地域に指定し、自然保護委員会がその保全を目的とした環境管理を行うことを義務づけている。この国立公園の中では、調査研究以外の目的で動物を捕獲したり、植物を切り取ったりすることが禁止されている。

　第2に、田園地区に関する法律（Countryside Act 1968）は、その後、野生生物および田園に関する法律（Wildlife and Countryside Act 1981）へと改正され、自然ないし動植物の保護がいっそう強調されるにいたった。同法は、鹿、梟、うさぎ、魚などの狩猟について許可制とすることを定めている。（ヨーロッパ指令 EC Directive 79／409）も野鳥の保護を規定しており、これに従う法律

---

[9]　Save Britain's Heritage v. Secretary of State [1991] 2 All ER 10; R. v. Poole, *ex parte* Beebee, [1991] J. P. L. 643. 法務総裁（attorney-general）は、公益の弁護人として、常に訴えの利益が認められる。

(3) 公害の除去

により，野鳥の巣を壊したり，卵を潰す行為を犯罪と定め，違反に対し5,000ポンドの罰金を科することにしている。

　第3に，変造生物の輸入，取得，市場への開放の規制が行われている。これは上述のような規制とは異なる観点からの規制であり，「まちづくりのための環境法」という枠からは離れているかもしれない。遺伝子の操作によって作られた新しい品種の動植物が，将来，どのような影響を与えるかは不明であり，その問題に適切に対処できるように，一定の法規制をしている。1990年の環境保護法第109条は，かかる動植物の輸入に関して，情報を関係当局に知らせることを義務づけている。関係当局は，一定の税関をかけることによって，その輸入を抑止するだけでなく，必要があれば禁止措置をとることができるとしている。

　第4に，天然資源の保護もまた環境保護に大いに役立っている。海洋の魚類の捕獲に関する国際法，稀少動植物の保護，生命系の維持のための湖沼の保存など，様々な観点からの法規制がこれに含まれる。後に国際環境法と関連して述べる，オゾン層の保護条約もこれに含めてよかろう。生物保護がどちらかと言えば田園の環境問題であるのに対し，このオゾン層の問題はどちらかと言えば都市の問題である[10]。天然資源のうち水資源は，直接住民の生活にかかわる重要な資源であり，その保全を目的とした法律ができている。

(3) 公害の除去

(a) 水質汚染

§137　まちづくりのために最も重要なことは水資源の確保である。住民に対して安定した水の供給を続けるためには，水資源を確保すると同時に，水の汚染

---

(10) P. W. Birnie & A. E. Boyle, International Law & The Environment (1992) pp. 388-9. SO_2やNOxが一定量を超えて大気の放出されることによって，地球の温暖化などの問題を起こしているのに対処するための国際法上の規制があるが，自動車の廃棄ガスや都市の日常生活の在り方が，この問題と関わっている。

4 まちづくりのための環境法（比較法）

を防止する必要がある。水汚染の公害除去は，古くからコモン・ロー上のニューサンス法理によってなされてきた。しかし，判例法による除去には限界があり，制定法によって行政的に除去がはかられるようになった。1951年の河川（汚染防止）法（Rivers [Prevention of Pollution] Act）がその最初の試みであった。この法律によって大方の河川に工業廃水を流すためには，河川管理委員会の同意が必要とされるようになった。

§138 　1989年の水法（Water Act）及び1991年の水資源法（Water Resources Act）は，全国河川局を設立し，民間事業者団体と契約して水供給，下水処理，リクレーション施設管理などを委託すると同時に，水汚染を監視し，規制するようになった。この機関の設置後には，水質改善計画などの政策が立てられるようになり，水汚染を防止するというだけでなく，改善策が積極的に推進されるようになった。下水処理の特殊性については既に第1節で説明したが，そこで説明した事業許可制による規制に加え，1991年の水産業法（Water Industry Act）も，汚れた下水の処理に必要な企業を規制している[11]。

§139 　ヨーロッパ共同体も水汚染の問題には深い関心を示しており，1973年に「環境に関する第一行動計画」が策定されて以来，数多くの指令を出して，規制を行なっている。その基本的な考え方は，(1)危険物質の放出を減少させること，および(2)河川や湖沼の水質の保全および向上にある。前者については，指令76／464が最も重要なものであるが，リスト1（ブラック・リスト）は放出を禁止する物質を定めている。リスト2（グレー・リスト）は放出の許可を必要とする物質を定めている。後者については，水利用の場合に使用目的を特定させ，定期的な監視の下におこうとするものである。これについては，水面の水質保全に関する指令（75／440），貝類の水質保全に関する指令（79／923），淡水魚のための水質基準指令（78／659），入浴用の水に係る指令（76／160），飲料水に関する指令（80／778）が関係している。

---

(11) 水資源局や下水処理請負人は，自然保護委員会と相談し，汚染防止に必要な企業活動の規制基準を作成する。

(3) 公害の除去

(b) 油濁汚染

§140 イギリスは海洋国であり，エネルギー資源として輸入の石油に頼っており，石油汚染についてもいくつかの制定法を作っている。油濁汚染にかんして，1969年および1971年の条約があり，イギリスはこれに従っている。1969年の条約は，石油汚染損害に対する民事責任に関する国際協定（International Convention on Civil Liability for Oil Pollution Damage）と呼ばれるものであり，この条約は，(i)船主に汚染損害に対する厳格責任を負わせ，(ii)流出汚染の予防措置にかかる費用および環境破壊から回復する費用をその賠償責任に含め，(iii)責任額の算定方法を定め，(iv)責任限度額を規定している。1971年の条約は，石油汚染損害のための国際的補償基金の設立に関する条約（International Convention on the Establishment of an International Fund for Compensation for Oil Pollution Damage）と呼ばれる。この条約は，損害額が巨大になるために補償が困難になることが考えられるので，基金から仮払いをし，補償が現実になされることを図ったものである。

(c) 空気汚染

§141 空気汚染の問題は，19世紀の産業革命の頃から議論されてきた。最初，アルカリがスモッグを引き起こし，それを吸った老人が多数死亡したことから，1863年にアルカリに関する法律が制定された。その後，石炭の排気ガスなども人に致命的な危害を与えることが分かり，規制が徐々に拡張された（1956年および1968年の空気清浄法）。現在，1993年の空気清浄法（Clean Air Act 1993）に統合され，同年8月27日から実施されている。この法律は，黒い煤煙（dark smoke）の排出を禁止する他，煙突から排出される物質を規制している[12]。現在，問題になっているのは，(1)酸性雨や(2)地球温暖化のことであり，これらと関連してヨーロッパ共同体指令（後述）ができており，その指令による義務を実施するための規制が行われている。1989年には，空気清浄基準

---

[12] この法律の解釈については，Sheffield CC v. ADH Demolition, (1984) 82 L. G. R. 177を見よ。

4 まちづくりのための環境法（比較法）

を定める規則（SI 1989, No. 317）が制定されている。そして，モニタリング，煙突の高さ規制，自動車の排気ガス排出制限が行われている。

(4) 廃棄物問題

(a) 廃棄物処理の機関

§142 　都市の住民にとって直接かかわりをもつ環境問題は，廃棄物処理の問題である。1995年環境保護法第49条は，「家庭廃棄物または産業廃棄物の処理は地方自治体の中に設置される廃棄物回収機関の責任である」と定め，その責任の内容を詳細に法律で定めている。また，道路上のゴミ（litter）の処理については，同法第89条が，関連する道路の管理者がその清掃および排除の義務を負うことを規定している。「家庭廃棄物」も無視できない問題ではあるが，大量の廃棄物という点では産業廃棄物の方が遙かに重要であり，法律はこれについてもっと詳しく規定している。

§143 　その法律にいう産業廃棄物とは，(a)燃料電力産業，(b)科学産業，(c)ミネラル産業，(d)鉄鋼産業，(e)廃棄物処理産業，および(f)その他政令で指定される一定の産業が排出する廃棄物を意味する。これについては，産業規制の形でコントロールされることになっている。各産業は，廃棄物を毎月集計して，有害廃棄物については，1990年法（Planning (Harzardous Substances) Act 1990）によって，その集計結果に基づく個別的規制を受ける。この法律に基づいて作られた1992年の規則によって，その対象となる廃棄物が71品目指定されている。具体的に言えば，本書56頁注(30)の65品目に，liquified petroleum gas などの6品目を加えたものである。

§144 　処理機関はどのような注意義務と責任を負わされるか。この点に関して，1990年環境保護法第34条は「廃棄物に関する注意義務」を処理機関に負わせている。それによれば，「(1)統制廃棄物（controlled waste）を輸入，製造，運送，保管，取扱，または処分する者，またはその仲介人は，その情況のもとで合理的であると思われるあらゆる措置をとる義務を負う。」と規定されている。

(4) 廃棄物問題

その者はまた，他人による違反を防止すること，管理から廃棄物の逸失を防止すること，そして，廃棄物を移転する場合には，「(i) その移転が有資格者に対して，または運送の諸目的のために授権された者に対してのみ移転されること，および(ii) 他の者が前述の条文の違反を回避し，かつ，廃棄物の逸失に関して本項による義務を守ることができるようにする，当該廃棄物の説明書が移転されること」を確実にする責任を負っている。

§145 上述の義務は，家族財産［土地］の上で作られた家庭廃棄物に関しては，適用されない。家庭で出される廃棄物は，有害廃棄物が混じっていない限り，一般的に許容範囲内にあると考えられている。また，有害廃棄物であっても，適切な処理のための短時間の移送については，免責が認められている。

　先に引用した条文の中で「（環境法の）目的のための有資格者」という言葉が使われているが，具体的には，(a)認可された廃棄物回収機関，(b)廃棄物管理免許，または1974年の公害規制法（Public Pollution Act 1974）第5条による処分免許の保持人である者，(c)第34条(3)項による規則によって指定された者，(d)1989年公害規制（修正）（Pollution Regulation (Amendment) 1989）第2条により統制廃棄物の運送業者として登録した者，(e)同法第1条(3)項による規則によってそのように登録することが必要とされなかった者，および(f)スコットランドにおける廃棄物処分当局を意味している。このように，イギリス法では，地方自治体またはその請負人に責任を直接負わせる法制度を採用している。

(b) 環境大臣の監視義務

§146 国務大臣（環境大臣）は，規則を制定して，廃棄物処理の証拠となる文書の作成と保持およびその写しの供与義務に関して，上記の者に対して諸要件を課すことができる。また，国務大臣は関係者と相談のうえ，実務慣行（ガイドライン）を作成することができる[13]。そして，法律上の義務に違反した

---

(13) 異なる実務慣行規則が，異なった諸地域について作成される。

4 まちづくりのための環境法（比較法）

者に対しては，(a)略式判決の有罪により，制定法上の最高限度額を超えない罰金，および(b)正式起訴による有罪により，刑罰が科せられることになっている。

「廃棄物（waste）」の定義は，環境保護法75条(2)に定めている。それによれば，(a)なんらかのプロセスを当てはめることから生じるゴミまたは不要な放出物，および(b)破損，耗減，または汚染・不純化したと思われる物質を意味する。しかし，現実の人間社会においては，ある者にとって「廃棄物」とされるものが他の者にとっては原料でありうるのであり，この定義は相対的な概念である[14]。

(5) 環境情報の開示

§147　環境の悪化は直接一般市民に影響を与えるので，環境情報を知りたいと考える市民は多い。しかし，イギリスは，環境情報の公開には消極的であった。1つには，上述の下水処理の情報に関する考え方が，むしろ一般的であったといえよう。つまり，廃棄物の情報は個人のプライヴァシーにかかわってくるのである。第2に，環境情報は企業秘密にかかわることが多くあり，そのノーハウを保護することが理由になっている。第3に，環境情報は，科学的で，複雑なものが多く，一般市民には余り役に立つものではないが，専門家である競争相手にとっては，重要な武器として悪用できる，という性質をもつことが指摘されている。

この点に関しては，EC指令は環境情報の公開を原則としている。環境情報を利用する自由に関する指令（90／313）は，環境情報は開示しなければならないと規定している。そして，コペンハーゲンに環境情報の専門機関を設置し，ヨーロッパ市民のアクセスの便宜を図ると同時に，啓蒙活動を行っている。また，各加盟国は，EC規則や指令に関する一定の情報をその専門

---

(14) Purdue, *Defining Waste*, [1990] J. E. L. 259.

(6) ヨーロッパ連合の環境法

機関に報告する義務を負わされている。

(6) ヨーロッパ連合の環境法

(a) EC (EU) 法の環境保護政策

§148 これまで説明してきたことは，主にイギリス国内の諸事情から発生した環境問題に対する対処方法である。現在のイギリスは，さらにヨーロッパ連合法の影響を受けている。イギリスが1972年にヨーロッパ共同体の一員となって以来，積極的に消費者保護法および環境保護法の立法を推進してきた。1992年にはマーストレヒト条約を締結して，ヨーロッパ連合は１つの主権国家に近い国際組織に形成されつつある。そして，その組織の法律は，国内法とほとんど同じ強制力をもちはじめている[15]。実際上，貴族院のヨーロッパ共同体法に関する専門委員会は，環境法の形成に大きな貢献をしてきた。

§149 1957年のヨーロッパ共同体条約第16章に「環境」保護を目的とした諸規定を置いているが，マーストレヒト条約は，環境保護を共同体共通の実現目標の１つとした。第16章第130条は４つの目標を列記し，第130条は，理事会が積極的に実施計画を立て，必要な措置をとることを義務づけている。これを受けて，1993年には，それを具体的に実施するための第５次環境アクション計画が作成された[16]。第130条は，各国の国内法が第130条により取られる措置よりもいっそう厳しいものならば，その効力は否定されないことを規定している。

これらの諸規定に基づき，ヨーロッパ共同体は，第100条に従って加盟国の法律を平準化するためのヨーロッパ指令を作成している。この指令は，第100条により，加重過半数によって採択されうる。さらに，第189条によって

---

[15] この動向について，詳しくは共同研究「ヨーロッパ連合の法制度」企業法学第５巻359-385頁を見よ。

[16] これについて，詳しくは，KRAMER, FOCUS ON EUROPEAN ENVIRONMANTAL LAW (2d ed., 1997) p. 221参照。

ヨーロッパ議会に法案を付託し，直接拘束力のある規則を定めることもできる。

(b) 水質汚染防止

§150　ヨーロッパ共同体の環境保護政策の重点の1つは，水質汚染防止である。これについて，公害規制に関するヨーロッパ共同体指令（Council Directive, 4 May 1976; 96／464／EEC）がある。この指令の適用のあるのは，内陸部の地上水，領海内水域，内域沿岸水，地下水であり，これらの水の中に「危険物」を排出することを禁止している。ここにいう「危険物」とは，organohalogen ないし organotin，水銀系物質，カドミウム複合物，鉱物性油脂，合成樹脂，およびそれらの複合物を意味する。生活飲料水に関しては，地下水の汚染に関するヨーロッパ共同体指令 Council Directive（17 December 1979; 80／68／EEC）によって，上述の諸物質の他，カドミウム，青酸シアン化物の地下水への混入を禁止している。さらに，リスト2に制限物質を特定している。工場からの空気汚染に関するヨーロッパ共同体指令（Council Directive, 28 June 1984; 84／360／EEC）や危険廃棄物に関するEC指令（Council Directive, 12 December 1991; 91／689／EEC）も，危険な物質の処理を適切にさせることを目的としている。

(c) 廃棄物規制

§151　ヨーロッパ共同体の環境保護政策には，危険廃棄物の放出を禁止・規制することも含まれている。非加盟国に危険廃棄物を移送することによって脱法が図られることがあったので，その抜け穴を埋める目的のため，危険廃棄物の移送に関する規則（Council Regulation, 1 February 1993; 259／93／EEC）を制定した。

　さらにまた，一定のプロジェクトが環境にもたらす影響についての評価を義務づけている。(EC Directive 85／337（Assessment of the Effects of Certain Private and Public Projects on the Environment））は，原油精製，thermal power stations，放射性廃棄物の処理施設，科学施設，自動車道，貿易港，special waste incineration, treatment and landfill（第1種）について，環境評価を強制的に義務づけている。この指令に関しては，いくつかの訴訟が起こっており，その実施の仕方について，新たな提案が出されている。1997年に出された提案によれば，各国が関わる「エネルギー，廃棄物，水，産業の計画，電子通信および観光事業，および一定の道路建設」に関して，所定の方式による環境評価が提案されている(17)。

(d) 自然保全・環境規制・監査

§152　EC（EU）法のもとで環境保護政策を実現するために1990年にヨーロッパ環境局が設置された。行政システムとして，企業や公共事業団体に環境監査を義務づけ，開示された情報を整理して，関係官庁のほか「知る権利」に応じた環境情報の一般的公開を実施している。特に，野鳥や野生動植物の保護に関する法は，国際法にも見られるのであるが，ヨーロッパ共同体法は，具体的に保護規制している。野鳥保護に関するヨーロッパ共同体指令（Council Directive, 2 April 1979; 79／409／EEC）や野生動植物の保存に関する指令（Council Directive, 21 May 1992; 92／43／EEC）がそれである。さらに，1991年以降，エコラベル（環境保護基準を満たした製品に貼られるラベル）の規制も行っている。環境評価報告の内容となる情報も，上記の機関に保管され，検討されることになる。

(e) 大気汚染防止

§153　大気汚染防止についても，すでに数多くの具体的なヨーロッパ共同体指令が作成されている。廃棄物の取扱に関する指令（Council Directive, 15 July 1975; 75／442／EEC）は，(1)廃棄物の防止または減少，危害物質の除去のために各加盟国が適切な措置をとること，(2)廃棄物が人間の健康に危害を与え

---

(17)　[1997] O. J. C. 129／14.

ないようにする手段を各加盟国が採用すること，(3)条約上の義務を果たす専門機関を各加盟国に設置すること，(4) 3 年ごとに遵守状況についてヨーロッパ共同体事務局に報告することを定めている。

しかし，この領域はむしろ国際連合の関心事となり，国際法によって規律されるようになった。もっとも，1957年条約第130条(4)は，「共同体が第三者と協力すること」を義務づけており，次に説明する国際法上の義務は，この規定によってヨーロッパ共同体条約上の義務にもなる。

(7) 国際環境法

(a) ソフト・ロー

§154 　伝統的な国家主権による国際法は，そもそも土地は国家の領土であり，土地利用の規制は内政干渉となるので，土地利用について直接規制するようなことはなかった。しかし，オゾン層の問題が認識されるようになってから，「地球は 1 つ」というモットーのもとに，世界的規模で環境保護が考えられるようになった。現在では，環境保護問題は，重要な国際法の問題となっている。第 1 に，1972年に国際連合がストックホルムで国際会議を開催し，世界規模で環境保護に当たることが決議された。その後に環境保護の問題はますます国際化しており，その目標を具体化する国際条約が作られるようになった。

§155 　例えば，オゾン層保護のためのウィーン条約（オーストリア，1985年）(Vienna Convention for the Protection of the Ozone Layer) が制定された後，ＣＦＣ規制（オゾン層を破壊する物質に関するプロトコール）（モントリオール，1987年）(Montoreal Protocol on Chlorofluorocarbons) ができている。1992年の国際会議（リオ・デ・ジャネイロ）では，2 条約の他，アジェンダ21の決議がなされ，よりいっそう明確な目標が定められた。1997年に日本で開催された京都国際環境会議においても，空気清浄に関連して，世界基準の設定が論議された。

　現在の国際環境法はソフト・ローという特徴をもっている。一般的な国際法の傾向としては，(1)関連諸条約，国際慣習法などの整理・統合が必要であ

ること，(2)目標値の設定だけでなく，法的強制も必要であること，(3)全世界の国が参加できる機構が必要であること，(4)実現可能なものから階段的に実施に移していくことが確認され，実行されつつあると言ってよい[18]。

(b) 公害規制

§156　海洋法に関する国連会議（The Third United Nations Conference on the Law of the Sea）では，海洋の汚染防止が問題とされ，具体的な国際条約の規定がもうけられるようになった。第1に，廃棄物その他の物質の放出による海洋公害の防止に関する条約（モスクワ，ワシントン，1972年）が作成された。これに続き，船舶公害プロトコール（ロンドン，1978年）で，環境利益の保護が宣言され，海洋法条約（モンテゴ湾，1982年）では，それが基本原則として規定されるに至った。

　ヨーロッパのライン川は水汚染で悩まされており，その水質の改善が国際法によって図られている[19]。ライン川の保護のために公害を禁止する委員会に関するベルヌ条約（Berne Convention concerning the Commission for the Protection of the Rhine against Pollution）やライン川の保護と科学公害の禁止に関する条約（1977年）（Convention on the Protection of the Rhine against Chemical Pollution（Rhine Chemical Convention））がそれである。

(c) 自然環境の保護

§157　国際法のレベルでも，英米コモン・ローの法理を類推した国際慣習法を利用して，国際判例法の中でも環境利益の保護が図られてきた。1941年に最終的裁定が下された Trail Smelter 事件[20]がその一例である。しかし，このよ

---

[18]　P. W. IMEI & A. E. BOYLE, *supra* note 10の著書参照。

[19]　Schwabach, *The Sandoz Spill : The Failure of International Law to Protect the Rhine from Pollution,* 16 ECOL. L. Q. 443 (1989).

[20]　The Trail Smelter Case (1931-1941), RIAA III 1905, K. J. Madders, *Trail Smelter Arbitration,* EPIL 2 (1981) 276-80参照。1926年に開始されたこの事件は，1941年に国際仲裁によって解決されたが，この裁定は「他国の環境に危害を与える

4 まちづくりのための環境法（比較法）

うな国際慣習法による環境保護には限界がある。その限界は，上述のコモン・ローの保護の場合の限界に類似している。そこで，1970年代以降になって，「自然環境保護」の観点からも個別的な条約が作られはじめた。

南極鉱物資源活動の規制に関する条約（Convention on the Regulation of Antarctic Mineral Resource Activities（the Wellington Agreement））は，かなり初期の実例である。特に湿地に棲む生物として国際的に重要な湿原の保護に関する条約（ラムザー条約，1971年）（Convention on Wetlands of International Importance, Especially as Waterfowl Habitat）；稀少な種類の野生動植物の国際取引に関する条約（ワシントン，1973年）（Convention on International Trade in Endangered Species of Wild Fauna and Flora）；渡り鳥の種類の保護（ボン，1979年）（Convention on the Preservation of Migratory Species of Wild Animals）；ヨーロッパ野生生物および自然棲息地に条約（ロンドン，1979年）（Convention on the Conservation of European Wildlife and Natural Habitats）がある。

世界的文化自然遺産の保護に関する条約（パリ条約，1972年）（Convention Concerning the Protection of the World Cultural and Natural Heritage）は，京都や白川村を国際文化自然遺産に指定し，その現状を変えることを禁止した。この条約の実施管轄は，ユネスコであり，上述の諸条約とは違った観点から，環境保護がはかられている。

(d) 危険物の取扱い

§158 オゾン層保護の条約締結とパラレルに，戦争や内紛と関連する「危険物」の扱いも，環境保護と関連して議論されるようになった。危険廃棄物の領土外への移動およびその処理の規制に関するバーゼル条約（Basel Convention on the Control of Transboundary Movements of Hazardous Wastes and Their

---

ような方法で自国の領土を使うことは国際法上許されない」という原理を確立したものと理解されている。Advisory Opinion on the Legality of the Treat or Use of Nuclear Weapons (ICJ, 1996).

Disposal 1989）は，有害廃棄物が国境を越えて移動させることによって引き起こされる人の健康および環境への危害の危険を防止することを目的としている。

　危険な兵器を禁止することによって，間接的に環境保護が図られている場合もある。核兵器実験を禁止する条約（モスクワ条約，1963年）やバクテリア（生物）およびトキシン兵器の開発，製造，保管の禁止およびその廃棄に関する条約（ロンドン，モスクワ，1972年）がその例である。原子核事故または放射線エネルギーの事例における援助に関するウィーン条約（Vienna Convention on Assistance in the Case of a Nuclear Accident or Radiological Emergency）；原子核事故の早期通知に関するウィーン条約（Vienna Convention on Early Notification of a Nuclear Accident）などもこれに含めることができる。地雷の設置なども土地利用を著しく傷つける非人道的な行為であり，国際法によって禁止ないし制限しようとする国際世論が高まっている。

5 現代信託法の法理

(1) イギリス法の公益信託

(a) 序説——普通の信託と公益信託の区別

§159 信託法はイギリスの歴史的必要性から中世に生まれた法理の体系である。詳細をここで説明することはできないが，それは封建的な身分関係に結合した土地保有の付随的諸条件（一種の租税）から逃れようとする企てであったと言ってよい[1]。家族の戸主である父親は，自分の子供たちのために財産を残したいと考えたであろうし，過重になりがちな税負担を回避したいと考えたにちがいない。現代においては，近代的な相続法や租税法が制定され，それらのことは意味を持たなくなっているはずである。しかし，実際には，信託法はむしろその重要性を増している。それは，現代社会においても，高度の人間の信頼関係を尊重し，なんとしても法の目的を実現したいときがあり，信託法はそのための最も便利な道具となりうるからである[2]。また，租税法上の観点からも，回避を認めることが，社会に対し私人による公益性の高いサービスを生む誘因となりうるのであれば，むしろその利用を積極的に奨励するのがよく，国家としてもそれを抑止する必要はないからである。

§160 このように信託法の利用ということには，一種の特権的な性格が含まれて

---

[1] この概略は，伊藤正己＝田島裕『英米法（現代法学全集48）』（筑摩書房・1985）148-152頁に説明されている。詳しくは，A. W. B. SIMPSON, A HISTORY OF THE LAND LAW 173-207 (2nd ed. 1986); S. F. C. MILSOM, HISTORICAL FOUNDATIONS OF THE COMMON LAW 169-185 (1969) を見よ。

[2] 1925年に不動産法が本格的に改正されたときに，信託法の重要性が改めて見直されたものと思われる。実際上，現行法のもとでは，土地のすべての beneficial co-ownership が信託法に従っている。

5　現代信託法の法理

いる。そこでまず何よりも、信託の設定は法的確実性を備えたものでなければならない、という要件が課せられることになる。判例法上、この要件は、(1)文言の確実性、(2)当事者の確実性、(3)目的の確実性という3つの観点から厳格に審査される[3]。例えば、公衆の利益のために財産を寄付したいということだけでは信託は設定できない。何が公衆の利益のためになるか、これだけでは確定できないので、信託設定を認めればかえって紛争が起りうるからである。信託法上の受託者の義務は、民法上の委託を受けた者の義務に比べ、はるかに厳格であり、しかも特約を付さない限り報酬請求権はなく、目的の曖昧な信託の受託者の義務は、負担が重すぎて引受がたいものとなりがちである。また、租税法上の見地からも、このような信託は濫用のおそれがあり、これにも歯止めを掛けておかなければならないと考えられている。

§161　ところで、信託に公益性が認められるときは、信託の成立要件はある程度緩和される。例えば、曖昧な文言が使われていても、一般的な目的が明瞭であるならば不確実性は補正されうるので、その信託が有効であると認められることがある[4]。普通の信託については永久拘束禁止の原則が適用されるが、公益信託にはその適用がない[5]。さらに、租税法上、一定の免税が認められる[6]。例えば、信託の存在そのものが公益を目的とするものにあっては、使用される建物（premises）に対する租税は免除され、その他の公益信託につ

---

(3)　Wright v. Atkyns (1823) Turn & R. 143, 157において、エルドン卿は、「第1に、文言が命令文（imperative）でなければならない。第2に、信託財産が確実な（certain）ものでなければならない。そして第3に、信託財産と同様に目的も確実なものでなければならない。」と、述べている。文言の確実性について、Re Hamilton [1895] 2 Ch. 370 (C. A.); Re Adams and the Kensington Vestry (1884) 27 Ch. D. 394 (C. A.)、信託財産の確実性について Palmer v. Simmonds (1854) 2 Drew. 221; Re Golay [1965] 2 All E. R. 660, [1965] 1 W.L.R. 969。また、目的の確実性について、McPhail v. Doulton [1971] A. C. 424; Morice v. Bishop of Durham (1805) 10 Ves. Jun. 552参照。

(4)　Re Bennett [1960] Ch. 18およびRe Gott [1944] Ch. 193では、裁判所が信託を確実なものにするため若干の手直しをしてその効力を認めた。

(5)　Royal College of Surgeons of England v. National Provincial Bank [1952] A. C. 631参照。

110

(1) イギリス法の公益信託

いては，半額の免除が認められることが多い。

§162 このようなことから「公益」という用語がいかなる意味を持つか，明確に定義しておく必要がある。本節の表題で「公益信託」と呼んだものは，英語ではcharitable trsutを意味している。Public trust[7]と言う用語も「公共信託」ないし「公益信託」と訳しうるが，この用語は，イギリスの法律では，かなり限定された意味で使われ，本稿では前者の意味で使っている。これに関する諸判例を分析し，その具体的な内容をつぎに説明することにしよう。

(b) 「公益信託」の定義
① マクノートン卿の判決

§163 公益信託とは何かについての指導的判例は，租税特別目的委員会対ペムゼル判決である[8]。この事件では，1つの宗教団体が租税特別優遇措置を受ける資格があるかどうかが争われたのであるが，この判決のなかでマクノートン卿は，(1)救貧を目的とした信託，(2)教育の促進を目的とした信託，(3)宗教の促進を目的とした信託，および(4)共同社会（community）の利益を目的とした信託は公益信託であると定義した[9]（この4つの項目は，1960年に制定され

---

(6) これについて，General Rate Act 1967, ss. 37-40参照。この法律によれば，イングランド教会の宗教上の礼拝に使われる不動産などに関しては，財産税が全額免除される。その他の公益信託についても，同法第40条の要件を満たすものについて，半額の免除を認めている。所得税についても一定の免除が認められるが，これについては，Income and Corporation Taxes Act 1988, ss. 505, 506参照。なお，その他の租税について，Finance Act 1976, s. 111 (2) & (6) (capital transfer tax); Finance Act 1972, s. 119 (1) & (2) (capital gains tax)，および，付加価値税に関するFinance Act 1972, s. 12とValue Added Tax (Charities) Order 1973も見よ。

(7) Local Government Act 1972, s. 122 (6)に定義される地方自治体の公用地（open space）の管理などに関して使われる用語であって，単独法人（corporationsole）として設定されるものを指すことが多い。この受託者は，Public Trustee Act 1906に服する。

(8) Commissioners for Special Purposes of Income Tax v. Pemsel [1891] A. C. 581, at 583 (per Lord Macnaughten).

(9) この分類は，エリザベス女王の法律Charitable Uses Act, 43 Eliz. Ic. 4 [1601]（特にその前文に示されたリスト）およびそれ以降の判例法などを整理して作られたも

111

5 現代信託法の法理

たCharities Actの定義と一致する)。しかし，この判決は，この判断基準は厳密なものではないので，具体的かつ個別的に公益性を検討しなければならない，とも述べている。イギリス法が公益信託について採ってきた姿勢は，このマクノートン卿の判決によく示されている。そこで，この基準をより明確に理解するために多くの具体的な事例を分析しておく必要がある。

② 救貧を目的とした信託

§164　この信託が公益信託の最も典型的なものであり，1960年の法律もこれを中心に置いている。歴史的には，これに関しては，1602年のエリザベス女王の救貧法に遡る。この分類に該当する信託は，全面的な免税措置が認められる[10]。具体的には，救貧のために使われる教会の建物の維持および修復のための基金がそれである[11]。さらに，利益を目的としないで行なわれる病人の介抱，老人や障害者らへの奉仕活動に必要な経費および人件費などをまかなうための信託基金もこれに含まれる[12]。

③ 教育の促進を目的とした信託

§165　この項目に関しては，かなり多くの判例がある。古くはケンブリッジ大学のカレッジの設置に関するものや，最近では判例集の刊行事業がその目的のための信託と言えるかどうかが争われたものがある[13]。学校や大学などの建

のである。ちなみに，これらのもの以外に非公益的な目的にも使用できる混合信託は，公益信託であるとは認められない。

(10) Income and Corporation Taxes Act 1988, s. 505.
(11) これに関して，Inland Revenue Commissioners v. Baddeley [1955] A. C. 572参照。
(12) これに関して争われた判例として Joseph Rowntree Memorial Trust Housing Association Ltd. v. Attorney-General [1983] 1 All E.R. 288および Re Cottam's Will Trusts [1955] 3 All E.R. 704（老人用の低賃料によるフラット式マンション）参照。
(13) Attorney-General v. Downing (1766) Amb. 550, 571（ケンブリッジ大学のカレッジの設立）; Incorporated Council of Law Reporting for England and Wales v. Attorney-General [1972] Ch. 73（判例集の刊行）参照。後者の判決の中でフォスター裁判官は，判例集の刊行は普通の書籍の刊行とはちがって，「裁判所が判例法を

(1) イギリス法の公益信託

物を公益信託財産とすることには問題はない。研究の促進のための奨学金の基金も公益信託である。例えば，解剖学，ロンドン合唱隊，オルガン音楽およびその奏者の養成，動物学などのための奨学基金が，判例法上，公益信託であると認められた[14]。しかし，大学の庭にバラを植えることもそれに含めることができるかどうかになると，争われる余地がでてくる[15]。教育を目的とすると言っても，学校や大学だけに限られるものではなく，図書館，博物館，美術館などの設置，動物園，史跡，記念碑などの維持経営も，広義の教育を目的とした公益信託であると認められている[16]。

§166 ところで，マクガヴァン対法務総裁判決は，この類型の主要な判例の1つであるが，興味深い論点を含んでいるので，ここで少しく紹介しておこう[17]。この事件では，有名なアムネスティ・インターナショナル（世界本部）が公益法人であるか否かが争われた。その活動は，政治犯として刑務所に拘禁されている者について，その実態を調査し，平和な手段（主に有力者に対する手紙による説得）によって，救済することにある。指導者は各国の大学教授であることが多く，調査報告書は研究論文に似ている。しかし，その活

運用し，それを発展させる」という公益性をもつと認めた。この上訴審判決である Incorporated Council of Law Reporting for England and Wales v. Attorney-General [1971] 3 All E. R. 1029でも，ラッセル裁判官は「unselfishness の要件が慈善信託の特徴であることが十分確立している」と述べて，これを肯定した。

(14) Royal College of Surgeons of England v. National Provincial Bank [1952] A. C. 631（解剖学），Royal Choral Society v. IRC [1943] 2 All E.R. 101（合唱隊），*Re* Levien, Lloyds Bank Ltd. v. Worshipful Co. of Musicians [1955] 3 All E.R. 35（音楽），North of England Zoological Society v. Chester RDC [1959] 3 All E.R. 116（動物学）など参照。なお大学の奨学金について Jesus College Case (1615) Duke 363も見よ。

(15) McGrath v. Cohen (1978) 1 N. S. W. L. R. 621.

(16) Abbott v. Fraser (1874) L.R. 6 P.C. 96（図書館），British Museum Trustees v. White (1826) 2 Sim. & St. 594（博物館），*In re* Spence, Barclays Bank, Ltd. v. Stockton-on-Tees Corp. [1938] Ch. 96（公会堂），Attorney-General v. Meyrick [1893] A. C. 1（古い荘園の建物の保存）などを参照せよ。

(17) McGovern v. Attorney-General [1981] 3 All E. R. 493. この事件が起されるまでは公益信託と認められていたが，後に言及する慈善委員会が，それを否認しようとした事件である。

5　現代信託法の法理

動の目的は,「政治犯」という犯罪類型を現実の社会から追放することにあり,きわめて政治的な意味を持っている。判例法上,政治を目的とした信託は,公益信託ではないとされてはいるが,スレード裁判官は,実体的判断を示して,原告側の勝訴の可能性が強いということを認めつつ,それは公益信託でないと判決した[18]。このように,公益信託か否かの判断で問題となるのは,実体であって形式ではない。

④　宗教の促進を目的とした信託

§167　イングランド教会がイギリスの国教であり,この教会が特別の特権を持つことは言うまでもない[19]。しかし,イギリスでは,寛容の精神によってその他の宗教に対しても,ある程度の特権的地位を認めている[20]。キリスト教の各種の教派の間では信託法上の取扱いについて差別が設けられていない[21]。ローマ・カトリック,非統一派のプロテスタント,ユダヤ教などが平

(18)　スレード裁判官は,アムネスティ・インターナショナルの目的は国連憲章の教育や国際人権の保護に役立つものであって,公益信託の目的としては何ら問題はないが,その活動が政治的なものになっている点に問題があるとした。政治的目的の信託について,Bowman v. Secular Society Ltd. [1917] A. C. 406, at 442 (per Lord Parker) 参照。

(19)　イングランド教会について詳しくは,田島裕「国家と宗教団体(イギリス)」比較法研究第50号(1988年)27-35頁を見よ。

(20)　Roman Catholics は,公職や儀式に関しては別として,Roman Catholic Charities Act 1832では「プロテスタント反抗者」と呼ばれているけれども,イングランド教会とほとんど同じ扱いを受けている。第2に,Nonconformists は,1688年の Toleration Act (後に Promissory Oaths Act 1868) により,宣誓を条件として宗教団体の存続が認められ,ローマ・カトリックとほぼ同じ扱いを受けてきた。Barker and Another v. O'Gorman and Others [1970] 3 All E. R. 314 (メソジスト教会の法的紛争) 参照。第3に,Society of Friends (クエーカー) は,先の宣誓の条件を拒否したので,集会や墓地の埋葬などについて,差別的扱いを受けている。Cf. In re Manser, Attorney-General v. Lucas [1905] 1 Ch. 68. 第4に,Jews (ユダヤ教) は1846年の Religious Disabilities Act によって Toleration Act 1688を拡張して認められた宗教団体であるが,その活動にはかなりの制約がある。但し,その1つである friendly societies (生活協同組合) の活動は,むしろ助長されているように思われる。

(21)　Thornton v. Howe (1862) 31 Beav. 14, at 19-20参照。また,この点に関するイ

(1) イギリス法の公益信託

和に共存していて，実際上，イギリスでも憲法上の信教の自由が保障されているのと同じ状態にあると言われている。しかし，特別法によって宣誓義務などについて差別的な規定が置かれているし，宗教に関する紛争については，イギリス国教は特別の裁判所の組織をもっており，この教会裁判所は，国王の通常裁判所の組織と関連づけられている[22]。ときには得体の知れない宗教が問題になりうるが，イギリスの裁判所は，一般的に言って，寛大な態度を示して来た。公益信託に関する法にいう「宗教」とは，神学に定義されるような厳密なものである必要はなく，人との和を求め，平和な人生を希求するものであればよい。例えば，ワトソン・ホッブス対スミスらの事件では，新興宗教を広めるために夫が書いた著作物を出版して欲しいとその妻が遺言を残し，この信託設定が無効か否かが争われた[23]。権威ある神学の大学教授がその著作物は宗教上無価値であると証言したにもかかわらず，高等法院大法官部は，宗教の促進に役立つものとして，公益信託の創設を認めた。

§168 宗教団体の礼拝場の設置，修繕が公益信託の目的と認められうることは言うまでもない。聖職者に支払われる合理的な額の給与や伝導等に対する一定の手数料も，問題はない。教会の義務の1つとして死者を埋葬する義務があり，それに関連した設備の維持・管理にかかる費用についても争いの余地はない。しかし，教会が学校を経営したり，他の非宗教的社会活動を行うとき，これについてまで免税の措置等が認められるわけではない。また，宗教団体に名を借りて販売活動を行うことは，法律で禁止されている[24]。

⑤ 共同社会の利益を目的とした信託

§169 この信託の類型は，厳密な定義が困難であって，これには様々なものが含

 ングランド教会との無差別性について，後掲注[27]の判決におけるリード裁判官の説明 (p. 459) を見よ。
(22) これについても，前掲注[19]の拙稿を見よ。
(23) *Re* Watson, Hobbes v. Smith and Others [1973] 3 All E. R. 678. *Cf. Re* Shaw's Will Trusts [1952] Ch. 163.
(24) Trade Description Act 1958.

115

5　現代信託法の法理

まれる。きわめて特殊なものであるが，まず第1に地方自治体が挙げられる。これと対比して，公益信託と言えるかどうか疑わしい点があるが，自然公園やリクリエーション施設がある[25]。判例法上，種々の友好団体が公益信託でありえるかどうかも，しばしば問題になっている[26]。これらについては，むしろ次に説明する「公益性」を備えているかどうかが，判断の基準であると言ってよかろう。

⑥　公益性の要件

§170　いずれの類型の公益信託であれ，公益性の要件を満たしていなければならない。この要件は，例えばイングランド教会については，当然に満たされるとされる。しかし，これに疑いがある場合には，公益信託を創設しようとする者の側でそれを立証しなければならない。この点と関連して，ギルモア対コーツ判決は，社会から隔離された場所で自己の精神鍛練の場を提供する修道院のような施設は公益信託ではありえない，と判決した[27]。自己の利益を追求することは公益のためとはいえない。利他的なもののみが信託法の付与する特権を利用することが許される．

---

[25]　この種類の信託は，Recreational Charities Act 1958に服する。これに関する事例として，Barralet v. Attorney-General [1980] 3 All E. R. 918; Wynn v. Skegness UDC [1966] 3 All E. R. 336参照。施設に関しては，戸外のリクリエーション活動の場合に公益性が認められる可能性が高いように思われる。Northern Ireland Valuation Commissioner v. Lurgan Borough Council [1968] NI 104, at 125 (per Lord Macdermott, C. J.) 参照。

[26]　Chartered Insurance Institute v. Corp. of London [1957] 2 All E. R. 638; *In re* Clark's Trust [1875] 1 Ch. D. 497などを見よ。但し，特定の団体の利益だけを目的としていても，公益性があれば公益信託となりうる。IRC v. Yorkshire Agricultural Society [1928] 1 K. B. 611, at 630 (per Lord Atkin, L. J.).

[27]　Gilmour v. Coats [1949] A. C. 427.

(1) イギリス法の公益信託

(c) 公益信託の濫用防止・救済方法
① 1960年法の基本構造

§171 公益信託の実際の運用は，1960年の慈善信託法により影響されるところが多い[28]。そこで，この法律の構造を概観しておきたい。この法律は，まず第1に慈善委員会を設置し，これに行政上の義務を負わせると同時に特別裁判所としての資格を与え，この法律に関する紛争を準司法的に解決することを義務づけている[29]。この委員会は，公益信託の登録を受け付け，まずその申請者が先に説明したような公益信託の要件を満たしているか否かを審査をする。受託者は，会計帳簿を作り，信託の執行に関して，記録を残すことが義務づけられているので，必要があれば，委員会はその調査をすることができる[30]。国務大臣が，必要に応じて立法の検討を行ない，地方自治体が，この法律の目的の実現のために協力することになっている。同委員会はまた，その法律の目的の実現のために，一定の限度で高等法院と同等の司法的権限を付与されている[31]。

§172 この法律のもとで法務総裁の果たす役割は大きい。法務総裁は，公益信託の受益者に代わってその運用を監視し，必要があれば訴訟を提起して，受

---

(28) この立法は公益信託以外の慈善活動にも適用があり，いわゆる trustee の規制を目的としている。しかし，死手禁止法（Mortmain Acts，とくに前掲注(9)に引用したエリザベス女王の法律を廃止した Mortmain and Charitable Uses Act 1888, s. 13 (1)，そして公益信託法人の創設を制限した Mortmain and Charitable Uses Act 1891) を廃止し（Charities Act 1960, s. 38），明示的にエリザベス女王の法律を復活させていることから，むしろ公益信託を積極的に奨励するものといってよい。ちなみに，アメリカの州の立法にも，これと似たものがあるが，一般的には，アメリカでは公益信託の創設には多くの制約が付されている。G. T. BOGERT, TRUSTS 247-51 (6th ed. 1987). Cf. Restatement, Trusts, Second §362.

(29) この委員会は，委員長と他の2名の委員からなるが，3名のうち少くとも2名は，barrister または solicitor でなければならないとされている。Charities Act 1960, sch. 1, para, 1 (2).

(30) この調査手続は，Tribunals and Inquiries Act 1971に従って行われる。

(31) Charities Act 1960, s. 18は，(a)公益信託の実施・運用のための機構を作ること，(b)受託者を任命・解任すること，(c)信託財産の付与・移転・取得などを命じることについて，委員会は高等法院（High Court）と同等の権限を持つと定めている。

117

5　現代信託法の法理

益者の利益を守らなければならない[32]。実際，本稿で引用した判例の多くは，これにより法務総裁が提起した事件である。そしてまた，公益信託の運用について，地方自治体もまた，重要な役割を果たしている。まず第1に，その地域内にある様々な公益法人の記録簿を作り，とくに広報活動等を通じてその目的を実現させるべく積極的に協力することとされている。場合によっては，公益法人の運用に直接参加することもできる[33]。

②　差止命令・禁止命令・執行命令

§173　公益信託に関する紛争もまた，最終的には裁判所で解決される。信託法がエクイティの主要な法であることからも推測できるように，その救済手段として最も重要なものは特定履行と差止命令である。

　まず差止命令のことから説明をはじめよう。差止命令には中間的なものと，永久的なものがある。保全手続としてこれが使われることが多く，最近では，相対的にこれが認められやすくなっていると思われる[34]。とくに相手が公的機関であるときは，禁止命令や執行命令も利用できる[35]。これらの救済手段は，簡便に利用できるものではあるが，認められるか否かは，裁判所の裁量にかかっており，請求すれば当然に令状が発給されるものではない。そしてまた，これらの訴訟手続にはクリーン・ハンズの原則が適用されることにも

---

(32) 受託者などの信託設定のときに指定された者が訴えの当事者となりうるが，法務総裁（Attorney General）が公益を保護する義務を負う。したがって，公益信託の受益者などのいわゆる関係人（relator）が訴えを起した場合であっても，法務総裁が当事者として参加できる。また，公益信託に関する和解には，法務総裁の同意が必要である。

(33) Charities Act 1960, ss. 10-12. とくに公益信託がある地域にのみ関係するものについては，Local Government Act 1972などの法律により，より積極的な義務を課せられることがある。

(34) これについては，P. H. PETTIT, EQUITY AND THE LAW OF TRUSTS 456-518 (5th ed. 1984) に詳しく説明されている。

(35) これらの救済は，大権令状（prerogative orders）によるものであり，その利用の仕方には一定の制約がある。田島裕『議会主権と法の支配』（有斐閣，1981）135-136頁参照。

(1) イギリス法の公益信託

注意しなければならない[36]。

③ 受益者の物権的救済手段

§174 公益信託の受託者が，信託法上の義務に違反して，不法に信託財産を第三者に譲渡してしまうことがないわけではない。この場合，受益者が当該の受託者を相手として損害賠償または原状回復を求め得ることは疑いない。しかし，公益信託の場合には受益者が特定されていないことが少なくなく，単なる期待権を有しているというだけでは訴えが認められないので，普通，地方自治体や法務総裁がこの訴訟を行なうことになる[37]。

ところで，受益者の特定の問題は別として，受益者であると認められた場合に，その者は第三者を相手に信託財産そのものの返還を求めることが許されることがある。例えば，博物館の重要な展示物が盗まれ，第三者の手に渡った場合，コモン・ローによれば，金銭による賠償を窃盗者に対して訴追できるとしても，信託財産そのものを取り戻すことはできないことがありうる。しかし，エクイティによれば，その物が信託財産である旨の明認方法が採られている限り，物そのものを取り戻すことができる。この点に関して，ディプロップ遺産に関する事件において，控訴院は，信託の受益者が第三者に対してコモン・ロー上認められるものよりも，はるかに強力な救済が認められる，と判示した[38]。エクイティ上，信託の受益者は，いわゆる追跡権（tracing）を持つ[39]。先の事例に関していえば，途中展示物が誰の手に渡ろうとも，現

---

(36) 例えば，Blakemore v. Glamorganshire Canal Navigation (1832) 1 My. & K. 154; Litvinoff v. Kent (1918) 34 T. L. R. 298参照。

(37) 訴訟の当事者 (person interested in charity) の適格性については，最近の判例でもしばしば争われている。Bradshaw v. University College of Wales [1987] 3 All E. R. 200 (Ch. D.); Re Hampton Full Allotment Charity, Richmond upon Thames London Borough Council v. Rogers (1988) Times, 30 March (C. A.).

(38) Re Diplock's Estate [1947] Ch. 716. この判決は，本文で述べたことが Sinclair v. Brougham [1914] A. C. 398によって確立された法理であるとしている。

(39) 例えば，受託者が自己の銀行口座に信託財産を混合させ，この口座を使って何かを買ったとすれば，受益者はこの購買財産に対し権利を行使できる。Re Oatway

119

5　現代信託法の法理

在の保有者に対し，その者がそれが信託財産であることを知っていたはずであると立証できれば，その物の返還を求める物権的権利を持つ。信託財産であることを知っていたはずであるという証明は，展示物の額縁などにその表示をしたり，絵画の書籍などにその旨の説明を付記したりすることによって比較的容易になしうることである。

§175　信託財産の混合（mixing）のことにも少しふれておこう。信託財産が受託者または第三者の私的財産と混合されたときにこの問題が起こる。信託法は，この場合には，混合された財産全体を信託財産とみなすこととしている。そして，もしその受託者または第三者が財産分離を望むのであれば，分離されるべきであることの立証責任は，その者が負わなければならない[40]。もっとも，混合が問題になる事例は，投資信託の預金口座の取扱などに関してであって，争われるとすれば，コモン・ローに基づく損害賠償請求の形で争われるのが普通であろう。この点に関し，信託法はエクイティの領域の法であるからコモン・ローの損害賠償による救済が利用できるかどうかについて疑問の余地があったが，現在では，かかる訴訟が許されることは疑いない[41]。

④　特定履行

§176　きわめて限られた場合であるが，公益信託の目的を実現するために，特定履行（specific performance）の強制が認められることがある。一般的に言えば，信託契約の中に一定のことを行う積極的義務が規定されているときには，裁

[1903] 2 Ch. 356. 受益者は悪意の第三者に対抗できることはもちろんのこと，善意無償の第三者に対しても同等の地位で信託財産に対する権利を争うことができる。Sinclair v. Brougham [1914] A. C. 398.

(40)　Re Tilley's Will Trusts [1967] Ch. 1179; Lupton v. White (1805) 15 Ves. 432参照。

(41)　Statute Law Revision Act 1883, s. 3により，Common Law Procedure Act 1854およびLord Cairns' Act 1858のエクイティ裁判所に損害賠償を認める権限を付与した規定が廃止されたので，本文で述べたような疑問があった。しかし，Supreme Court Act 1981, s. 50がLord Cairns Actを復活させた。Oakacre Ltd. v. Claire Cleaners (Holdings) Ltd. [1982] Ch. 197; Leeds Industrial Co-operative Society Ltd. v. Slack [1924] A. C. 851 (H. L.) も参照せよ。

(1) イギリス法の公益信託

判所がそれを強制できると考えられるのであるが[42]、判例法上、この請求が認められたのはあまり多くない。この救済方法が認められるのは、土地を売却してその代金を基金として公益信託を創設することが遺言に書かれているような場合である。この場合にもしその売却に当たるべき者が指定されていないときは、その者を裁判所が指定する[43]。

⑤　シ・プレ原理と信託受益者

§177　1960年法の第3部は、いわゆるシ・プレ原理に関して諸規定を定めているので、これにも少し言及しておこう。このシ・プレ原理とは、公益信託については、信託法上の義務を履行できなくなったときに、その信託を廃棄するのではなく、元来の目的に近似したものに変形させようとするものである[44]。そもそも公益信託は、その性質上、停止条件付きで成立するものである。履行が不可能になるのは停止条件が満たされる以前でありうるが、信託法は特にこの点にこだわってはいない。まず先の法律の第13条は、財産の寄付により創設された公益信託について定め、もし最初の目的が特別の事情がなければ実現可能であった場合であって、受益者が明確に指定されていることから、別の方法によってもその信託目的が達成できると思われるときは、その信託はなお有効とするものと定めている[45]。第14条は、公益信託の停止条件

---

[42]　公益信託財産が、遺産の土地を売却することによって形成されることになっている場合がその例である。

[43]　Dodkin v. Brunt (1868) L. R. 6 Eq. 580参照。

[44]　Chamberlayne v. Brockett (1872) 8 Ch. App. 206; Moggridge v. Thackwell (1803) 7 Ves. 36, 69; Clephane v. Edinburgh Corp. (1869) L. R. 1 Sc. & Div. 417, 421参照。

[45]　信託設定の文言の中に特定の研究団体が指定されていたが、その団体が存在しなくなった場合とか、孤児のための学校を公益信託として設立したが、実際の学校経営のためには授業料をとって普通の子供の入学を認めざるをえないなどの場合などが、この規定の適用される事例である。この原則を認めた判例として、Re Finger's Will Trusts, Turner v. Minister of Health [1972] Ch. 286; Re De Noailles, Clouston v. Tufnell (1916) 85 L. J. (Ch.) 807; Price v. Attorney-General [1914] A. C. 20参照。

121

5 現代信託法の法理

が成立して,信託財産が信託設定者に復帰すべきときにその者が行方不明などの理由で確認できない場合,または寄付予定額より超える額が集まったために超過分を返還すべき場合,シ・プレ原則を適用すべきであると定めている[46]。

§178 信託の目的を実現することが不可能になるのは,そもそも当初から無理な計画であった場合と,信託が設定された後に新しい事情が生まれたために,不可能になった場合とがある[47]。この場合に,計画を変更すればその実現が可能であれば,公益信託の設定がなお有効であるとしたほうがより大きな社会的利益をもたらすときに,それを無効とせず,存続させようという立法政策がとられている。例えば先にも述べたように,寄付金を募集して信託を設定したような場合に予定した金額よりも多くの額が集まってしまったとき,信託全体を無効とするのは不合理であり,その予定超過額の扱いを寄付者一般の納得のいく方法に従って利用させ,それを有効とさせようとするものである。このようなシ・プレ原則の適用は,高等法院への申し立てによってなされるが,この申立てをするのは法務総裁または地方自治体の義務である[48]。

(d) 将来に残された諸問題

§179 日本でも公益信託が盛んに利用されるようになってきている。とくに国鉄

---

(46) 目的が達成された後に残余財産がある場合,基金が不足であるか,または目的の達成が不可能になった場合などに,この問題が起ることが多い。超過分の扱いについて,Re Coxen, McCallum v. Coxen, [1948] Ch. 747; Re Dalziel, Midland Bank Executor and Trustee Co. Ltd. v. St. Bartholomew's Hospital [1943] Ch. 277参照。

(47) 最近,公益信託を存続させるために金銭融資を受けることが必要になった場合,負債を認めるべきか否か,論じられた。Rosemary Simmons Association Ltd. v. UDT Ltd. [1987] 1 All E. R. 281.

(48) Charities Act 1960, s. 18 (2). 同法第45条1項は,慈善信託は高等法院の「コントロール」に服するものと定めている。その大部分は高等法院の大法官部の管轄の下に置かれる。「コントロール」の意味について,Construction Industry Training Board v. Attorney-General [1973] Ch. 173参照。信託財産が5000ポンド以下の事件については,カウンティ裁判所(County Court)の管轄権に服する。County Courts Act 1959, s. 52 (1)(b); Administration of Justice Act 1969, s. 5,

122

(1) イギリス法の公益信託

の民有化にともない，土地信託が利用されるようになったと聞く。しかし，将来，トラブルが起きたときの救済方法などの点で，イギリス法のそれとは異なっており，この違いがいかなる意味を持つかについては，まだ十分な検討がなされていないように思われる[49]。英米法の土地信託の場合，土地の所有権は受託者に移転されるが，受益者の保護はそれだけ厚くなっている。原則として，公益信託から生まれる利益は一切受益者のものであり，受託者は特約しない限り手数料を取ることすら認められない。しかし，日本の場合に土地信託と言っても，法律上は委任に類似したものであって，先に述べたような救済が用意されているわけではない。例えば，地方自治体が，文化を高めるために，外国の大学を誘致した場合，そのことから将来起こり得る諸問題に今のままで十分に対処できるのであろうか。日本でも，寺社の財産や，博物館，美術館などに利用されている面もあるが，イギリスの紛争処理の仕方に学ぶところがまだ残されているのではあるまいか。大学等への寄付は多いに奨励したいところであるが，その運用には不安があり，欧米諸国に比べ比較的小規模でしかも個人的な能力に頼りすぎるきらいが日本にはある。真の意味での文化を高めるためにも英米の信託法を本格的に研究し直すことの意義が潜んでいるように思われる。

§180 イギリスの公益信託について，より詳細に検討すべきところが多く残されているが，ここでそれをする余裕はない。別の機会に譲る以外にない。最後に，信託法学会での報告の後に，会員諸氏からたくさんの研究資料をいただいたので，そのことに少しくふれておくことにしたい。まず第1に，谷口知平教授から『民法論』第1巻（1988）をいただいた。この著書は同教授の過去の著作集とでも呼んでよいものであるが，その中に，筆者の報告に直接関係し

---

(49) 土地信託に関する書籍はたくさん出版されているが，ここにいう土地信託を比較的正確に説明した文献として，住友信託銀行編『「土地信託」の実務』（1985）をあげておこう。なお，多少古い文献であるが，本文で述べたような比較法的検討をイギリス法，西ドイツ法，フランス法，アメリカ法を参照しながら試みた研究として，田中實『公益法人と公益信託』（1980）がある。

たものが2,3含まれている。私法4号に掲載された同教授の研究報告のなかでは，我国における公益信託の在り方が検討され，英米法の公益信託の導入が慎重になされるべきことを説きながらも，我国でもそれを普及させるべきであると結論している[50]。さらに，「信託法理のわが法解釈への導入を望む」と題した部分でも，また，「日常生活における信託法理」と題した章でも，一貫して信託法理が日本に導入されるべきであると主張しておられる[51]。その他の研究資料を拝読してみると，同教授の主張されたようなことは，日本でもかなり受け入れられているように見える。多くの資料をいちいちここに挙げるわけにはいかないが，財団法人トラスト60が刊行した「無体財産の信託の可能性に係る基礎調査」(1988)に注目しておきたい。この研究報告書は，無体財産（とくにコンピュータソフトウェアなど）の持つ公共的性質に着目し，公益信託を利用してその保護を計ろうとしている。これなどは本来の公益信託の機能に適合するものであろう。

(2) 日本の民法と信託法

(a) 序　説

§181　わが国の信託法が制定されたのは大正11年4月21日である。この法律（法律第62号）は大正12年1月1日より実施されている。同じ日に，この信託法に付属する法律として信託業法（法律第65号）が制定されている。信託法は，明治38年の担保付社債信託法を一般化して，イギリスの信託法を日本に導入したものであり，明治時代の日本の法制度が全体としては大陸法系を継受したのに対し，英米法系の法理論を承継したものとして，画期的なものであっ

---

[50]　谷口知平『民法論』第1巻（1988）。財団法人は非民主的な制度となりうるので，私的な法人と同じレベルで規制するのが望ましいと結論づけられている。

[51]　同122頁，140頁。要するに，例えば宗教法人法に基づいて特定の寺院が宗教法人として認められるべきか否か，またかかる宗教法人に対する監督がいかになされるべきか，という議論だけでは不十分であって，宗教法人の日常の運用が信託法に従ってなされるのが重要である，という。一般論として，この点には筆者も賛成である。

た[52]。日本法がモデルにしたのは，インド信託法およびカリフォルニア州民事法であったと指摘されることもあるが，立法当時，イギリス信託法は我が国でも十分に研究されていた。

§182 もっとも，日本の信託法はイギリス法を継受したものであると言われてはいるが，それはイギリス信託法とは異なったものである。信託法第1条は，「本法ニ於テ信託ト称スルハ財産権ノ移転其ノ他ノ処分ヲ為シ他人ヲシテ一定ノ目的ニ従イ財産ノ管理又ハ処分ヲ為サシムルヲ謂フ」と規定している。しかし，イギリスにおける信託は，「信託設定者が財産権を受託者に移転し，この受託者が受益者のためにそれを保有すること」と定義される。信託の目的に従って受益者に最大の利益をもたらすことが受託者の義務であり，信託の履行には財産の管理または処分も含まれる。そして，このような信託は，イギリスでは原則として公益信託であり，私益信託は例外である[53]。

§183 信託法（法律第62号）は，一般信託法であるが，信託業法（法律第65号）は特別信託法であり，これは営業信託とも呼ばれる。営業信託とは，営利を目的として信託会社ないし信託銀行が信託を引き受けるものである。信託業法第4条は，信託会社が「金銭，有価証券，金銭債務，動産，土地およびその他の定着物，地上権および土地賃借権」以外の財産を引き受けて信託を設定することを禁止しているので，営業信託はこの6種類に限られることになる[54]。わが国では，公益信託も特別信託法によるが，これについては個別的

---

(52) 青木徹二『信託法論』（財政経済時報社，大正15年）2頁は，「待てば回路の日和あり」と首を長くして立法をまったが，「萬緑叢中紅一点ノ観アリ。思慕三十年始メテ信託ノ麗姿ニ接シテ感快ノ情ニ堪ヘズ。」と表現している。信託法と信託業法という二本立ての立法がなされたのは，財務省（大蔵省）と司法省（法務省）との利害調整ができなかったためであると言われる。立法過程について，一般的に山田昭『信託立法過程の研究』（勁草書房・1981年）を見よ。

(53) もっとも，公益信託と私益信託の区別は明瞭ではない。公益信託について，田島裕「イギリス法の公益信託」信託研究13号67頁（1989年）参照。

(54) この信託業法は平成16年に改正され，第4条の禁止規定は廃止された。なお，信託法も平成18年に改正されているが，旧法(1921年)とは全く異なった構造になっている。しかし，2002年に執筆していた当時の教えは，ここで問題にしている「公益信託」に関しては，今日でも重要な意味をもっており，あえて書き換えないことにした。

5　現代信託法の法理

な法律を制定し，監督官庁を特定している[55]。いうまでもなく，イギリス法の信託は，エクイティの一般法であるから，これらに限られるものではない。また，監督官庁が法律で指定されていても，信託の履行が司法審査から除外されることはない[56]。

§184　日本では信託は民法に属するものと考えられており，信託法に具体的な規定がない場合には，民法を類推して問題を解決してきた。しかし，現在，信託を利用するのが便宜にかなうと考えられている証券信託や地方自治体の公益信託の利用を促進する動きが見られるが，このことはしばしば不都合であると考えられる。例えば，信託を利用して都市再開発を企てる場合や，ひとつの都市銀行が他の銀行へ国債を移転しようとする場合や，しにせの商店の経営者が数代にわたってその家産を承継させる仕組みを作っておこうとする場合に，のちに説明するような障碍が生じる。そこで，本稿では，改めて英米信託法と比較し，これらの日本の今日的問題が，英米ではどのように処理されているかということを参考にし，わが国における立法論的な検討に資す

---

(55) 旧信託法は，「祭祀，宗教，慈善，学術，技芸其の他公益を目的とする信託」を公益信託と定義し（66条），主務官庁の監督に服せしめることとしている（67条）。奨学金の給付，学術研究助成，教育振興，社会福祉，芸術・文化振興，都市・環境整備，国際交流促進などを目的とした信託が公益信託であり，それぞれ関連する法律に主務官庁が規定されている。公益信託の重要な領域である奨学金の給付，学術研究助成，教育振興については文部科学省が主務官庁であり，年金信託については厚生省が主務官庁であるが，平成4年の公益信託に係る主務官庁の権限の委任に関する政令により，受益の範囲が都道府県の区域内に限られる場合には，知事に権限を委任することができる。さらに，各関連官庁は，公益信託の引受けの許可および監督に関する細則を定めている。例えば，昭和52年の文部省規程（平成4年に改正）を見よ。

　ちなみに，わが国の公益信託の監督は，一方では，受託者に報告義務を負わせると同時に，運営委員会等をもうけさせて日常の監視にあたらせている。また，農業，林業，漁業などの促進のためにも信託法が利用されているが，この場合には，公益法人としての協同組合方式を使っている。

(56) 受託違反の行為について旧信託法第31条は，転得者に対しても取消しをできると規定しており，これに関する訴訟はわが国でも可能であろう。しかし，英米法にいう司法審査とは，「信託裁量の濫用や恣意性」を審査するものであり，日本法のそれとは異なる。ただし，この裁判はエクイティのそれであり，救済は損害賠償にまでは及ばない。

(2) 日本の民法と信託法

る研究を示したい。

(b) 信託の設定
① 信託の創設

§185 信託の設定は，信託契約または遺言によって行うことができる。信託設定者による一方的な宣言によって信託を設定することは，日本法では一般的には認められていない[57]。例えば，信託遺言によって相続させようとしても，将来権利関係が確定される相続は無効とされるので，イギリスのセッツルメントに類似した信託設定はできない[58]。信託はほとんど全部が信託契約によるものである。これに対しイギリス法では，セッツルメントを初め，多くの信託は宣言によって行われる。いうまでもなく，信託契約や遺言には信託の宣言が含まれるので，イギリス法においても，信託契約または遺言によっても当然行うことができる。

② 信託契約

§186 先に言及した6種類の営業信託のうち，日本で通常行われている信託契約は，投資信託である。これは信託銀行と預金者との間の信託契約であり，この契約により預金者は信託設定者であると同時に受益者となる。この信託は昭和27年に制定された貸付信託法に基づいて行われるもので，金銭信託の1種であることから大蔵省が主務官庁となっている。この信託の特徴は，大衆から資金を集めて重要産業（電力，鉄鋼，石炭，海運など）にその資金を貸付け，その収益を受益者に配当することにある。後に説明するように，わが国では受託者が信託銀行であるのが通常であるから，信託銀行が企業に設備・商品

---

[57] 信託の解除について，信託法第57条は，民法の委任契約の解除に関する規定（651条）を引用しており，もともと信託が委任契約の一類型であると考えていたと思われる。

[58] セッツルメントは，いわゆる将来権を創設する信託であるが，これについて，田島裕「将来権について」名城法学第38号（古城教授古稀記念）147-160頁。なお，後掲注(62)も見よ。

127

5　現代信託法の法理

購入の融資をしたり，住宅ローン契約を結んだり，地方自治体の事業融資をしたりして，その債権を証券化し，貸付信託に類似した仕組みが作られることもある[59]。

§187　戦後には証券投資信託にも貸付信託の手法が利用されるようになった。証券投資信託は，昭和26年に制定された証券投資信託および証券投資法人に関する法律に基づいて行われる信託契約であり，オプション取引やスワップ取引などもこれに含まれている（2条）。投資信託は株式信託だけに限られるものではなく，国債ファンドの名前のより信頼性の高い商品として公社債投資信託も行われている。東京電力は天候デリヴァリ契約を保険会社と締結したと言われており，この領域においても信託法が利用される時代が近づいている[60]。この領域では，自己責任の原則にしたがって紛争が処理されているが，より高度の安全性・信頼性を得るためには，信託法に頼る以外に方法はない。

§188　不動産権の証券化もバブル後の経済活性化の方法として利用されはじめている。たとえば，銀行が倒産し，その所有する土地担保権を処分しなければならなくなった場合，不動産の価格が著しく低下している今日，これを競売手続きに従って売却するよりも，その権利を証券化して証券取引市場を通じて権利をばら売りするということが行われるようになった[61]。不良債権処理機構は，これを円滑に行わせるための新しいシステムである。これは金融市

---

(59)　鉄道車両の製作資金の調達は信託が使われる。企業が大型のコンピュータを導入するときに信託銀行から融資を受け，その債権を証券化して期間投資家に売却することも行われる。銀行が地方自治体に貸し出しを行い，その債権を信託銀行に売却し，これを債権化して一般投資家に売却することもある。

(60)　これは冷夏や長期の雨のために極端な減収が生じたときに保険会社がその損失を補償するという保険契約であるが，確率性には不確定な部分がおおく含まれており，紛争が生じる可能性が高い。もっとも，通常行われているデリヴァティヴは，例えば，ロシアの国債を保有している銀行が，それに関わる取引のリスクを分散しヘッジする目的のために使われる。

(61)　平成10年に特定目的会社による特定資産の流動化に関する法律が制定され（平成11年に改正），これが可能になった。なお，外国人は，日本の土地を所有することが禁止されており，土地信託の受益者となるのが通常であるが，証券化により外国法人の土地資産の取得が可能になった。

(2) 日本の民法と信託法

場の安定性を図り，経済の活性化に役立つものではあるが，一定のリスクがともなわれるので，信託法によって一般投資家を保護する必要がある。

③ 遺言による信託設定

§189 遺言による信託設定は，旧信託法第2条による[62]。遺言信託の執行は，旧信託業法第5条に従ってなされるものであり，実際には，次のように行われているという[63]。まず，遺言者の戸籍謄本などを徴集して相続人の存在を確認し，遺言所の内容を確定する。公正証書による遺言書を作成し，これを保管する。遺言者が死亡して相続が開始されると家庭裁判所に申し立てて遺言執行者となり，遺言財産を整理・処分する。この信託業務には，相続財産目録の作成，税金や公共料金の代納，残余財産の相続人への公正な配当も含まれる。信託銀行は，公正証書保管料として毎年一定の手数料を徴収するほか，執行報酬として30万円（基本手数料）に料率加算料，遺産整理手数料として30万円（基本手数料）に料率加算料を相続財産から差し引く。

§190 四宮によれば，遺言信託は他益信託設定の定型的な例であり，わが国では特殊なものであるという[64]。これについて，第三者のためにする契約を類推する。しかし，信託法上の受益権は，契約法上の債権以上の権利を生むもの

---

[62] 旧信託法第2条は，「遺言によってこれをなすことができる」と規定している。しかし，日本の遺言法は英米法による相続とは著しく異なっており，遺言信託の創設は容易ではない。平成18年の改正法では，第3条2において，「遺言をする方法」による信託設定を3つのうちの1つの設定方法として定め，同第6条により「裁判所による受託者の選任」について定め，不適切な選任に対しては即時抗告をすることができると規定している。

[63] 三菱信託銀行信託研究会編著『信託の法務と実務（3訂版）』（金融財政事情研究会，1998年）667-682頁。この場合，遺言の中に信託銀行が遺言執行者となる文言が記載され，被相続人の死亡時に遺言が執行させることになる。民法第1006条は，遺言により遺言執行人を指定することを許している。しかし，例えば，中小企業の社長が特定の子供にその事業を承継させるとする遺言は，遺言信託の目的とできるかどうか，疑問である。遺言の明確性について，来栖三郎「遺言の解釈」民商法雑誌第78巻［5号］（1978年）571頁，同80巻［2号］（1979年）141頁は，日本では受益者の選定の委任は原則として無効とされることを前提として，イギリス法のような制度の導入を奨励している。

[64] 四宮和夫『信託法（新版）（法律学全集33-II）』98-99頁（有斐閣，1989年）。

5　現代信託法の法理

であり，この類推には無理がある。やはり，この法的問題を解決するためには，英米法のエクイティの理論を使う以外にない。ちなみに，わが国において，イギリスのセッツルメントのような制度に否定的であったのは，信託法の立法過程の議論に見られるように，金持ちの財産独占をさせないためであったと思われる[65]。

④　公益信託の設定

§191　わが国においては，公益信託を設定するためには，「主務官庁の許可を得なければならない」と規定されている（旧信託法68条）。許可を受けるのは受託者の義務であると考えられてきたため，許可のない公益信託は信託として成立しないと理解されてきたが，その法的効力を常に無効とする必要はない[66]。たとえば，宗教団体が，福祉事業や教育支援を行っている場合，これらの事業を否定しなければならない理由はなく，この場合にはその団体は税法上の免税などの利益を失うというだけのことで，その存続を否定する必要はない。

§192　わが国における公益信託の実例として，東京都の「勝どき1丁目地区第1種市街地再開発事業」に注目することにしよう。この事業は，公有地の土地信託による法定再開発の第1号である[67]。わが国では公益信託といえば，信託年金が主要なものであったが，最近になって，やっと英米の信託が登場するようになった。この東京都の信託設定は，都市再開発を目的として，三井信託銀行および安田信託銀行を受託者としてその事業を遂行させるものである。東京都が信託設定者であると同時に，受益者となっている。

---

(65) 山田昭編著『信託法・信託業法（日本立法資料全書2）』（信山社・1991年）11-12頁（「信託法ノ制定ハ富者強者ヲ保護スル法律ナリ」「自己ノ財産ヲ隠スヲ容易ナラシムル害アリ」）。

(66) 四宮・前掲注(63), 112頁も，旧版では許可なき公益信託は成立しないと考えていたが，この解釈はもはや維持しえない，と述べている。

(67) 昭和22年に制定された地方自治法が昭和61年に改正され，「公有財産」(238条)を受託者に委託して信託を設定し，受益者となることができるようになった（237条）。ちなみに，国有地の信託については，国有財産法第28条の2参照。現在，国公有地の信託は40件を超えるという。

(c) 受託者の権利義務

① 受託者の権利

§193 受託者は，信託財産の引渡しを請求する権利をもつ。しかし，引渡しを受けた後，信託財産は他の財産と分離して個別に管理し，第三者に対してそれが信託財産であることを公示する義務を負う。先の東京都の都市再開発の信託の例にこれを当てはめれば，受託信託銀行は，再開発の対象となる地区の住民からその土地所有権の移転を受け，これを登記簿上，信託財産として公示する必要がある。また，再開発のために新たに建設される建物の設計を第三者に委託し，建設会社に請負を発注することになる。さらに，この事業を遂行するために必要な融資契約を金融機関と契約することになる[68]。

§194 受託者は，信認されてその地位につくものであるから，委任の場合と同じように，原則として報酬を請求することはできない[69]。しかし，信託設定契約の中で正当な報酬が明定されているときは，その報酬を信託財産から得ることができる。東京都の都市再開発の事例では，東京都は補助金交付の形でその支払いを行っている。建物が完成した後に，受託者は元住民および入居応募した一般都民と個々の売買契約ないし賃貸借契約を締結し，契約上の対価を受領することになるが，この対価はすべて受益者のものであり，別個の

---

(68) 実際には，第1段として，昭和63年に計画を立て，平成3年に都議会の決議を経て，同年に受託者と信託契約が締結された。これに従い，受託者は，受益権証書を東京都に対して発行する一方で，権利関係者との交渉が行われた。第2段として，対象となる土地の権利を受託者に移転した後，設計事務所および建設会社との請負契約を締結し，再開発事業を推進した。これにともなう金融機関からの事業資金の借り入れも受託者の名義で行われている。第3段として，事業完成後の賃貸人の募集を行い（この際，元の権利者に一定の優先的地位が認められる），賃貸借契約の締結が行われる。再開発ビルの管理が受託者によって行われ，その収益から金融機関からの借入金の返済が行われる。この管理期間は20年とし，20年後に信託財産を東京都に移転し，この信託契約は全部消滅することになる。

(69) 旧信託法第35条もこの原則を規定しているが，同条は「営業として信託を引受けた場合」には報酬の請求を認めている。委任報酬に関する民法第648条は，特約により報酬を得ることができると規定しており，信託契約の場合にも，通常は報酬契約がなされる。

5　現代信託法の法理

§195　ちなみに，わが国では上述の東京都の実例に見られるように，信託銀行が受託者となることが圧倒的に多い。これには歴史的事情がある。わが国の信託銀行は，金融機関の信託業務の兼営等に関する法律によって営業を行っている。この法律は，昭和18年に戦時資金統制の強化を目的として制定されたものであるが，昭和23年に信託会社が信託業免許を返上し，改めて普通銀行免許を取得して信託業を兼営するようになった[71]。このような事情から，わが国では，信託業は信託銀行にほとんど独占されてきた。ただし，平成5年のいわゆる金融改革法により，信託銀行は普通銀行や証券会社の子会社となることができるようになり，また，銀行も信託業務を独自に行うことができるようになった[72]。

② 受託者の義務

§196　受託者は忠実義務を負う。このことは，具体的には，受益者の利益を最大なものにするために，忠実に事業を遂行する義務を負うということを意味する[73]。わが国の民法上の委任契約上の義務ならば，受託者は善管注意義務を負うものと考えられるのであるが，信託法上の義務は，最高度の信頼利益を保護するものである。この義務は，しばしば信認義務と訳されているが，こ

---

(70)　旧信託法15条は「信託財産の独立性」を規定し，また，第18条は混同によって消滅することがないと規定している。

(71)　三菱信託銀行信託研究会編著・前掲注(63)，33頁。なお，同書は金融機関の信託業務の兼営等に関する法律が信託業法を引用していないことから，信託銀行には同法の適用はないというが，この解釈は正しくない。しかし，前掲注(1)で述べたように，信託銀行は大蔵省（現在は，金融再生委員会）の管轄のもとにあり，法務省の支配を受けないという希望を述べたものかもしれない。

(72)　例えば，証券取引法は平成11年に改正され，信託業務も行われるようになった。しかし，投資信託については，リスクも大きいため，昭和61年に有価証券に係る投資顧問業の規制等に関する法律が制定され，この法律によって，一定の規制が行われている。

(73)　四宮和夫・前掲注(63)，231-236頁。

(2) 日本の民法と信託法

の用語が上記のようなことを意味するものであるならば，これは正当な訳語であるといってよかろう。しかし，重要なことは訳語の当て方という技術的な問題よりその実体である。

§197　上述の東京都の再開発の事例に当てはめれば，受託者は，上記(2)でのべた権利を受益者の利益となるように忠実に行使する義務を負う。実際にはない極端な設例ではあるが，もし受託銀行の担当者が設計事務所や建設会社と通謀して，水増し請求により私益を得たとすれば，受益者がそれを取り消し，信託財産を取り戻すことができる[74]。さらに，第三者に対しても，途中に善意の者が介入したというだけでは抗弁権の切断は認められず，信託財産に関わることを知っているすべての者に訴求することができる[75]。

(d) 受益者の法的地位

① 受益者の特定

§198　イギリス信託法の権威的学者であるヘイトン教授（ロンドン大学キングズ・カレッジ）は，アルミタージュ判決を引用しながら「もし受益者が受託者に対して強制できる権利をもっていないならば，信託は存在しない」と述べている[76]。「受益者」が存在していることが，信託が有効に成立するための核心的な要件である。しかし，受益者がだれであるかを特定することは，しばしば困難である。

§199　先の東京都再開発信託の場合，信託設定契約によって，「受益者は東京都」であると規定されている。しかし，この再開発事業は営利を目的としたものではなく，東京都の一般的利益はかるものでなければならない。つまり，実質的な受益者は東京都都民全体である。このような規定が置かれるのは，東

---

(74) 旧信託法第57条。
(75) 旧信託法第31条は，「転得者に対しても処分を取り消すことができる」と規定している。
(76) デイビッド・ヘイトン（田島訳）「企業法領域における信託の利用」企業法学第7巻48頁（1998年）。Armitage v. Murse, [1977] 2 All ER 705, 713 (per Millett LJ).

133

5　現代信託法の法理

京都に原告適格があることを明確にしておくことが，トラブルが生じたときに都合がよいからである。

§200　そこで，受益者である東京都民が，東京都の再開発事業の「公益性」を問う訴訟の原告となりうるがどうかという疑問が生じる。英米では，この「公益」を代表するのは法務総裁 (attorney general) であると考えられているが，一定の要件があるとはいえ，住民訴訟が排除されるわけではない[77]。わが国の場合でも，東京都は政治的信託に基づいて再開発が進められていることには疑いがなく，住民訴訟が完全に排除されると考えなければならない理由はない。ただし，住民が提起しうる訴訟は，地方自治法第242条の2に該当する場合に限られるであろう。

②　受益権の法的性質

§201　日本では，受益者の権利が物権的であるか債権的であるか，論じられてきた。それは民法の理論を類推するからである。都市再開発を目的とした土地信託について考えてみよう。受託者である信託銀行の職員が，公正な抽選を行うことなく，再開発後の住宅建造物を友人に売却したという場合，東京都は，その登記の無効を主張して，自己の名義に移転させることができるか，という形で問題が立てられる。そして，債権説をとるわが国の信託法は，これを否定する[78]。

§202　しかし，英米の信託法によれば，受益者が悪意の占有者から信託財産そのものの返還を請求することができる。信託財産が占有者の手に移る前に，た

---

(77)　奈良次郎＝吉牟田勲＝田島裕編著『土地利用の公共性』(信山社，1999年)。

(78)　もっとも，現在では，四宮 (前掲注(63)) が通説となっているらしく，「債権的要素と物件的要素とを併有する信託独特の権利」と説明して，本文の設問に対して直接答えてはいない。物件的要素としては，信託法第16条2項で「不法な強制執行等に対する異議権」を規定し，第31条で取戻権および取消権を規定してことをあげている。しかし，都市再開発については，受益者は賃借権のみを取得するという。吉田達男「都市再開発と信託方式」信託論叢 (1986年) 170頁。もっとも，東京都の事例のように，受益者は地権者ではなく，東京都であり，議論が噛み合っていない。

134

とえ善意の第三者の手に移っていても，このことが受益者の権利に影響を与えるものではない。また，その信託財産が変質している場合でさえ，変質した財産に対しても受益者の追求権が及ぶ。そこで，第三者に対する「公示」ということが厳格に問われることになる。

§203　この「公示」に関しては，大正11年に勅令（昭和57年に最終改正）が出されており，公正証書によってこれを行うことになっている。しかも，これを行うに当たって，「信託表示簿に証券の種類および番号並びに委託者および受託者の氏名を記載し，証券には信託財産であること及び登録番号を記載して，日付ある印章を押捺し，信託表示簿と証券とに割印をするべし」と規定している。最近の信託においては，証券の流動化が期待されており，このような事務手続は現実には不可能であるといってよい[79]。

③　受益者の追求権

§204　旧信託法第31条は，受託者が信託の本旨に反して信託財産を処分をしたときは，受益者はこれを差し止めたり，受託者に対して損害賠償を請求することができる。従って，先の事例において，受託者が売却によって得た金額は，すべて受益者の損害であると考えられる。従って，受託者の営業努力によって高い値段で土地を売却できた場合でも，その売却代金はすべて受益者のものとなる。受益者はその売却代金に対し追求権をもっている。

④　信託課税

§205　英米の信託法の歴史をさかのぼると，もともと信託制度は一種の租税優遇措置法であったことが理解できる[80]。わが国においても，信託法の利用は租税優遇措置によって促進されている。公益信託については，しばしば税負担

---

(79) このため，信託業法第10条が平成10年に一部改正され，「信託会社が信託財産として所有する有価証券については」分別管理することによって第三者に対抗できることとなった。

(80) 伊藤正己＝田島裕『英米法（現代法学全集48）』172頁（筑摩書房，1985年）。

5　現代信託法の法理

の免除が認められる。たとえば，企業が大学に研究助成を行った場合，それが政令により認められる寄付金に該当するものであるならば，所得税の計算において寄付金控除を受けることができる[81]。公益信託の本来の機能はこのような場合に発揮される。

§206　信託に関係する課税問題は，3つの場合が考えられる。第1に，信託財産に関する課税であり，これに関して主に問題になるのは不動産取得税と固定資産税である。信託設定のために不動産の名義を委託者から受託者へ移転したとしても，受託者は地方税や固定資産税を課税されない[82]。その信託財産の運用ないし処分のために受託者から第三者の手に移転されるときには課税の対象とされるのであり，次に説明する所得税の問題が生じる。有価証券が信託財産として受託者に移転される場合も，基本的には不動産の移転の場合と変わらないが，特別法が制定されており，政策的考慮が払われている[83]。

§207　第2に問題になるのは，信託財産の運用によって得られた利益に対する課税である。これに関しては，主に所得税が問題になる。日本の租税法は，実質主義が原則となっており，信託によって実質的に利益を得るものが税を負担することになる（所得税法12条）。いわゆる導管理論（conduit theory）は，これを信託の形式に着目して説明したものである[84]。合同運用信託や証券投資信託の場合には，実質課税の原則の例外という扱いがなされるのは，受益者があまりにも多数にのぼりすぎるために，手続上，受託者自身が納税者となるが，これは実質的には源泉徴収の仕組みに類似している[85]。

§208　第3に，信託財産から受託者に対して手数料等が支払われる場合の課税の問題がある。しかし，この問題は，受託者の事業所得として別個に扱われる

---

(81)　所得税法第78条3項は，「教育又は科学の振興，文化の向上，社会福祉への貢献その他公益の増進に著しく寄与する」ものについて，寄付金控除を認めている。
(82)　地方税法73条の2・73条の7・585条ないし597条。
(83)　有価証券取引税法8条。
(84)　平野嘉秋「信託法の多様化と税務の課題」『企業法学』9巻40頁（2002年）。
(85)　収益金が投資家に配当されるとき，二重課税の排除の原則により，この配当金には課税されない。所得税法176条。

(2) 日本の民法と信託法

べき問題であり，信託に関わる租税の問題ではない。

(e) 信託の担保的機能
　① 社債担保

§ 209　明治38年に担保付社債信託法が制定されたのは，財団抵当を可能にするためであった。例えば，鉄道事業を国家予算によって行おうとしたところ，財源不足のために，公益法人としての鉄道会社が担保付の形で社債を発行し，一般国民にこれを売却する場合にこれが使われた[86]。社債権者は，信託条項により優先的な担保権が認められるので，安心してこの事業に投資を行うことができた。しかし，日本の経済情勢のもとでは，受託者である信託銀行が倒産する恐れがあり，それを防ぐことによって金融の流動化を図ろうとしている。これまでの社債の流通は担保付が普通であったが，今日ではそうでないという。このような取引の安全性を確保するために，信託法の果たす役割はいっそう大きくなっている。

　② 担保を目的とした信託

§ 210　現在，債権の証券化が推進されているが，この証券化は，社債担保に類似した性質をもっている。高額の債権を証券化することによって，破綻時のリスクを多数の手に分散し，個々の投資家が負う痛みを軽減している。これはまた，平成10年の特定目的会社による特定資産の流動化に関する法律に基づく信託事業とも類似している。しかし，この法律は，明治時代に信託をはじめて導入したときのように，実現すべき夢の大事業（例えば，火星の探索）があり，それを実現するために特別な会社を設立して，その資金を調達するための信託であり，不良債権の処理とは違ったものをめざしている。担保を

---

[86]　池田寅二郎『担保附社債信託論』（清水書店，明治42年）は，「普通の借入金と異なり長期の償還期限があり，かつ，その利率を一定にすることによって将来の計画に対し的確な見込みを立てることができる」と説明している。鴻常夫『社債法（法律学全集33-I）』9頁（有斐閣，1958年）。

5　現代信託法の法理

目的とした信託の場合には、一般投資家を詐欺的な取引から保護する必要が特に大きいといってよい。

③　第三者に対する公示と相殺禁止

§211　「公示」の重要性はすでに指摘したが、担保的機能を重視した信託設定では、第三者に対する公示が特に問題になる。この公示については、信託法第3条は、「登記または登録すべき財産権については、信託は其の登記または登録をなすにあらざれば、之をもって第三者に対抗することを得ず」と規定している。この規定は大正11年に制定されたものであり、この規定は、すでに述べたように現実には実行できないような手続が想定されている。第三者に対する公示と関連してしばしば問題になるのは、当事者の倒産によって信託財産の帰属が問題となる場合である[87]。これに関して、まず第1に、信託法第17条は信託財産に属する債権と信託財産に属さない債権と相殺することを禁止している。

§212　例えば、ある企業が信託銀行の設備投資を受けて設備信託を設定すると同時に、同じ信託銀行に預金口座を開設した場合、その企業と信託銀行の間には、相互にそれぞれ債権と債務をもっている。しかし、信託財産は独立の存在であり、その両者間での相殺を禁止しているのである。しかし、投資会社と一般投資家との契約において、投資会社が投資家に融資し、融資した金によって投資信託を運用する場合、投資家の受益権と融資債権とを相殺することは禁じられてはいない。したがって、デリヴァティヴ取引において、ほとんど金を持たない投資家を勧誘して、多額の金を集め、その運用によってベンチャー事業を行うが、倒産の場合には、帳簿上の貸付け代金と遡及的に相殺を行うという詐欺的な取引が可能となる[88]。

---

(87)　木村友博「流動物概念の再構築」『企業法学』5巻252-276頁（1996年）参照。

(88)　有限会社を創設する場合でも300万円の資本金を準備することが要件となっているのに、このベンチャー・ビジネスは10万円の資本金を準備するだけで事業が可能であるという。岡内幸策『不動産証券化と不動産ファンド』21頁（2001年）。それだけ

(2) 日本の民法と信託法

§213 ところで，特定債権等に係る事業の規制に関する法律（平成4年制定，平成10年最終改正）は，金融商品の流動化をはかった法律であるが，集合流動動産の担保設定のときなどに適用される法律である。集合流動動産に担保権を設定する場合，その担保権設定契約において，相殺の予約条項を含めるのが通常である。たとえば，一企業の備品・商品などほとんどすべてのものに担保権の設定がなされているベンチャー事業の場合，担保権の設定があるという事実はできる限り隠蔽したいために，担保権が遡って生じるとする規定が置かれるのである。ベンチャー企業が倒産した場合，一般債権者が破産財産の差押えを行おうとするとき，信託担保が遡及して効力を生じることになれば，一般債権者の権利が不当に侵害されるのであり，ここに利害調整のむつかしい問題が存在する[89]。

④ 信託の消滅

§214 最後に，信託の消滅についても説明しておこう。第1に，信託の目的が達成したときに信託は消滅することはいうまでもない（信託法第56条前段）。第2に，信託の目的の実現が不可能であることが確定したときにも信託は消滅する（同後段）。第3に，受益者が受益を拒絶したとき，他の受益者がいれば，その受益者の共有権となる。もしいなければ，終了する。第4に，受託者が更迭され，新しい受託者が見当たらないということになれば，信託の目的の実現が不可能であるとして信託は消滅する（信託法47条）。第5に，主務官庁または裁判所が，信託を消滅させるべきであるという決定を下したときにも消滅する。

（f） 信託法の新展開

§215 本稿では，英米信託法を参照しながら，わが国の信託の実態を検討した。

にアメリカのニューディール時代にみられた詐欺的取引のリスクが含まれている。
[89] アメリカでは，この問題については，統一商事法典第9編に詳細な規定がおかれている。

5　現代信託法の法理

最近においては，多くの日本人の法律家が英米で学んできたということの結果として，信託法は英米で使われているような形に近づきつつある[90]。東京都の都市再開発信託はその1つの実例である。また，債権の証券化のための信託の利用も，もう1つの実例である。しかし，明治・大正時代に制定された信託法および信託業法は本稿で述べたような事例を想定してはおらず，いわば商事信託とも呼ぶべき，これらの新しい信託に適切に対応できなくなっている。たとえ民法の類推により対応できると考えるとしても，本稿で説明したように，数多くの不都合が生じる。そこで，信託法が本格的に近代化されるべきときがきていると言ってよい。

§216　いろいろな解釈の余地のある現在の法律を利用して具体的妥当性のある解決を事例ごとにはかることも可能ではあるが，紛争を複雑なものにしがちな現行法は改正されるべきである。信託法は，民法の特別法とされるべきではなく，民法や商法に並ぶ一般法とされるべきである。信託法は，受益者の最高度の信頼利益を保護することが目的とされるのであり，受益者の利益のために，信託の目的はあらゆる手段を用いて実現される。また，救済方法も，ただ単に損害賠償にとどまることなく，いわゆるエクイティの救済が一般的に認められる。新しい信託法が制定されるべきであるとすれば，受益者の権利と受託者の義務が明瞭に規定されることが最も重要なことである。また，信託の目的がいかなる場合でも実現可能にする救済方法が盛り込まれなければならない。これらのことこそ英米信託法の核心をなす法理である。

---

(90)　我が国の私法体系上，「信託のある風景」を描く試みとして，道垣内弘人『信託法理と私法体系』(1996年) 参照。

(1) 子供・家族・国家

6 家族法・相続法

(1) 子供・家族・国家

(a) キリスト教の文化の影響

§217 本書は「家族法・相続法」を総括的に説明することを意図していない。しかし，第1章で説明したように，封建時代の土地をめぐる権利関係は身分と深いかかわりをもっていた。身分と法的権利が密接にかかわりをもってたことに加え，夫婦財産をめぐるさまざまな争いが，家族の人間関係によって大きく左右された。とくに相続に関して，親子関係が重要な意義をもつが，この親子関係は夫婦が正式に婚姻しているかどうかによって決められる。そこで，本章では，最初に「婚姻」を定義し，次に「親子関係」を説明し，最後に「夫婦財産」に関する法律を説明する。しかし，夫婦や親子についての考え方が日本とは大きくことなるので，その説明を始める前に，少しく文化的背景を説明しておく必要がある。

§218 家族法・相続法の裁判管轄権についていえば，1857年までは，教会裁判所の管轄に含まれていた。イングランド教会は国教であり，その教会は一定の国家機能を果たしており，教会裁判所がそれに関する裁判管轄をもっていたからである[1]。子供が生まれ，結婚をし，墓場に葬られることは，教会の記録（戸籍）に残された。1857年になると，教会はダーウィンの進化論の影響を受けて，「宗教と世俗（科学）」とを分離し，教会裁判所の裁判管轄を放棄

---

(1) Matrimonial Causes Act 1857により，新設された Divorce Court に移され，さらに Judicature Act 1873により通常裁判所の管轄に移された。教会裁判所の管轄権が普通裁判所へ移行されてゆく歴史的背景について，LAWRENCE STONE, ROAD TO DIVORCE: ENGLAND 1530-1987 (1990) に詳しく説明されている。

141

6　家族法・相続法

した。それ以後は，家族法にかかわる事件は通常裁判所の管轄に移され，現在では，高等法院家族部が第 1 審管轄を行使している[2]。しかし，今日においても，判例法の歴史的継続性を重んじるイギリスでは，キリスト教の考えが家族法・相続法の領域では多少の影響力を残している[3]。

(b)　家族と子供

§ 219　ところで，ヨーロッパ人権規約は，人間社会において最も重要なものは「家族」であると考え，その第 2 条において「平穏な家族生活の権利」を保障している。この権利の意味するところは，子供は人類が生存するために必要な共通の財産であり，子供が平穏な家庭の中で育つようにすることである。この考えはイギリス法と同じであるが，「家族」という観念には多少の相違があり，イギリス法に多少の変化をもたらしている。例えば，同性愛のパートナーが子供を養子にしたとしても，イギリス法では家族とは認められない，しかし，ヨーロッパ人権規約第 8 条は，同性愛のパートナーも夫婦と認めて

---

[2] High Court は Tenures Abolition Act 1660 により廃止された Court of Wards のもっていた管轄権を承継しているが，Court of Wards が廃止されるまで，国王の sovereign (parens patriae) として，国王の義務として Wardship（監護権）に関する管轄権をもっていた。廃止後には，Court of Chancery がそれを引き継ぎ，その後，数度の司法改革を経て，現在では，Children Act 1989 により，High Court の固有の権限 (inherent power) とされている。子供の教育についても，同様に High Court の管轄であるとされているが，親の養育権・教育権とは異なる権限である。Children Act 1989, s. 37 参照。R (on the application of R) v. Leeds Magistrates and Others, [2005] EWHC 2495 も見よ。ちなみに，Court of Wards は，国王から封土を受けた者が死亡した時，その相続人が未成年者である場合，その監護に当たり，後見人を指定することが職務であった。N. LOWE AND R. WHITE, COURT OF WARDS (2d ed. 1986) 参照。国王の sovereign (parens patriae) について，J. Seymour, *Parens Patriae and Wardship Powers: Their Nature and Origins*, 14 OXFORD J. OF LEG. STUDIES 159 (1994) を見よ。

[3] このことは本章の随所で示されることであるが，特に近親親族間の婚姻の禁止に強く見られる。コモン・ローには夫婦一体の原則 (coverture) があり，姻族の関係者に対しても婚姻が禁止された。*Cf.* Deceased Wife's Sister's Act 1907 and Marriage Act 1949 (Remedial Order) 2007 (SI 2007/438); and B and L v. U. K. [2006] 1 F.L.R. 35.

(1) 子供・家族・国家

いるため，イギリス法も一定の妥協を示している。[4]

§220　アメリカでは，1929年にニューヨークの株価の暴落に端を発する世界恐慌が起こり，大規模な法改革が進められることになった。ニューディール政策の1つとして，社会保障制度が導入されたが，その重要な柱となった法律は1935年の社会保障法[5]である。その法律には，子供のいる貧困家庭を支援するために州に対する補助金の付与を規定した条文が含まれている。法律の目的を定めた601条は，「子供が自分の家または親類の家で care されるように，貧困家庭を支援すること」，「職業訓練，仕事，および婚姻を促進することによって貧困な両親が政府の給付に頼りすぎないようにすること」，「未婚の両親から子供が生まれることを減少させること」などを規定している。この規定が示しているように，子供を守ることは，民族の存続させるために必要であるというだけでなく，健全な国作りという国益に合致する。

§221　上述の法律は新しい問題を生んだ。1974年に連邦政府は新しい政策を打ち出し，それ以前の州法への不干渉の政策を廃棄し，州の家族法の領域にも積極的に干渉するようになった。第1に，Child Support Enforcement Amendments Act of 1984により，州法による子供の支援が不十分な場合に，連邦政府が積極的支援を行うことを定めた[6]。Executive Order 12,606 of Sept. 2, 1987は，連邦政府が積極的関与することが連邦憲法第10修正により禁止されていないとする憲法解釈を示し，州が Uniform Interstate Family Support Act を採択することを義務づけた。また，連邦裁判所も，家族法の問題はその管轄権外の問題としていたが，連邦憲法第10修正は連邦政府の関与を禁止するものではないと解釈し，家族法の実体的審理を行うようになっ

---

(4)　2004年にイギリス議会は Civil Partnership Act を制定した。これにより，男子どうし又は女子どうしの共同生活も，夫婦とほぼ同等の扱いを受けるようになった。これについて，本書146頁§227参照。

(5)　Social Security Act of 1935, P. L. 93-647, 42 U. S. C. §§ 601 *et seq.*

(6)　Child Support Enforcement Act of 1935, 42 U. S. C. §§ 651-669 (2010).. *See also,* Child Support Performance and Incentive Act of 1998, 42 U. S. C. § 9658a (2011).

143

た[7]。本書§255で説明する子供の誘拐に関するハーグ条約（Hague Abduction Convention）も，International Child Abduction Remedies Act により国内法化した[8]。

(c) 国　　家

§222　アメリカの判例ではあるが，ゴンザレス判決[9]は，子供に対する国家のかかわり方について論じているので，その部分に注目したい。この事件は妊娠中絶の合憲法性を争ったものである。妊娠中絶に関する指導的判例であるロー対ウェイド判決は，妊娠後3カ月以内の中絶は，母親の決定権の問題であるが，それ以後の中絶については，国家が干渉できるとしていた。この判決を受けて，ゴンザレス判決では，国家がこのような法律問題に干渉することに直接的利害をもつことは，どのような理論により認められるかを論じている。同判決の多数意見は，ロー対ウェイド判決に従ったケイシー判決を引用し，母親の自己決定権を認めつつも，「国家は胎児の生命の維持促進することに a legitimate and substantial interest をもつ」と判決した。

§223　アメリカのもう1つの判例（マカジ事件）も子供の教育に対し国家が関与する権利を認めている[10]。この事件では，Child Online Protection Act, 47 U. S. C. §231の合憲法性が問題になっている。未成年者が見ることができる形でオンライン上「性的な描写」を表現することを連邦犯罪と規定し，その違反に対し，6カ月以下の懲役に科すことにしている。この立法の目的が子供の保護にあることは疑いないが，子供の養育または教育の義務が親の問題であって国家が干渉すべき問題ではない，と原告は主張している。ちなみに，その事件の原告は，民間の人権擁護団体であり，この事件は公益訴訟である。

---

(7)　Ankenbrandt v. Richards, 504 U. S. 689 (1992); United States v. Faasse, 265 F. 3d 475 (6th Cir. 2001).

(8)　42 U. S. C. §11606-11611, Pub. L. 100-300, 102 Stat. 437 (1988); Exectuive Order No. 12648, 53 F. R. 30637 (1988).

(9)　Gonzales v. Carhart, 550 U. S. 124 (2007).

(10)　ACLU v. Kukasey, 534 F. 3d 181 (3rd Cir. 2008).

(1) 子供・家族・国家

「国親」という考えが、アメリカ憲法上成り立つかどうかが問われている。

§224 「国親（parens patriae）」という概念は使われているが、国親は、親の権利を比較すれば、補完的な権利であるにすぎない。イエール大学事件[11]において、13歳の子供が大学の緊急治療によって命が救われたが、その医療費をだれが支払うべきかが争われた。その子供の家庭は母子家庭であり、母親には弁済能力はなかった。しかし、家庭裁判所は弁護人を付け、この弁護人は加害者の親に対し損害賠償の訴訟を提起し、勝訴した。この訴訟によって得た金を中心にその母子を救うための救済基金が作られた。前述の緊急治療は、国の研究費を当ててなされたが、母親にはその費用の支払能力がないために当該の基金に対し支払請求がなされた。基金側は、その子供の治療契約は未成年者によって締結された契約であり、無条件解約できると主張した。しかし、コネティカット州裁判所は、「生活上必要な経費」についてはその契約法の法理は適用なく、本人が資金をもっている限り、その限度で自己責任を果たすべきであると判決した。

§225 これまで、3つのアメリカの判例を紹介して、子供に対する国家の責任についての考え方を説明した。イギリス法でも、同じような考え方がとられている。もともと「国親」という観念は、ローマ法に由来するものであるが、イギリスの判例でも、しばしば使われている。例えば、*Re* E (SA) (a minor) [1984] 1 All ER 289, at 290 (H. L. per Lord Scarman) では、地方自治体の意見を参考にしながら、当事者がまったくふれていないことについても、子供の利益のために具体的な指示を与えた。; *Re* R (A Minor) (wardship; medical treatment) [1992] Fam. 11, at 24 (C. A., per Lord Domaldson MR) では、15歳の少女が自殺行為などを繰り返したため、本人は治療に反対したが、裁判所は治療を強制した。

---

(11) Yale Diagnostic Radiology v. Estate of Foundain, 838 A. 2d 179 (Conn. 2008).

6 家族法・相続法

(2) 夫　婦

(a) 婚姻の成立

§226　さて，本章の出発点に戻り，「婚姻の成立」の問題からもう少し詳しく説明していくことにしよう。イギリスでは，1857年の法律が制定されるまでは婚姻の問題は教会裁判所の管轄に属するものとされていた〔⇨141頁注(1)〕。この法律によりコモン・ローの裁判所の管轄に移され，契約法に類似した理論によって処理されるようになったが，教会法で要求されたその様式性はその後にも残っている。婚姻式には少なくとも2人以上の証人の立会いが必要であり，イングランド教会の牧師などの面前で結婚の誓いをたてなければならない。この誓いは，1836年以降は登録官の面前でなされてもよいことになった。1836年以降でも登記官の面前でその誓いをたてることが要求されるのは，婚姻は単なる契約でなく，神聖な契約であり，厳格な意思確認を行うべきであると考えられているからであろう。

§227　最近では，上述の正式婚姻によらず，同棲契約を結ぶ男女が現れている[12]。この契約も一応有効とされる。結婚式の費用を払えないかもしれないし，正式な結婚をすれば，さまざまな権利義務が自動的に生じるので，その責任を直ちに負うことに躊躇を感じるのかもしれない。また，同棲契約にはそれなりの利便もある[13]。たとえば，コモン・ロー上，夫婦は，生計を共にする男女の関係であると理解されている。しかし，同性愛はキリスト教の倫理に反するため，犯罪とされてきたが，イギリス社会には古くから同性愛の関係は存在していた。ヨーロッパ人権規約第14条の解釈として，同性愛

---

(12) 通常，common law marriage と呼ばれる。その実態について，Cohabitation: The Financial Consequences of Relationship Breakdown (Law Com. No. 307) (July 2007) を見よ。

(13) 配偶者となる相手をよく理解するための猶予期間をもつことができる。また，家賃など生活誌の節約に役立つため，同棲関係の夫婦の数が増えており，現在，生まれてくる子供の4分の1はこの関係の夫婦から産まれている。

146

(2) 夫　婦

の関係も「家庭生活」の一形態であると認められ，イギリス法でも，夫婦に近い扱いがされるようになった。Civil Partnership Act 2004が制定され，同性愛の関係もいちおうの社会的承認を得たということができる。Ghaidan v. Godin-Mendoza, [2004] 2 A. C. 557は，Karner v. Austria, [2003] 2 FLR 623を参考にして，同性愛者の夫婦としての居住権を認めた。正式の婚姻であれば一定の法的効果が自動的に認められるのに対し，同棲契約の場合には，法律でこまごまとした規定が定められている場合は別として，契約の効力を男女が争うことになると厄介な問題が生じうる。

§ 228　§ 226で述べた婚姻の要件が満たされている場合であっても，次の場合には効力が認められない。第1に，(1)近親者間の婚姻，(2)一方の当事者が16歳未満である婚姻，または(3)一方当事者がすでに婚姻している場合（重婚）は無効である。第2に，婚姻が有効に成立している場合でも，(1)強迫などによって婚姻したので婚姻の意思はなかったことを証明できる場合，または(2)相手方が精神的に障害があり婚姻継続が困難である場合，その婚姻は取り消し得る。また，夫婦の交わりがなければ婚姻契約は完成したものとはならず，その事実は婚姻の取消事由となりうる。

(b)　婚姻の効果

§ 229　婚姻の結果認められる効果として最も重要なことは，夫婦の間に生まれた子供が，夫婦の嫡出子であるという推定が働くことである。つまり，その子供が，夫婦の財産を承継する資格をもつことになる。これについては，「親子」について説明する部分で改めて説明する。

§ 230　夫婦の財産関係は，婚姻の結果，比較的最近まで，夫婦一体の原則（coverture）に従っていた。この法理によれば，妻は人格的に完全に夫に吸収されるものとされるので，それぞれの身分に相応しい衣装や化粧品・見回り品などを除いて，すべて夫に帰属することになる。また，第三者が妻に対して暴行を働いたときは，夫がその者に対する財産侵害訴訟を起こすことができた。これに対し，妻が第三者に対し犯罪を犯したときは，夫がその事実

6　家族法・相続法

を知っていたはずであると考えられるならば，夫が犯したものと擬制された。夫婦一体の原則の効果は，現在では原則として廃止され，男女平等の原則に従っている[14]。

§231　今日では，婚姻すると精神的にも経済的にも相互に共同して家庭を築く義務があると考えられるようになり，また夫婦は互いに協力を求め，なぐさめてもらう権利（これを consortium という）をもつ。後にみるように，子供に対する権利義務も2人で共有する。しかし，「家族の利益」が保護されることもある。これにより，1980年のウィリアム・アンド・グリン銀行対ボウランド判決以降，婚姻用の住居は夫婦の共有財産とみなされている[15]。ロイド銀行対ロゼット事件では，妻がもつ擬制的信託によるエクイティ上のこの権利と，銀行がもつエクイティ上の担保権とで，どちらが優先されるべきかが争われた。銀行はあわてて担保権を実行しようとしたが，控訴院は，妻はすでに入居しているので，エクイティ上の受益権を取得しているから，妻の権利が優先すると判決した[16]。事件の状況によっては，第三者の利益が優先するとした判決もあるが，妻の権利がはっきり認められるようになっている。

---

(14)　先の判例法の対立を解決するために，国会は1970年に婚姻事件訴訟および夫婦財産に関する法律を制定した。そして，その後の修正を経て，現在では，当事者の生活水準，年齢などさまざまなことを考慮しながら，夫婦間に公平に配分されることになっている。

(15)　William and Glyn's Bank Ltd. v. Boland [1981] A. C. 487. この事件では，妻の両親の家に住んでいた夫婦が，夫の親（スイス人）の家族信託財産から金を借りて，夫婦が住む目的で農家を購入することにしたが，その信託の受託者であるロイド銀行は，夫の名義で登記することを要求し，その家屋に担保権を設定した。古い農家であり，壁紙の張り替えなどが必要だったので，その妻がその家に泊って作業を始めて4日経ったときに，夫婦が喧嘩をし，離婚を決めた。Cf. Kingnorh Trust ltd. v. Tizard [1986] 2 All ER 64, City of London Building Society v. Flegg, [1988] 1 A. C. 54.

(16)　Lloyds Bank plc v. Rosset, [1988] 3 All ER 915.

(2) 夫　婦

(c) 離　婚

§232　離婚法の領域も，§218で説明したキリスト教の影響が見られる領域の一例である。教会法では，そもそも離婚は認められず，別居が認められることも非常に稀な場合であった。1857年の Matrimonial Causes Act が制定されるまでは，教会裁判所が専属管轄権をもっていたので，教会法の法律はそのまま使われていた。1857年に世俗裁判所が事件を処理するようになってからも，教会法の判例法理は拘束力をもった。離婚を得るためには，国会で私法律を作ってもらう必要があったが，これには多大な費用がかかり，また時間がかかった。別居（divorce a mensa et thoro）を得る途は残されていたが，この場合でも，女性がこれを得ることは非常に困難であった[17]。しかし，1969年の婚姻法改正により，1971年1月1日以降は，夫婦関係が回復できない程度まで破綻しているときに離婚が認められることになった（破綻主義の原則）。現在では，Family Law Act 1996が制定され，「子供の福祉」への配慮がいっそう強化されている。

§233　ただし，回復できない程度まで破綻していると裁判所に認定してもらうためには，法律が定める5つの事実のうちいずれかが存在することを証明しなければならない。そしてまた，事件に関与する弁護士は，離婚を回避する可能性について当事者と話し合い，相談所へいくことを勧めたりして，破綻しないように努力することになっている。最近，日本よりも離婚率が高いのは，離婚後の女性の生活が安定しており，それが離婚の障害にならないためである。また，離婚後に社会的不利益を被らないようにさまざまな配慮が法律上もがなされている。しかし，離婚がしやすくなったとはいえ，公序（public policy）に反するような離婚は認められない。

---

[17] 1875年に「離婚」問題の裁判管轄が正式に世俗裁判所に移されるが，そのときまでに女性側の申立てにより離婚が認められた事例は4件しかない。女性側は，adultery coupled with incest, bigamy, cruelty or two years' desertion, or, alternatively, rape or unnatural offence で有罪であったことの立証を要求された。Cf. Matrimonial Causes Act 1875, s. 27. これに対し，男性側が離婚を申し立てる場合には，妻の不貞行為の証明で足りるとされ，毎年，数件の離婚が認められていた。

§234 例えば、後に述べるように外国法による離婚がただちに無効となるわけではないが、タラーク離婚（イスラム法上の一方的宣言による離婚）は、イギリス法では有効とはされないであろう[18]。また、婚姻は広義の契約に含まれる神聖な部分があるため、当事者の単なる合意だけで勝手に離婚が認められるというものでもない。タラーク離婚は、パキスタンなどのイスラム教の国で行われている一方的な宣言による離婚で、3回「離婚する」と唱えることによって離婚が成立する。

§235 離婚において、裁判所が注目する重要な争点は、子供の将来の福祉である。夫婦の間に子供がいる場合、子供の将来について、十分な配慮がなされていることを確認する。もし夫婦の間で子供の将来の扶養の仕方について具体的に取り決めることができない場合には、夫婦は子供のための取り決め説明書（statement of arrangement for children）を裁判所に提出し、裁判所の助言を求めることができる。この書面は定型の様式になっており、質問に答えながら簡単に記載できるようになっている。また、これはまだ試験的な試みに過ぎないが、矯正的離婚調停の制度が検討されていることも記しておこう[19]。

(d) 別　　居

§236 別居は、1857年までは、離婚を望む夫婦が、得ることのできる唯一の救済方法であった[20]。妻の側がこの別居を認めてもらうためには、夫には異常な行動をする癖があるとか、残酷な行為（例えば、強姦罪を犯したこと）が証明しなければならない。今日では、夫婦関係が回復できない程度まで破綻して

---

(18) Fatima v. Secretary of State for the Home Department, [1986] 2 All ER 32. なお、外国判決の承認について、Recognition of Divorces and Legal Separtions Act 1971, ss. 2 and 3 参照。

(19) 離婚調停に関与する法律家が、調停後に離婚訴訟を受任することを禁止されることを条件として、進める手続。J. Pirrie, *Collaborative Family Law-Perspectives from Training*, [2004] FAM. LAW 216参照。

(20) カトリックの影響が残っており、Matrimonial Causes Act 1857までは、離婚は認められておらず、divorce a mensa et thoro（ベッドおよび生活を共にする義務からの解放）が唯一の選択肢であった。再婚の権利は認められない。

(3) 夫婦財産関係

いるときには，別居が認められうる。離婚判決は仮判決（nisi decree を得た後 6 週間経過しないと絶対判決とならない）に対し，別居の決定はただちに発効する。婚姻後 1 年経っていない場合や，破綻の理由が宗教上の理由による場合などには，裁判所はただちに離婚判決を下さず，別居判決を下す。別居判決がだされたときは，遺棄（desertion）の問題は生じない。そして，性交についての同意の推定が働かなくなるため，夫が無理やりに性交を求めるならば，強姦罪が成立する可能性がある。相手方配偶者に扶養を請求するためには，裁判所に別の申立てをしなければならない。

§ 237　夫婦関係が破綻した場合に，修復の可能性があるかどうか確信をもてないことがあり，裁判所は，離婚の前提として一定期間の別居生活を命じることが多い。Matrimonial and Family Proceedings Act 1984は，離婚が直ちに認められなければならない特別な困難（hardship，例えば，ドメスティック・バイオレンス）が存在しない限り，離婚の申立ては受理できないと規定している。また，離婚に至るまでは，夫には妻を保護し，扶養する法律上の義務があり，妻が自立する準備期間としても別居の制度は意義がある。別居が認められる根拠は離婚と同じであるが，別居の制度には別個の意義があることをロー・コミッションズも認めている。

(3) 夫婦財産関係

§ 238　離婚が認められると，夫婦の財産をどのように配分するかという厄介な問題が生じる。19世紀後半から20世紀の初めに，個別的な法律（例えば1882年の妻の財産に関する法律）を制定して，夫婦別産制が認められるようになった。しかし，妻の固有の財産とする手続がとられていない場合は，妻の財産は夫のものになった（夫婦一体の原則）。そこで妻は，離婚後に経済的に苦しい立場に立たされることがあり，このことが妻の側から離婚を求めることの障害となっていた。夫婦が住んでいた住宅の名義が夫のものになっていた場合，それが妻を受益者とする信託財産であることが証明されない限り，妻が

151

6 　家族法・相続法

エクイティ上の受益権さえもっていない，とした判決さえある[21]。

§239 　判例法上の男女差別は，20世紀の判例によって修正された。フリブランス対フリブランス事件[22]は，このような妻に不利益な法原理を再検討した判例である。この事件でデニング裁判官は，1882年の法律第17条を解釈して，「財産の権原等について夫婦間に争いがある場合，裁判官が適切な命令をだしうる」と述べ，夫婦が生みだした物は平等の持分で夫婦に帰属するものである」と判示した。この種の事件のなかで，貴族院は，厳密に先例に従うべきであるとする見解をとり，デニング判決の法理を否定した。例えば，ギッシング対ギッシング判決[23]において，貴族院は，1882年の法律第17条は夫婦の財産権を裁判が確認することを義務づけるものであるにすぎず，夫婦間に公平な配分をする権限まで裁判官に認めるものではない，と判決した[24]。

§240 　デニング裁判官の判決に対して貴族院は批判的な意見を述べていたが，今日では，夫婦財産は夫婦の共有財産であり，分割する必要があれば，均等に分割することが原則となっている。例えば，White v. White [2001] 1 A.C. 596 (H.L.), [2000] 2 F.L.R. 981 (H.L.) では，農業経営者であった男女が結婚したが，数年後に離婚し，夫婦財産の分配について争いが起こった。離婚当時の資産はポンド4.6mであり，妻の持分はポンド1.5mであると評価されたが，clean breakを条件として婚姻後に生まれた資産について裁判所はポンド800,000の上乗せを認めた[25]。また，Miller v. Miller: McFarlane v.

---

(21) 　Royal Borough of Kensington and Chelsea v. O'Sullivan, [2003] 2 FLR 459 参照。しかし，妻が賃料を支払う場合，賃貸人は，夫の代理人とみなすこともできるし，もし共同名義で賃貸借契約がなされている場合には，妻がエクイティ上の受益権をもっている。

(22) 　Fribrance v. Fribrance, [1957] 1 All ER 357. この判決は，「家族資産 (family assets)」という概念 (id. at 360) をイギリス法に導入した先例であると理解されている。

(23) 　Gissing v. Gissing, [1971] A. C. 886. *See also,* Pettitt v. Pettitt, [1970] A. C. 777.

(24) 　貴族院は，議会主権が確立された20世紀において，裁判官が新法を創造すべきでないという。

(25) 　Matrimonial Causes Act 1973, s. 25はエクイティ裁判所の補助的救済 (ancillary relief) を規定しており，裁判官の裁量により，夫婦の将来の必要を考慮に入れて判

152

(4) 親　子

McFarlane, [2006] UKHL 24, [2006] 2 AC 618では，投資契約取引に関わっていた男女が結婚し，数年後に離婚した。結婚にあたり，妻は子作りに専念する条件になっており，家事に専念したが，夫は事業に大成功をおさめて大きな資産を作った。この資産の分配について，裁判所は，夫婦財産は平等に配分するのが原則であると判決した[26]。

(4) 親　子

(a) 親子関係

§241　夫婦の間に子供が生まれると，親は子供に対して一定の権利義務を負い，子供は親の財産を相続する資格をもつようになる。親である夫婦は，子供に対する権利義務を共有する[27]。とくに父子関係は，夫婦の間に生まれた子供については，当然に存在すると推定される。この推定は非常に強く，これを覆すことは困難であったが，これは1969年の法律によって緩められた[28]。しかし，父親が死亡した場合，または夫婦が離婚した場合でも，一定の合理的期間内に生まれた子供であれば親子が推定される。親子関係に関しては，最近の医学の発達に伴い夫婦が他人の腹を借りて子供を生ませることができるようになり，新しい法律問題が生じているが，これは今後多くの検討を要する問題である[29]。

　　断している。
(26) 夫婦財産についての夫婦それぞれの役割を決めて資産を生んだものであり，将来の見込額も含め，夫婦間で公平に配分されるべきであると判断した。
(27) Children Act 1989, s. 2(2) and (7).
(28) Family Law Reform Act 1969, s. 26は，父子関係の推定は beyond reasonable doubt の基準であるとしていたが，more probable の原則に改正した。古い基準について，Russell v. Russell, [1924] A. C. 687参照。
(29) Family Law Reform Act 1987, s. 27および Re C (a Minor) (wardship; surrogacy), [1985] F.L.R. 846; A v. C, [1986] F.L.R. 445を見よ。現在では，この問題は一応立法によって解決された。Human Fertilisation and Embryology Act 1990によれば，懐胎し分娩した女性が母親であるとされ，この女性の夫が人工受精や胚芽移植に同意

153

6 家族法・相続法

§242 親子関係を経済的な側面だけから見るのは誤りであるが,ブラックストンは,親子関係についてのコモン・ローの考え方を次のように説明している(vol. 1, pp. 434-447)。この説明は,今日でも,しばしば引用されるので,日本語に訳出しておこう[30]。

「第1に,両親の嫡出子に対する義務：これは主として3つの項目からなる。子供の養育,子供の保護,および子供の教育である。

扶養の義務　　こどもの養育をする両親の義務は,自然法の原則である：プーフェンドルフ [Law of Nations, l. 4, c. 11] は,自然自身によって両親に課せられた義務であるだけでなく,この世に子供を産んだという自分たちの行為によっても課せられるものである,と述べている。……十分な法治化が進んだすべての国内法が,この義務を強制するようになっている。」[以下,省略]

§243 ブラックストンは,扶養の義務に続く第2の義務として,保護の義務について次のように述べている[31]。

「扶養の義務から,われわれは容易に<u>保護の義務</u>に移行することができる；この義務も自然の義務であるが,国内法により禁止されるというよりは,許容されるものである：この点に関して,自然は,拍車をかけるより,抑止するように非常に強く機能する。親は,イギリス法により,喧嘩を維持する法的犯罪で有罪とされることなく,子供の訴訟において,子供を維持し,かつ,支持することができる。親はまた,子供の身体を守るために暴行・傷害を正当化できる。」

ブラックストンは,こう述べた後,父親が子供を守るために喧嘩相手を殺害した事例を引用し,その事例において殺人罪が適用されなかったのはそのためであるという。これは人間の弱さ (frailty of human nature) を表しているともいう。

　　しているときは,この夫が父親とされる (s. 27)。
(30)　BLACKSTONE, COMMENTARIES vol. 1 (1765 [復刻版,1966]) at 434-435.
(31)　Id. at 438.

154

(4) 親　子

§244　ブラックストンは，第3の義務として，教育の義務を説明している[32]。

「親の子供に対する最後の義務は，子供の成長の段階に適した<u>教育</u>を子供に与える義務である：理性により指摘される義務であり，何よりも遙かに最も重要な義務である。プーフェンドルフ［Law of Nations, b. 6, c. 2 §12］が非常にうまく説明しているように，親が子供を世に産み出すことにより，もし親がその後に子供に文化と教育を与えることを完全に怠り，子供が単なる野獣と同じように成長し，他人の役に立たない，自分自身を軽蔑するような人生を送るとしたら，子供に相当な利益を与えたと考えること，または認めることは，容易ではない。だが，ほとんどの国の国内法は，親が自分の子供に適切な教育を与えるのを強制していないので，この点に欠陥があるように思われる。［以下，省略］

　ブラックストンはこのことを様々な事例を示して説明して，法律は上述の諸義務を履行するために親権を付与し，その裏腹の側面に注目し，子供に対し親に従う義務が生まれる，と述べている。さらに相互主義により，子供が成人になった後に，親を扶養する義務があると説明している。

§245　ブラックストンの上述の説明は，嫡出子に関するものである。ブラックストンは，非嫡出子について次のように述べている[33]（vol. 1, pp. 454-459）。

「非嫡出子は，イギリス法によれば，適法な婚姻関係からさずかったというだけでなく，出産した子供である。両親が事後的に婚姻したならば，ローマ法も教会法も，子供が非嫡出子のままでいることを許さない。そして，この点において，それらの法律はイギリス法と実質的に異なっている。イギリス法は，

　　婚姻の主要な目的と意図は，子供の監護，保護，維持および教育が誰に帰属する義務かについてある一定の者に確定し，かつ，固定することにあるからである。」

---

(32)　Id. at 438-9.
(33)　Id. at 442-443.

このように述べた後，ブラックストンは，両親は扶養の義務を負うが，非嫡出子には相続権が認められない，と説明している。

§246 20世紀になると，法律により親子関係が明確に定義されるようになった。Legitimacy Act 1976, s.1(1)は，「適法な婚姻の子供は，出生したならば，その子供の出生の結果を生む射精の時に，または，射精がない場合には子供の妊娠時（またはその後の結婚式の時）に，もし両親またはその一方が，当該婚姻が有効であると信じていた場合には，嫡出子として扱われる。」と規定している[34]。この定義に当てはまる子供は，親の財産（世襲貴族の身分なども含む）を相続する権利を持つ。但し，この法律が適用されるのは，父親が射精時においてイギリス国籍をもつ場合に限られる。もちろん，この法律の適用がない場合でも，父子関係の存在の確認を求める訴えを起こすことができるが，子供自身が証拠を示して，その存在を証明する責任を負う[35]。

§247 親子関係が存在すれば，親は子供に対して一定の義務を負うことになる[36]。ブロムリーは，子供の養育，子供との接触，子供の保護，懲戒，教育，宗教，医療監護，子供の婚姻に対する同意，パスポートの取得，移民，子供の財産の管理，命名権，訴訟代理，子供の corse，保護者（guardian）の指定を挙げている[37]。これらの義務の大方のものは，ブラックストンの説明を引き継ぐものであるが，懲戒や教育などに関しては，法律でその内容が規定

---

(34) 後段の場合は，artificial insemination, invitro fertifisation (IVF), egg and embryo donation, or surrogacy による出産を想定している。

(35) 母親がこの子供の父親とされる男性と合意書を作成した場合，あるいは懐妊の夜に母親とベッドを共にしていたことが証明できる場合，balance of probabilities のルールに従って父子の関係が推定される。ちなみに，この父子関係の確認は，普通の民事訴訟のプロセスの中で行うことができるが，一般的効力を認めてもらうためには，Child Support, Pensions and Social Security Act 2000, s. 83により追加されたFamily Law Act 1986, s. 55A による宣言判決を得なければならない。

(36) Children Act 1989の制定以前には，親の権利（rights of parents）という用語で説明されていたが，ロー・コミッションズの勧告（Law Com. No. 118 [1982] para. 4.18）に従って，現行法では，parental responsibility という用語に改正されている。

(37) N. V. LOWE AND G. GOUGLAS, BROMLEY'S FAMILY LAW 377 (10th ed. 2007).

(4) 親 子

されている。例えば、この懲戒はいわゆる「躾け」を意味するが、Children Act 2004は、体罰を原則として禁止している。この懲戒の義務は、学校の教師が親に代わって行うことが許されている[38]。最近の判例は、体罰の禁止の原則をより厳格に遵守させている[39]。

(b) 養子と準正

§248 非嫡出子を嫡出子と同じように扱うために、両親は養子か準正を行う必要がある。非嫡出子である子供でも、実際の両親が後に正式に婚姻すれば、準正（legitimation）の手続により、嫡出子とすることができる[40]。この準正は1926年までは認められなかった。1976年の法律は、この準正のほか、無効な婚姻の結果生まれた子供は、夫婦が有効な婚姻であると信じていた場合には、嫡出子として扱われることと定めている[41]。

§249 一定の要件が満たされているときには、養子縁組（adoption）によっても、親子関係を確立することができる。これも1926年の立法による[42]。この法律は、1976年に改正され、さらに2002年に改正され、この2002年法が養子縁組に関する法律が現行法となっている。養子縁組を裁判所に認めてもらうためには、養親が21歳以上の者でなければならない。養親の一方が本当の親であるか、血縁関係があれば、比較的容易に養子が認められる。血縁関係がなくても特別の事情があれば、裁判所の養子命令によって親子関係を創設することができる。いずれの場合でも、子供の福祉（welfare）が最も重要なことで

---

(38) Children and Young Persons Act 1933, s. 1(7).
(39) 「躾」としての体罰の先例は、R. v. Hopley, (1860) 2 F. & F. 202; R. v. Woods, (1921) 85 JP 272. なお、R. v. United Kingdom (Human Rights; Punishment of Child), [1998] 2 FLR 959. また、Children Act 2004, s. 58(1)はbatteryの絶対的禁止を定めている。
(40) この領域ではローマ法の影響が執拗に排除されていたが、1926年の法律によりローマ法に倣う準正と養子の制度が導入された。
(41) Legitimacy Act 1976 s. 1(1).
(42) Adoption of Children Act 1926.

あるとされ[43]、この点について1976年の法律により各地方自治体に設置された養子縁組局（adoption service）の意見が重要視される。とくに独身の男性が女子を養子とすることには、厳しい審査がある。

(c) 扶養・監護・後見の義務

§250　親は子供を扶養する義務を負うが、反対に子供が親を扶養する義務はない。老人の扶養の問題は社会福祉の問題とされており、自活力のない年取った親は、この制度に頼ることになる。親の監護権と呼ばれるもののなかには、子供を教育する権利、子供のために宗教を選択する権利、子供の財産を管理する権利などが含まれる。いわゆる親権（parens patriae）と呼ばれるものには、子供の役務を得る権利も含まれており、だれかが子供を誘拐したときは、その者はこの権利を侵害したことになり、父親によって不法行為の訴訟が起こされることになっていた[44]。合理的な範囲内であれば、親は子供に制裁を加えることもできる。離婚により親が別れた場合には、母親が実際に子供を扶養しても、監護権は父親に残されるのが普通である。何らかの理由で親が子供を育てることができないか、そうさせることが適切でないときは、裁判所が後見人を選任する。この後見権はほぼ監護権と同一のものである。

(d) 教育の義務

§251　子供を教育することは、親の権利であるが、親の義務でもある。例えば、1988年の教育改革法は、子供に義務教育を受けさせる義務を親に負わせている[45]。宗教教育も義務教育のカリキュラムのなかに含まれている。しかし、これについては、親が独自に別の宗教教育を受けさせたいと望むのであれ

---

(43)　Adoption of Children Act 1976, s. 6.「子供の福利（welfare）」という用語について、後掲§249参照。

(44)　Sup. Ct. Ord. 80, r. 2.　S. v. Distillers Co. (Biochemicals) Ltd. [1970] 1 WLR 114, Fatal Accidents Act 1864 (Lord Campbell's Act). consosium を奪われたというフィクションによる。

(45)　Education Reform Act 1988, ss. 6-9.

(4) 親　子

ば，学校に届け出ることによって，その義務教育の免除を受けることができる。そして，自分の正しいと信じる宗教教育を親の責任で受けさせることになる。*Re* J (Specific Issue Orders; Muslim upbringing and cicumasion), [1999] 2 FLR 678, upheld by [2001] 1 FLR 571では，イスラム教徒の親が自分の子供には学校の宗教教育の授業の免除を申し立て，この申立てが認められた[46]。この問題は，Wisconsin v. Yoder, 406 U. S. 205 (1972) で Amish の教育と関連して議論されている[47]。

§252　イギリスでは，教育の問題は地方自治体に任されていたが，新しい一連の法律により，中央政府が直接関与するようになった。後に§258で具体的な法律を説明するが，イギリス政府は，Education Act 2002によって新しい基本方針を示した。この法律は，すべての公立学校および私立学校に義務づけられる全国統一のコア・カリキュラムに従う教育を義務づけている。いわゆる中学校教育については，コア・カリキュラムの外，一定の宗教教育および性教育をほどこすことも義務づけている。実際の教育を進める進め方などは，今日でも地方自治に委ねられているが，中央政府は，随時，視察をしたり，教育の実態を監視する方針をとっている。中央政府は，教師の高い質の維持に大きな関心を示しており，教師の研修制度や懲戒制度を導入した[48]。

§253　*Re* Z (a Minor) (Identification: Restrictions on Punishment), [1997] Fam 1 at 26は，子供の能力に応じた教育を受けさせることは親の義務であると判示した。古い時代には，親は子供に学校へ行かせない自由があると判示した判決もあるが，今日では，5歳から16歳までは義務教育であり，教育を受け

---

(46)　この申立ては，Children Act 1989, s. 8によるものである。同条は，申立を認める場合には，contact order, prohibited steps order, residence order, or specific issue order を発給できると規定している。さらに，同法 s. 11(7)は，その命令に弾力的な条件を付けることができると定めている。

(47)　Amish はスイスからアメリカへ移民した新教徒の信仰で，独特な原語をもち，聖書解釈について厳格主義を守っている。近代的な発明品を使わず，平和な農業経営により，穏やかな共同生活を続けている。普通の学校に子供を通学することに反対することが多い。

(48)　Education Act 2002, s. 78.

159

6　家族法・相続法

させなければならない[49]。学校では，コア・カリキュラムの外，宗教教育および性教育を受けることになっている。しかし，この教育を受ける場所については，普通は independent schools または state schools であるが，子供を学校に通学させず，自宅で家庭教師などを雇ったりして教育を進めること (education at home) も，地方自治体の審査に合格すれば，許されている。

(e) 親　権

§ 254　親権については既に論じてきたが，ここで改めて，ウィリアムズの養子縁組事件 (In re Adoption of Williams, 766 N. E. 2d 637 (Ohio 2002)) に注目しよう。ショーン・ウィリアムズは離婚をし，その妻イングリッドは，サンディッジと再婚した。2人の間に子供があり，この子供はサンディッジ家族の中で育てられていたが，2人はその子供を養子とすることに決めた。この養子縁組のために，本当の父親であるウィリアムズの同意が必要かどうかが争われている。オハイオ州裁判所は，父親が少なくとも3年間に3回は子供に電話をかけており，子供の誕生祝いのギフトや空手のレッスン料（$125）を支払っていることから，父親の養子縁組についての同意が必要であると判決した[50]。

§ 255　子供の親権と関連して，国際結婚の場合に，離婚を求める夫婦間で子供の奪い合いが起こることがある。しばしば，夫婦間で話し合いをすることもなく，また裁判所に訴えることもなく，子供を強制的に引き連れて自分の国へ帰国してしまうことがあり，1980年に Hague Abduction Convention が作られた。2001年3月には，この条約の使い勝手を良くするために，Revised Brussels II Regulation が作られた。この条約は，基本的には手続法であり，実体的

---

(49)　義務教育は注意深い親が普通子供に教えると思われる程度の平均的な教育を意味し，この教育の義務は，コモン・ロー上，地方自治体が負っている。Williams v. Eady (1893) 10 TLR 41 (C. A.) 参照。

(50)　但し，「子供との communication がない」場合にのみ同意が必要とされないと規定するオハイオ州法は時代の社会的価値観と一致しなくなっており，立法による改革が必要であると述べている。

(4) 親　子

な問題にも立ち入った European Custody Convention が作られ，イギリスは，その２つの国際条約を国内法化するため Children Act 1989を制定した。デンマークは，ハーグ条約の締結国でないが，そのデンマークが関係する Re S (Abduction), [1996] 1 FLR 600において，ヨーロッパ条約を通じて，子供の返還を命じる判決をくだした[51]。

(f) 子供の権利

§256　子供 (Children) は，これまでの説明では，法的保護の受益者であったが，権利の主体ではなかった。しかし，今日では，国際条約を通じて，子供は権利主体となりつつある。1989年に採択された子供の権利に関する国際条約 (Convention on the Rights of the Child) は，各加盟国に対し，子供を平穏な家庭 (family) の中で育て，必要な支援を与えることを義務づけている。実際にこの義務を履行するのは，community であり，法律家だけでなく，ソーシャル・ワーカーや学校の教師などの強力が必要となる[52]。しかし，条約の上では，各加盟国の裁判官がネットワークを作り，担当裁判官が責任者となり，その国内における適切な保護手続を進めることになる。

§257　子供の権利については，ヨーロッパ人権規約にもいくつかの関連規定がある。上述 §219で同規約第２条に言及したが，より直接的に関係する規定は同規約第８条である。同条は，私生活および家族生活を尊重される権利を定めている。地方自治体は，子供の福祉を考慮して，ドメスティック・バイオレンスを理由として子供を親から引き離すことがあるが，親がこの権利を侵害されたと訴えることが多い[53]。かかる事件の審理が不十分であると訴えら

---

(51)　Re S (a monor), [1998] A. C. 750 (H. L.) では，Children Act 1989の解釈として，本文で述べたような結論を導き出している。

(52)　Child Support Act 1991により Child Support Agency を設置し，子供の世話をする家庭に貼り付けるプログラムを進めている。Child Maintenance and Other Payments Act 2008も見よ。

(53)　Children Act 1989, s. 25は，子供の適切な居住の場所（accommodation）を確保する義務を負う。

れる場合には，同規約第6条（公正な裁判を受ける権利）が問題になることもある[54]。しかし，同規約第7条（適切な裁判所で裁判を受ける権利）や第10条（出版の自由・表現の自由）と合わせて違反が主張された事例では，精神的自由権が優先的に保護された事例もある[55]。

§258 子供が権利主体になりつつあると述べたが，このことは親権の支配から離れた判断が成り立ち得ることを意味している。例えば，§255で言及したハーグ条約は，子供の保護手続（人身保護令状の申立）は，誰でも出すことができると定めている。このことは，子供はただ単に親の利害に関係するだけでなく，国家の財産であり，人類の生存にも関わる問題であり，共同社会全体で守らなければならないことを意味する。子供の福祉が最優先の保護利益であるという一般原則が国際法の原理となっているが，具体的にこのことが何を意味するかについては，若干の議論がある。イギリスのChildren Act 1989は，first and paramount consideration という用語で表現しており，国際法とイギリス法の間に離齬がないかというのである。この問題について，貴族院は，子供の宗教教育に関する J. v. C., [1969] 1 All ER 788 at 801; [1970] A. C. 668 at 710-711（マックダーモ裁判官 [Lord MacDermott]）が，その用語を説明しているが，first and ということばは強調する意味で使われているにすぎず，国際法（とくにヨーロッパ条約）との間に離齬はないと述べている[56]。

イギリス政府は，教育改革に関する一連の法律を制定した。第1に，義務教育の児童の数を1クラス30人以内と規定した。第2に，コア・カリキュラムの制度を導入し，全国どの学校でも一定の水準が保たれるように

---

(54) Z v. United Kingdom, [2001] 2 FLR 612; TP and KM v. United Kingdom, [2001] 2 FLR 549. X (Minors) v. Bedfordshire County Council, [1995] 2 A. C. 633（地方自治体の責任）も見よ。

(55) *E. g., Re* W (Minors) (Care Order; Adequacy of Care Order), [2002] 2 A.C. 291 at para. 61（第7条）; R. v. Central Independent Television plc, [1994] Fam. 192 (C. A.); *Re* Z (a Minor) (Identity; Restrictions on Publication), [1977] Fam. 1 (C. A).

(56) *See, e. g., Re* KD (a Minor) (Ward; Termination of Access), [1988] A. C. 806.

した。第3に，ispections の制度を導入し，学校の運営が適切に行われるように監視するシステムを導入した。さらに，義務教育を超えてさらに高等教育を受けられるように，低金利の貸付が受けられるような支援制度を構築した。Education Reform Act 1988, School Standards and Framework Act, Education Act 1996, Education Act 2002, Higher Education Act 2004, Education Act 2005, Education and Inspections Act 2005, Further Education and Training Act 2007を見よ。

(5) 相 続 法

(a) 遺言相続と無遺言相続

§259 　実際の相続の現状をみると，日本とイギリスとの間に共通する面は少なくないと思われる。アメリカは，さまざまな民族出身のひとたちを寄せ集めた国であり，一般論として，アメリカの相続法を説明することはできない。しかし，各州はイギリス法をコモン・ローとして継受しており，原則的には，イギリスの家族観を引き継いでいるものと考えられる。若干の特徴のある州法には随所で言及するが，本節では主にイギリス法を中心にして説明してゆくことにする。財産を所有する者は，自己の意思に従って自由にそれを処分することができる。遺言を残して死因贈与をすることも，古くから認められている[57]。

§260 　ただし，遺言は様式行為であるから，法律の定める方式に従ってなされなけぱならない。現在法律が定める方式は，(1)書面に遺言の意思表示がなされること，(2)本人が署名するか，または本人の直接の指図に従って代理人が署名すること，(3)この署名が正しくなされたことを証明できる2人の証人が立ち会うこと，(4)この2人が実際に立ち会い，法律に従って遺言書が作成さ

---

[57] Wills Act 1837, as amended by Administration of Justice Act 1985, ss. 27 and 28.

6 家族法・相続法

れた旨の署名がなされていること，である[58]。1925年までは，この方式によれば全部の財産を自由に処分できた。しかし，1975年の相続（扶養家族の家族供与分）に関する法律は，全部の財産を処分する遺言がある場合でも，遺族が一定の家族供与分を裁判所に申し立てて認めてもらうことができるようにした[59]。

§261　被相続人が遺言を残さないで死亡したときは，法定相続人が遺産を相続する。だれが法定相続人であるかは，古い時代には各地方で異なっていた。概して長男子相続が普通であった。1833年にはじめて相続に関する法律が制定され，この法律がその後何度か改正され，現行法になっている。1966年の家族遺産に関する法律によれば，遺産は売却を目的とした信託財産として，家庭裁判所によって任命された遺産管財人に移転される。この管財人が権利関係を調べたうえ，相続人に遺産を配分する[60]。(1)遺産のうち動産は，すべて残存配偶者によって相続される。不動産については，子供がいる場合には，残存配偶者が7万5,000ポンド分を取得し，さらに残りがあればその半分の生涯権を相続し，他の半分を子供たちが相続する。子供がいない場合には，残存配偶者が12万5,000ポンドを取得し親または兄弟姉妹が生存しているときは，その残りの部分を半分ずつ配分することになる。他の半分の財産は，親がいるときは親が相続し，親がいないときは兄弟姉妹が相続する。(2)配偶者が生存していないときは，子供がすべての財産を相続する。(3)配偶者も子供もいないときは，親，兄弟姉妹，祖父母の順で相続する。(4)これらの者も生存していがいときは，遺産は国庫に帰属する。

---

(58) Administration of Justice Act 1982, s.17. 軍務に服する者などに関しては，略式の遺言（特権遺言）が認められる。同法27条および28条は，遺言に関する国際条約を国内法化しているので，この条約による遺言も有効とされることもある。

(59) Inheritance (Provision for Family and Dependants) Act 1975.

(60) Family Provision Act 1966に基づくFamily Provision (Intestate Succession) Orderによる。Administration of Estates Act 1925, s. 46が親規定。ちなみに，遺言書の中に執行人（executor）が指定されている場合には，この者が遺産管理に当たる。金額は政令による変えることができる（本文の例は1993年の基準）。

(5) 相続法

§262　被相続人が遺言などによって財産をだれかに移転してしまったために相続できなかった者で，一定の資格をもつ者は，高等法院または県裁判所に先に述べた遺族の権利の配分を申し立てることができる[61]。ここで資格のある者とは，(1)被相続人の配偶者，(2)過去に配偶者であった者で，現在も他の者と婚姻していない者，(3)被相続人の子供，(4)子供と同様に扱われていた者，または被相続人に扶養されていた者，である。この家族供与分は，裁判所が諸般の事情を考慮して，公正の一般原理に基づいて決めるもので，客観的な基準が定められているわけではない。被相続人が申請人からどの程度の恩義を受けていたかが重要な決定要素であるといわれる。例えば，クシノフ対バークリー信託銀行事件では，夫婦が27年間結婚生活を続けた後に夫が別居の翌年に死亡した[62]。裁判所は，その離婚のときに財産分与がなされたものとみなして，遺産の半分を寡婦（78歳）に認めた。

§263　イギリス相続法は，人格代表（personal representation）という考え方をとっている。被相続人が死亡したとき，相続が開始されるが，遺言があれば，その遺言に従って財産が処分される。その遺言の中に執行者が指定されていれば，その執行者（executor）が遺言に従って財産を処分する。その指定がなければ，家庭裁判所が遺産管財人（administrator）を選任し，被相続人が考えたであろうと思われるところに従って，その遺志に合致するよう遺産を処分する。いずれの場合でも，一旦はその全部の遺産が信託財産として執行人または管財人に移転され，信託を執行するように，遺産の処分を行う。

---

(61) Dower Act 1833は，夫が全財産を自由に処分する権利を認めたが，Inheritance (Family Provision) Act 1938によって本文で述べたような制限が付されるようになった。現在では，Inheritance (Provision for Family and Dependants) Act 1975によって，定められている。高等法院は，大法官部でも家族部でもよいが，県裁判所の管轄権は，純資産額が3万ポンド以下の場合に限られている。ちなみに，この保護は，同棲関係（1995年）および同性愛関係（2004年）にも拡張されている。

(62) Kusinov v. Barclays Bank Trust Co. Ltd. [1989] Fam. L. 99.

6　家族法・相続法

(b)　承継的財産処分

§264　イギリス不動産法の歴史は古く，その歴史が現代法にまで大きな影を残しており，特に将来権については，多少歴史にふれる必要がある[63]。そのさい，イギリスのいくつかの歴史研究を基礎文献として利用することが可能であるが，ここではむしろ主にシンプソン教授の研究を利用させていただくことにした[64]。これは最も信頼できる文献の1つであり，本質的な学説の対立は見られないので，そうすることに大きな不都合はない。また，読者にとっても，その方が理解しやすいのではないかとも思う。

§265　英米法では，相続は死亡を原因とする財産の移転であると考えられており，相続法は財産法の中で説明される。中世のイギリスでは長男子相続が原則とされていたが，かなりの額の相続税を課せられることがあったことから，被相続人は，生前に承継的財産処分を行うことが多かった。たとえば，父親が10万ポンドを遺産として残すことを考えている場合，これを信託財産として第三者にあずけ，その息子に生涯権（life estate）を付与し，その息子が死亡したときには，息子の子供がその地位を承継するという信託を設定した。このような信託を設定することによって，その相続人たちは相続税を支払う義務を免れることができた。

§266　本書19頁§32でセッツルメントについて説明したが，この仕組みは，信託法の法理を利用して貴族や大富豪の一族が築き上げた財産を永久にその親族のものに温存する工夫であったと見ることもできる（§77で紹介したJames事件におけるウェストミンスター公爵の財産がその例である）。1925年の

---

[63]　ブラックストンは，占有権，残余権，復帰権に関する章のはじめの部分で，「期待権としての不動産権（estates in expectancy）の原則は，イギリス法の最も精密で難解な学識を若干含んでいる。」と述べている。2 BLACKSTONE, COMMENTARIES 163. 本節の表題で「将来権（future interests）」と呼んだものは，ブラックストンがここで期待権と呼んでいるものに相当する。

[64]　A. W. B. SIMPSON, A HISTORY OF THE LAND LAW (2d ed. 1986)の78-87頁，95-102頁および第9章。なお，7 W. HOLDSWORTH, A HISTORY OF ENGLISH LAW 81-149 (2d ed. 1937)も歴史を詳しく説明しており，随時参照した。

(5) 相続法

財産権に関する法律は，セッツルメントの制度を廃止することはしなかったが，この制度は事実上貧富の差を拡大させるものであり，余り使われなくなっている。しかし，博物館などの公的財産の保護には非常に有効な仕組みであると思われる。

§ 267 さて，「将来権」とは，土地の権利ではあるが，コモン・ロー上まだ確定していない一種の期待権であり，将来あることが発生したときに確定するものをいう[65]。甲が乙に生涯権を，そして乙が死亡したときに丙に生涯権を与えるという財産処分は，丙に対し将来権を付与する。また，甲は乙に生涯権を与えるが，丙が弁護士になったときは，丙に生涯権をあたえるという財産処分も，丙に将来権を付与する。さらに，乙が21歳になったときに生涯権を与えるという遺言は，乙に対し将来権を付与する。このような将来権には，不確定残余権，未執行限定権および信託上の権利と呼ばれるものがある[66]。

---

(65) 土地の権利は，現在，既に確定していて他人に譲渡できる状態のものを vested interest といい，まだ未確定のものを contingent interest というが，本稿の主題は後者にかかわる。この権利は，将来，創設される権利ではなく，一定の条件がととのえば確実に実現される権利であり，その意味で，処分可能な独立の経済的価値を有している。HALBACH AND SCOLES, PROBLEMS AND MATERIALS ON FUTURE INTERESTS 2-3 (1977). ちなみにこの文献は，アメリカ法も含め，豊富な実例を示している。

(66) 「将来権（future interests）」という言葉が広い意味で用いられる場合，復帰権（reversion）も含まれる。この権利は，例えば，甲が乙に対し定期賃借権を与え，乙が死亡した後のことについて何ら定めがなかったために，完全な不動産権が甲に復帰するというような場合に，法の効果として発生する。しかし，これは当事者の意思に関係なく生じる権利であるから，ここではこれについて論じていない。

6　家族法・相続法

(6)　将来権の法システム

(a)　起　　源

§268　13世紀には，人々は国王ないし領主に対し忠誠を誓い，土地の封土を受けた。封土を受けた者が死亡すれば，その土地は国王ないし領主に復帰した。適法な相続人が存続しているならば，この復帰は直ちには起こらなかった。しかし，1290年のQuia Emptores法[67]は，新たな土地保有態様の創設を禁止し，再封土を認めなかったので，単純封土権の受贈者はその贈与者からではなく，贈与者の領主から封土されたものと擬制された。そこで，実際に現在土地を保有している者が，その土地を領主に復帰させないで，何らかの方法で誰かにそれを残そうとする努力がなされるようになった。

§269　ところで，この目的のために利用可能な法制度としてコモン・ロー上の限嗣不動産権があった。これは1285年のDe Donis法[68]によって創設されたもので，例えば，甲には娘しかいない場合，その婚姻した夫が娘との間に生まれる男の子に対し甲の単純封土権を移転することを条件として，その夫に対して付与された権利である。これは夫にとって必ずしも都合のよいものではなく，実際には，甲は乙に対してその直系卑属に対しその者が21歳になったときに，単純封土権を贈与する，という形が多くとられた。あるいは，乙に対し単純封土権を移転するが，それは丙のユース（利益）のためである，と

---

(67)　Quia Emptores 1290, 18 Ed. 1, c. 1は，単純封土権者がその生存中に自己の財産を遺贈することを許したが，同時に領主に対する財政的負担の義務があることを明瞭にした法律である。封建制の経済的基盤を知るうえで重要な法律であるが，将来権を生む遠因はここにある。SIMPSON, *supra* note 2, at 22, 77-78.

(68)　De Donis 1285, 13 Ed. 1, c. 1は，それ以前に，土地が夫と妻の共同財産として贈与された場合，夫に先立たれた妻がその財産を第三者に移転することを余儀なくされたので，確実にその夫婦の子供によって財産が継承されるようにすることを目的として作られた。このような法律は，土地に対し特別の権利をもつ国王ないし領主や，債権者にとって不都合な法律であり，将来権をめぐってこの法律の解釈がしばしば争われることになる。

(6) 将来権の法システム

いう形がとられた。しかし，乙が封建的負担を免除されている者であったり，法人団体であったりすれば，国王ないし領主の財政的基盤に直接の影響を与えるので，先の1290年の法律によりかかる移転に対し厳格な制限が付されたのである[69]。

§270 土地不動産法に関するコモン・ローの立場からすれば，seisin が誰の手にあるかが最も重要な関心事であった[70]。この立場からすれば，第1節であげた3つの将来権の類型のうち，第1のものについては問題はない。というのは，甲が死亡したときに単純不動産権が乙に移ると同時にシージンもまた乙に移り，また同様に丙に移転されるときも，シージンが同じく丙に移るからである。これに対し，第2の類型および第3の類型については，コモン・ロー上問題があった。というのは，弁護士になるとか，21歳になるという条件は，シージンの移転とは無関係なことであり，しかもコモン・ローの裁判所がこれを強制できず，土地の権利関係が不確定のまま残されることになるからである。それは，無効とされた。

§271 第2および第3の類型の将来権は，エクイティの裁判所では有効であると認められた。しかし，死手禁止法があるため法人への土地移転が禁止された。したがって，将来権の主体は個人に限られた[71]。そして，1535年にユース法が制定されたので，先に言及した「丙のユースのために」という設定は，脱税を目的としたものであると見なされ，丙が現実に利益を得ている限度でコ

---

(69) メイトランドは，ここで述べたことに関係する諸判例を詳細に分析している。F. W. Maitland, *Remainders after Conditional Fees*, in 2 COLLECTED PAPERS 174-81 (1911). この論文は Challis の不動産法の考え（後掲注(73)参照）を批判したものであるが，シンプソンは，Challis の考えの方を支持している。SIMPSON, *supra* note 2, at 80.

(70) この概念は，本書11頁§18で説明した。

(71) Statute of Mortmain 1279, 7 Ed. 1, stat. 2. この法律は，1217年の大憲章が教会への土地財産移転を禁止していたことを再確認したものである。法人の土地保有が最近になって認められるに至るまで，この法律は生きていたが，実際には，国王に対する多額の貢物の見かえりに，勅許状によって法人団体への土地移転が特別に認められることがしばしばあった。

6 家族法・相続法

モン・ロー上の権利を有するものとして扱われた[72]。そこで，法律で認められる限られた枠内で自分の目的をできる限り有利に実現するために，土地の譲渡ないし移転の文言に特別の注意が払われた。問題となった典型的な文言は，「甲に対し生涯権を，そしてその正当な相続人に残余権を移転する」，「甲に対し限嗣権を，そしてその正当な相続人に残余権を贈与する」，「甲に対し生涯権を，そして乙に対し残余生涯権を，そしてその残余権を甲の相続人に贈与する」などである。

(b) 展　開

§272　将来権に関する法の考え方が現在のようなものになるまでに，いくつかの重要な判例において，様々な理論が検討されなければならなかった。これと関連して，まず注目しなければならない判例は，1579年のシェリー判決であり，もう1つは1681年のノーフォーク卿判決である。
(1) シェリー判決[73]。この事件では，「甲に対し生涯権を，そしてその血族である相続人に対し残余権を付与する」という文言が問題となった。それ以前の先例によれば，この財産処分は無効とされえたが，裁判所は，その

---

(72) Statute of Uses 1536, 27 Hen. 8, c. 10は，発生的ユース（springing use）と移転的ユース（shifting use）の設定を許した。この設定による将来権は，未執行限定権（executory limitations）と呼ばれる。例えば，信託設定者が，BとCおよびその相続人を受託者とし，Aおよびその相続人のユース（利益）のために土地財産が使われるものとするが，Aが正式に婚姻をしたときには，その夫であるDが生涯権をもつ，という形で設定されたとしよう。この場合，Dのもつ将来権がそれである。コモン・ロー上の不確定残余権とはちがって，この類型の将来権は，自由土地保有についてのみ認められた。また，馴合不動産回復訴訟（recovery）などは，認められなかった。ちなみに，この法律は，現在でも盛んに利用されている信託の制度を生む遠因になっている。

(73) Shelley's Case (1581) 1 Co. Rep. 93b. この判決の歴史的意義について，SIMPSON, supra note 2, at 96-102の外，H. W. CHALLIS, LAW OF REAL PROPERTY 112-23 (1885) 参照。この判例法理は，Challisの分析に従い，後の諸判例によって，ユースの権利，エクイティ上の権利，謄本保有権（copyhold），他生涯権（estates pur autre vie）にも適用された。

170

(6) 将来権の法システム

設定者の意思を推定し，それが有効になるように解釈しなおした。すなわち，単に相続人に対し残余権を付与するとのみ述べているときは，甲に対し単純封土権を移転するものと理解し，わざわざ「その血族である相続人」と特定している場合には，限嗣不動産権を設定する意図であったと推定できると判示した。これによって，自由土地保有者は，自己の財産処分のときに，長期間にわたって，一定の方法に従って土地利用の仕方を拘束することができるようになった[74]。

§273 (2)ノーフォーク卿判決[75]。この事件は，ノーフォーク伯爵が残した遺言の解釈に関するものであるが，その遺言は，限嗣不動産権を信託設定者の次男のための信託として，しかし，もしその長男が次男の生存中に男子の子孫を残さないで死亡して伯爵位が次男によって承継された場合には，その三男のための信託として，承継的財産処分を行なうために信託受託者に遺贈する，というものであった。ノッティンガム裁判官は，信託による将来権の設定に関する理論を整理するのに好都合な事件であると考え，自由土地保有権にも適用される判例準則として，次のような判決を述べた。すなわち，この事件では確かに不確定な要素が含まれているが，三男に認められる将来権は，次男の生存中に確定できるのであり，権利関係が未確定のまま当事者がいなくなるということは考えられないので，先の遺贈は有効であると判決した。

この判決は，土地の譲渡ないし移転を自由に認める方向に一歩先へ進めた判決ではあるが，土地の権利関係を確定できない状態が長い間続くのを避けることに特別の注意を払っている[76]。例えば，この事件では，長男が死亡し

---

[74] 単に相続人に対し単純封土権を設定したのみであるとされるときは，その者が実際に財産を継承したときに，自己の意思で自分の望むような財産処分をすることができるが，限嗣不動産権であれば，それができない。

[75] Duke of Norfolk's Case (1681-85) 3 Ch. Cas. 1; 2 Swanston 454 (per Lord Nottingham). この判決は，コモン・ロー上認められていた将来権（不確定残余権）に関する諸先例が，エクイティ上の将来権（未執行限定権）にも適用されることを認めたという点でも，重要な判決である。

[76] この点に関する判例法の基準は，現在シージンをもつ者が生存している間に次の継承者が確定できるようになっていれば有効とするもののように思われる。

171

6 家族法・相続法

てそれとほとんど同時に男子が生まれたとすると，この男子が伯爵位を承継するか否かは21年待たないと分らない。この21年間は権利関係が未確定の状態におかれるが，その男子が死亡して次男が伯爵位を継承することが決まればそれが確定するので，一時的に不確定な状態が続いたとしても，かかる財産処分は有効だというのである。この判決を下すためには，チルド対ベイリ判決などの厄介な先例と区別する必要があった[77]。しかし，ノーフォーク卿判決以後の事件においても，裁判所はかかる財産処分をよりいっそう強く支持する判決を下している[78]。

(c) 現在の法律

§274 現行法としてわれわれがまず注目すべき法律は，1925年の不動産法である[79]。この法律の第1条は，土地不動産に関する権利をコモン・ロー上の絶対的単純不動産権のみに限定している。従って，将来権は，いかなる場合でもエクイティ上の権利でしかありえないことになる（同法第131条，第161条参照）。

(1) 永久拘束禁止の原則。既に説明したように，不確定な権利が存続しうるとすれば，土地の有効利用の大きな妨げとなるので，その期間を一定期間

---

(77) Childe v. Bailie (1618-23) Palmer 48, 333; Cro. Jac. 459. この判決は，定期賃借権者の財産処分に関し，生涯権以外の承継的処分は無効とした。ノーフォーク卿判決との区別について，詳しくは，SIMPSON, *supra* note 56, at 223-5を見よ。

(78) Stephens v. Stephens (1736) Cases. Talbot 228（胎児が出生後21年がったときに財産移転し，さらにその相続人に継承させることとした財産処分は有効），Thellusson v. Woodford (1805) 11 Ves. Jun. 112（財産継承者は血族である必要はなく，誰でもよいとしたエルドン卿の判決）．Cadell v. Palmer (1833) 1 Cl. & F. 372（120年の信託設定を有効とした）。但し，Whitby v. Mitchell (1890) 44 Ch. D. 85（甲に移転し，甲が将来生む子供に承継させ，さらにその子供にも承継させるという設定は無効）も見よ。

(79) Law of Property Act 1925. これは土地法を近代化するための法改革の主要な立法であるが，前節で紹介した諸判例を完全に廃棄したものではない。例えば，シェリー判決について，*Re* Williams, Tucker v. Williams, [1952] Ch. 828; [1952] 2 All E. R. 502を見よ。

(6) 将来権の法システム

に限定する必要がある。1925年法は，この期間を現存する者の死後21年と定めている。しかし，1964年に永久拘束・収益蓄積法が制定され，「待機・観察」の原則[80]を新たに導入して80年の期間を超えない限度で，拘束期間を設定できることとした。この法改正は，土地の開発や有効利用に反対したものではなく，むしろ良い計画があれば安定した土地開発事業を促進しようとするものであるから，過去の判例の法理を全面的に否定するものではない。例えば，普通の相続による財産処分であれば，相変わらず21年が基準となるのであり，「甲の長男が30歳になったときに，財産を当該の長男に移転する」という財産処分は，21年間の拘束期間を設定したものとしてのみ有効である[81]。

永久拘束禁止の原則については，いくつかの例外が認められている。その最も重要なものが公益信託である。公益信託の設定については，そもそもこの原則の適用がない[82]。それは，公益信託の設定は，社会的に利益をもたらすことがあっても，その権利義務関係が不確定であることから生じる危害は比較的少ないからである。さらに，これ以外に，譲渡担保の設定や土地賃貸人の立入権などについても，例外が認められている[83]。

---

(80) Perpetuities and Accumulations Act 1964, s. 3. 永久拘束禁止の期間が経過した後であっても，継承者の確定が可能であれば80年を限度に許容期間を延長することができる。但し，この条文の確定基準として示された「継承者」の定義が曖昧であり，多くの問題点が指摘されている。Jesse Dukeminier, *Wait-and-See: The Causal Relationship Principle*, 102 L. Q. REV. 250-66 (1986). Morris and Wade, *Perpetuities Reform at Last*, 80 L. Q. REV. 486-534 (1964), *especially* at 495-508; R. H. Maudsley, *Measuring Lives under a System of Wait-and-See*, 86 L. Q. REV. 357 (1970) も見よ。

(81) *Cf.* Perpetuities and Accumulations Act 1964, s. 4. *See also*, Law of Property Act 1925, s. 163.

(82) これについて詳しくは，田島裕「イギリスの公益信託」信託法研究13号67-83頁(1989)。

(83) Knightsbridge Estates Trust, Ltd. v. Byrne [1940] A.C. 613; *Re* Tyrrell's Estate [1907] 1 I. R. 292; Walsh v. Secretary of State of India (1863) 10 H. L. Cas. 376参照。

173

§275　(2)　収益蓄積の禁止。将来権の設定がエクイティによる以外にないとすれば，信託によることが極めて多くなる。信託により将来権が創設される場合，信託法上の受託者の義務は重いので，受益者を長期間にわたって確定できないということになれば，余りにも過酷なことを受託者に対し強要することになりかねない[84]。そこで，受託者がなすべきことについても，一定の制限を設けている。この制限についても，1964年法は1925年法を改正しているが，現行法によれば，(a)財産処分の日から21年，または(b)それにより指定された受益者が未成年である場合，その者が未成年者である間，となっている[85]。

　この原則についても3つの例外が認められている。その1は，債務の弁済を目的として設定された信託設定である[86]。その2は，子供の一般的利益のためになされた預金から生まれる利息の蓄積である。そして第3は，木材の製造を内容としたものである[87]。

§276　(3)　階層（class）への財産移転。現行法のもとでは，特定の階層を財産処分の受け手として指定することが許されている[88]。例えば，「設定者の2人の息子が子供を生み，その子供が21歳になったときに付与する」という指定は有効である。この指定の利益を受ける可能性のある者がいないことが証明されれば，この承継的財産処分は無効となる[89]。逆に，文章の書き方によっ

---

(84)　例えば，動物を飼っている土地を信託財産として預かった受託者は，その動物をどんどん増やしていく義務を負う。というのは，信託法上，受益者のために最大の利益をもたらすべくそれを運用する義務を負っているからである。

(85)　Perpetuities and Accumulations Act 1964, s. 13 (1). さらに，Law of Property Act 1925, s. 164 (1)は，(1)贈与者または設定者の生涯間，(2)被相続人らの死亡時から21年の期間，(3)贈与者，設定者または相続人の死亡時に生存していた者または胎児であった者が未成年である間，(4)有資格者であると思われる者が未成年である間，をあげている。

(86)　Law of Property Act 1925, s. 164 (2) (i)。

(87)　Id. s. 164 (1) (iii). Cf. Ferrand v. Wilson (1845) 4 Hare 344. 木材は毎年一定の収穫をもたらすものではない，という理解に基づく例外であると思われる。

(88)　Perpetuities and Accumulations Act 1964, s, 4 (3) & (4)。

(89)　Cf. Pearks v. Moseley (1880) 5 App. Cas. 714. Lord Selborne は次のように述べている。「法準則は，階層の構成員の数を確定することが不可能であるということで

ては，その指定の利益を受ける者が1人でも現われたときには，財産処分の設定が解除されると解釈されたこともある[90]。しかし，一般的には，同一の階層の者全員に対し財産処分がなされたものとみなされ，1人でも有資格者が残っているあいだは，土地は指定に服することになる[91]。

(d) 将来権の再考

§277 　イギリスの土地問題がわが国のそれとは全く異なったものであることは，以上の将来権に関する説明だけからでも十分理解できる。もっとも本節で説明した将来権の存在が，実際上いかなる意味をもっているかについては，他の関連領域の法制度のあり方も検討したうえでなければ，明確な結論を出すことができない。しかし，自己の土地財産を長期間にわたって血族に残したいという土地保有者の希望を法制度上認めた将来権のシステムは，比較的最近の立法によってかなり簡素化されたとはいえ，文言の使い方によりその効果に微妙な影響を与える複雑なものであるといえる。法律家の助言を必要とする将来権のシステムの存在が，土地の取引の1つの足かせとなり，土地転がしのようなことを妨ぐのには役立った。そして，土地価格の問題も，バブルの時代の日本ほど深刻な問題にはなっていない。しかし，反面，土地の有効利用という点では，マイナスの面が少なくなかったであろう。

　将来権による長期間の土地開発に対する制約は，信託の設定によってそれがなされ，信託の健全な運用がはかられる場合は，土地利用が安定し，むしろプラスの面が高まるということも事実であり，将来権のシステムを全面的に否定しようとする考えは，イギリスにはない。古い制度がもたらす弊害の

あれば,遠隔性(remoteness)の悪がその階層全体に影響を与える,とするものである。」
(90) 　*In re* Edmondson's Will Trusts [1972] 1 W. L. R. 183; *Re* Kebty-Fletcher's Will Trusts; Public Trustee v. Swan and Snowden [1968] 2 W. L. R. 34参照。ちなみに，これらの判決では，Andrews v. Partington (1791) 3 Bro. C. C. 401の法理の適用を問題とし，それは解釈の方法（rule of construction）を述べたものにすぎず，実体的法理は本文で説明したようなものであるべきである，と判示した。
(91) 　*Re* Deely's Settlement (1973) 117 S. J. 877参照。

6 家族法・相続法

部分を取り除き，プラスの面を積極的に促進させようとするのが，最近の立法の目的であったと思う。「待機・観察」の原則の導入はその具体例の1つである。判例法もまた，かようなプラス面とマイナス面の比較衡量を慎重に行っているのが現状である，と言ってよかろう。

7 Tracing of Assets

(1) INTRODUCTION

§ 1 Despite the fact that post-war Japanese law has been greatly influenced by Anglo-American law, its fundamental structure is still continental (either French or German). Those Japanese lawyers who communicate well in English are inclined to make it appear that the difference between Japanese and English laws is trifling. Subtle differences, however, may be very significant. These small differences have created a number of serious problems by causing inaccurate understanding of Japanese law.

The subject of tracing of assets is not a single matter covered by one code in Japanese law. It relates to the Civil Code, the Commercial Code, the Criminal Code and others, and many specific statutes that stipulate a particular aspect of the said subject. One example of such a statute is the Civil Action to Secure Assets Act 1989, which provides for the process of 'injunction'. And, it should also be noted that, generally speaking, the principles and theory applicable to the basic codes will control the interpretation of a specific statute. For example, in this respect, the Law relating to Undue Prices and Undue Representation 1956 provides that an aggrieved consumer may bring an action against the Fair Trade Commission with respect to the practice of the 'representation of the contents of canned juice' (s 10 (6) of that Law). The Japanese Supreme Court held that 'the aggrieved consumer' means the consumer whose 'legal interest' was injured, because 'the standing to sue' defined in the Administrative Litigation Act of 1962 is limited only to such persons (Supreme Court Decision of 14 March 1978, *Minshu* vol 32, no 3, p 211). Thus,

7 Tracing of Assets

the scope of Japanese standing to sue is very narrow.

In this chapter, the authors do not intend to explain the topic of the tracing of assets in the order of Japanese codes and statutes. Rather, the chapter contains a logical analysis of the topic as seen in other chapters in this work. However, every effort has been made to cover all the points that should be contained in an explanation of the subject with regard to Japanese law.

(2) Causes of Action

(a) Note

§ 2 The need for tracing assets arises when a person has lost assets as a result of a wrongful act and wishes to get them back, or where that person wishes to realise obligations against a debtor on the grounds of a breach of contract. The lawsuits for the purpose may be either criminal or civil. Civil lawsuits include administrative actions. Many specific statutory provisions stipulate special procedures for corporate and other actions, and therefore at least the main forms of such actions shall be separately treated in this section. The concept of *actus* does exist under Japanese law, but it is very loosely recognised. Thus, for example, if the performance of a contract becomes impossible due to the negligence of one party, the other party may claim damages both on the grounds of contract and tort, and indeed, the argument on the basis of contract theory is much preferred to that of tort.

(b) Criminal action

§ 3 Tracing assets in a criminal trial occurs in those cases where the crime charged is concerned with the protection of 'property' or 'proprietary right'. Specifically, the crimes of theft (Ch 36), robbery (s 236), fraud (Ch 37), extortion (s 249), embezzlement (Ch 38), crimes relating to stolen property (s 256), destruction (Ch 40) and concealment (s 263) are all provided for in the Criminal Code. In the case of theft, for instance, the police search for and seize the stolen goods, the public prosecutor uses them as evidence at a criminal trial, and the said goods may eventually be returned to the original owner (*see* § 11 *below*).[1] There is, however, no absolute guarantee that the original owner will always be able to recover the lost property, since the purpose of a criminal trial in Japan is maintaining public order and not the direct protection of an individual's specific interests. Such protection is mainly the province of civil trials, which are explained in § 4 and elsewhere *below*.

Nulla poena sine lege is a strict rule under Japanese law, and therefore the public prosecutor must prove *actus reus* (the facts of a crime) and *mens rea* (intention to commit it). Statutory provisions are very strictly construed. For instance, s 246 of the Criminal Code defines fraud as 'an act to deceive and defraud another of property', and therefore the public prosecutor must prove 'the act of deceit' and 'intention to defraud'. Where a device (*e. g.,* a telephone card) is used to obtain pecuniary profits, the provision for 'fraud' is inapplicable because the act of deceit is missing. Another person's mental state is not moved or changed by the physical manipulation achieved by false use of the telephone card, and there is no personal contract at the time when the device was used to defraud. The Supreme Court decision, rendered on 5 April 1991, held instead that 'falsification of a telephone card constituted a crime of counterfeiting securities under s 162 of the Criminal Code'. A new statutory provision was thus needed in order to bring such a case within the scope of the law, and so, in 1987, a statutory provision preventing 'fraud by the use of an electronic computer' was introduced. It

---

(1) The crime of 'theft' under Japanese law is slightly different from that defined under Anglo-American law. Section 235 of the Criminal Code defines theft as 'deprivation of another person's property', and the crime is punishable by imprisonment of less than ten years.

179

7 Tracing of Assets

provides that 'a person, who obtains unlawful pecuniary profits by giving false information or a wrongful instruction to the electronic computers used for the management of business of another person and by making an untrue electromagnetic record involving acquisition, loss or change of a right of property, shall be punished with penal servitude for not more than ten years' (s 246-2 of the Criminal Code). Incidentally, electricity is statutorily defined as 'property', and wrongful use of it constitutes the crime of theft under Japanese law (s 245 of the Criminal Code).

In addition to crimes in the Criminal Code, many statutes provide for specific penal offences relating to assets. For example, the Stock Exchange Act 1948, as amended, gives certain remedies to those who suffer loss or damage due to unlawful acts relating to securities transactions. It is a crime for a securities broker to distribute a company prospectus that includes materially false information that might affect the decision of an investor: s 4 of that Act provides that documents for the sale or solicitation of securities must be submitted to the Ministry of Finance before they are distributed to investors; s 17 imposes the broker's duty to pay damages in case such documents contain materially false information; and s 197 makes it a crime to violate the said sections if the violation is intentionally committed. The deceived stockholder may be able to bring an action to obtain damages, while at the same time seeking to cause the public prosecutor to impose criminal penalties upon both the company and the directors concerned.

(c) Civil actions
① *Real property and personal property*

§ 4   There are a number of different causes for action under the Civil Code in Japanese law. These are set out hereunder.

Proprietary action is a direct way of tracing assets. In the Civil Code system, there are actions *in rem* and actions *in personam*. An action *in rem* is a lawsuit based on the right to property, which is the main subject of

(2) CAUSES OF ACTION

Book Two of the Civil Code. The structure and contents of this Code have many resemblances to the pandekten Roman law, although many specific provisions thereof have inevitably been modernised in order to meet contemporary needs. 'Property' in Book Two of the Civil Code is classified into 'real property' and 'personal property'. 'Real property' includes both land and buildings, and land registration and building registration occur separately.

First, in the case of real property, land registration is compulsory under the Land Registration Law of 1899, which has been amended from time to time.[2] No one can claim a good title against any third party unless that person has registered the land. If a building or improvement is made on the land, it must be separately registered and it can be the object of an independent real property transaction. This dual system of registration, of course, has created complicated legal issues. 'Registration of a real estate title' creates the legal effect that the registered person is the *prima facie* holder of the real property (see Civil Code, s 388).

'Leasehold' tenure is a difficult proprietary right. In pure theory, leasehold tenure creates only contractual obligations but, in fact, Japanese courts have often given more power than that to the tenants. The court has held that there must be an appropriate reason for the owner to refuse renewal of a lease. (When there was a strong fear that families would be left at home while their heads were away at war, the courts took this position to protect their status as tenants. This judicial precedent created a very strong ground for tenants to remain on the land even after the lease term expired.) The precedent

---

(2) The mosc recent amendment was in 1995, which introduced a computerised registry system. Under the old system, all transactions related to the land were entered in chronological order, and thus the conveyancer had to investigate the right-duty relationship very carefully. It was the main task of the legal scrivener as a profession to make a proper entry in the registry on behalf of the purchaser of the land. How this job will be affected by the recent amendment is yet to be seen.

7 Tracing of Assets

has been rigidly followed, and as a result owners who wish to vacate their land often offer money if tenants are willing to vacate.[3] In order to balance the positions of lessor and lessee, a new statute called the Land Lease and Building Lease Act 1993 was introduced in 1993, amending the Land Lease Act 1921 and the Building Lease Act 1921. By this amendment, the concept of 'long-term' leasehold has been introduced. Section 22 of that Act provides that 'parties of the lease contract may make a provision promising that the lease shall not be renewed regardless of the conditions of the building built upon the land if the contract term is fifty years or more.' And so, under that Act, the tenant can no longer claim to remain on the land after the expiry of the lease. (However, note that the tenant is obligated to restore the original state of the object of the lease, and this duty may create a very hard situation for the tenant. Suppose, for instance, that the tenant built an apartment on the land, in which circumstance it would cost an enormous amount of money to demolish the building and restore the land to its original state.)

As to personal property, a different rule applies, although the general theory of property is equally applicable. The ownership of personal property normally transfers at the time of delivery.[4] In other words, a third party will obtain ownership regardless of the validity of the contract or other ground if the property is delivered to that third party. Section 192 of the Civil Code provides that 'if a person has peacefully and openly

---

(3) 'Thanks money', or *reikin* in Japanese, was originally meant to be a kind gesture on the part of the new tenant to show gratitude for allowing him and his family to live on the land. 'Key money', or *shikikin* in Japanese, is normally required to be paid to the owner in advance, and is meant to be security money for any loss that might be caused; the cost of damage is automatically deducted from it when the lease is terminated. It should be noted that there are differences of custom within Japan, particularly between Tokyo and Osaka.

(4) But because s 176 of the Civil Code states that 'property right can be transferred by a mere expression of the proprietor's will', a difficult problem may arise. See the case explained at **§ 20** *below*.

(2) Causes of Action

started to possess a personal property *in bona fide* and without negligence, he shall immediately acquire the right.' However, there are two special provisions relating to stolen goods. If a third party bugs stolen goods on the open market, the original owner cannot obtain possession of the goods unless he or she pays a fair market price for them. The original owner can take action for possession within two years after the theft against the party without payment of the price if such party obtains the property outside of the open market.

② *Action to secure the right of security*

§ 5   Tracing assets by a creditor is easier if a tracer has a security right formulated by a contract between the parties. Under the Civil Code, there is a retention right, a preferential right (lien), a pledge, and a hypothec. Where a hypothec is created, registration pursuant to the law creates a legal effect by which the ownership of the title-holder can absolutely obtain the object. The security right can be created by a contract in some cases, but the problem of perfection becomes complicated (*see* § 21 *below* in connection with the topic of a 'comprehensive personal property mortgage').

③ *Action to obtain damages*

§ 6   The action of 'obligations' is the normal form of action for a lawsuit in which damages are sought for a breach of contract or for a wrongful act. Under the Civil Code, there are 13 types of contract and only one general rule of torts. Action for damages is not directly concerned with the tracing of assets. The statutory provision for actions for damages is s 416 of the Civil Code, which is applicable both to contracts and torts. Section 416 essentially provides for the principle established by the celebrated English case *Hadley v Baxendale* (1854) 9 Ex D 341, that 'foreseeable' loss shall be compensated.

7   Tracing of Assets

④ *Family law litigation*

§ 7   A tracer of assets may be hindered by the transfer of property using family law. There is a need to explain family law here only to the extent that such transfer is relevant to the tracing of assets.

The spouse who wins a divorce may seek to obtain a large portion of the family assets, and the property of the divorced husband may not be moved beyond the reach of a creditor of the husband. 'Gifts' may also have a similar effect; in these cases, the creditor must bring an action to seek an injunction of such a disposal.

With respect to the matter of 'family tracing', the family registry is very important. This registry is kept at each local government office. Domicile and residence are separately recorded, although they are linked. The Civil Code provides that an heir of a certain level is entitled to succeed to a certain portion of the inheritance property (s 900 of the Civil Code). Further, under the Japanese law of succession, the deceased may dispose of his property at will (eg by gift) but the spouse and children are entitled to secure a specified portion as their inheritance in any event (s 1028 of the Civil Code). As a result, if the successors to a deceased person are the spouse of the deceased and their children, the spouse and the children are entitled to equal shares. In the case where the successors are the spouse and a set of parents (either direct or indirect), the spouse gets two-thirds and the parents get one-third. The deceased may leave a will, by which he or she may provide a gift of property to anybody, but persons within a certain lineage are entitled to legal portions of their shares regardless.

(d) Corporate actions

① *In General*

§ 8   The German law-oriented Company Law was enacted in 1899, and it has been renewed several times under the strong influence of Anglo-American law after 1945. Corporate governance is based on the idea of 'democracy'.

(2) CAUSES OF ACTION

Democratic corporate governance is strengthened by a new system of auditors, particularly in the case of large corporations, as set out in the Commercial Law (Special Provisions) Act 1974. The auditor is obligated to audit directors' execution of their functions. A director has the duty to report if he finds a fact that appears to cause a considerable damage or loss to the company. Auditors have the power of investigation and may issue a restraining order if necessary. They may be subject to litigation by a third party on the grounds of professional negligence.

There are several provisions in the Commercial Code that provide for corporate litigation. The legal relationship between a director and the company is regulated by the 'mandate contract' provisions of the Civil Code. The directors are obliged to obey any law or ordinance and the articles of incorporation as well as resolutions adopted at a general meeting and to perform their duties faithfully on behalf of the company (Commercial Code, s 254-3). Indeed, the Supreme Court decision of 24 June 1970 held that the duty to be loyal is a part of the duty of care held by the directors. Further, s 266 of the Commercial Code states that 'directors who have done a designated wrongful act shall be jointly and severally liable in the performance of their duty.'

Section 267 of the Commercial Code 1899, which is the provision for a derivative action, was amended in 1993. Paragraph 1 provides that 'a shareholder who has continuously held shares of the corporation for six months may demand that the Board of Directors bring a derivative action against the misconduct of a Director, and if the Board fails to do so, may bring it before the court on behalf of the Board. Paragraph 4 presently provides that the value of the action shall be presumed to be a fixed amount (ie 950,000 *yen*), and consequently, the court fees for bringing the action is 8,200 *yen*. The action to enforce the liability of directors shall be under the jurisdiction of the district court at the place, where the principal office of the company is located (Commercial Code, s 268 (1)). Any

185

7 Tracing of Assets

shareholder who has held a share continuously for six months or more is given the standing to make a demand to the company to institute a corporate action, and if the company fails to do so, the shareholder can sue the directors directly on behalf of the company and for the benefit of himself.

② **Maritime law litigation**

§ 9   Book 4 of the Commercial Code contains provisions for maritime law, which essentially provides for general principles similar to those of English law. As regards litigation, there is a special tribunal called 'the court of sea cases' (*kainan shinpan sho*), a kind of court of admiralty. This court has jurisdiction over the cases that occur on the ocean.

(e) **Administrative litigation**

§ 10   Administrative action is not always available to an injured party. However, public offices are the best source of information, and administrative action can be very useful for the purpose of finding hidden assets. Two main statutes are related to this matter: the Administrative Complaint Act 1962 and the Administrative Litigation Act 1962. The former provides for proceedings in which an aggrieved party brings a complaint against an administrative office or agency and hearings are held. The latter provides for four types of administrative actions, the *kokoku sosho*, the *tojisha sosho*, the *minshu sosho*, and the *kikan sosho*.

The *kokoku sosho* is an administrative suit in which an aggrieved party brings a complaint against an administrative agency. As a prerequisite, the party is required to exhaust all remedies provided for in the Administrative Complaint Act 1962. *Mandamus* may also be available. The *tojisha sosho* is an administrative suit in which a dispute arises between two parties in connection with a public matter. Eminent domain cases are an example: where a bullet train caused a loud noise near the railway, a group of residents in Nagoya brought an action seeking compensation on the ground of s 133 of the Compulsory Land Taking Act 1951. The *minshu sosho* is an administrative suit in which the correction of illegal conduct is sought by citizens. The *kikan sosho* is an administrative suit where two or more administrative offices or agencies dispute with each other about the power granted by a statute.

(3) FINDING AND TRACING ASSETS

(a) Criminal procedure

① Note

§ 11   Criminal procedure can be clearly divided into two stages: investigation and trial. Sentencing itself may have little significance for the purpose of tracing the assets. Criminal process often assists a civil trial, particularly in the case of torts, where the statutory provisions are simple in the Japanese legal system. Section 709 of the Civil Code, the main provision, states that 'a person who violates the right of another intentionally or negligently shall be liable to compensation for damage arising therefrom.' In modern society, negligence is much preferred to the breach of care as grounds for recovery.

② Investigation

§ 12   For the purpose of tracing missing assets in a case of fraud, criminal process normally precedes civil action because private parties do not have the power to investigate. Let us take one example of a recent corporate fraud case. In an investment contract solicitation, the organiser stated that participants in the investment group would gain a huge profit. The organiser sold a diamond to a man on the omnibus transactions scheme called a 'golden paradise family', and executed a mandate contract at the same time. The mandate contract obliged the seller to keep custody of the

187

7 Tracing of Assets

diamond in order to profit from resale to another. After a fall in the value of the business, the family members were no longer able to make a profit and they brought many actions to the court on the ground of deceptive trades. Each member was unable to investigate, and criminal investigation was very helpful for the members.

Criminal investigation, particularly that of tax evasion, is a very useful means to obtain information about assets. If a taxpayer fails to pay tax, the tracing of assets will take place. The head of the tax bureau determines which property he will retain in order to enforce the tax duty if the tax payer still disobeys the law. If the accused is found to be guilty, a fine will be imposed. Therefore, the public prosecutor has comprehensive power to investigate assets.

It is difficult to examine confidential account books without the authority to investigate. Although it is an extremely rare case, a criminal trial may attain the result that could not be accomplished by a civil trial. Suppose that a businessman gives a precious picture to a civil servant under a secret agreement that the civil servant will issue a business licence to the businessman, that is, the gift is a bribe under s. 197 of the Criminal Code, which states: 'when a public servant causes, demands, or bargains for a bribe in connection with his duties, he shall be punished with penal servitude for not more than five years.' The businessman cannot get the picture even if the agreement is broken. However, if the civil servant tells a lie in making the businessman believe that he has the power of licensing, it is a fraud, and criminal process may start. As a result, he may be able to get the picture back.

At the stage of investigation, the public prosecutor is the key person, although police officers are also given considerable power to deal with investigation. A victim of a crime informs the police of the crime and the police start investigating, or the police may initiate such an investigation on the grounds of general public information (Code of Criminal Procedure, ss 230

(3) FINDING AND TRACING ASSETS

and 241). The judicial police officer or the public prosecutor has the power of compulsory investigation, but voluntary search is a normal process. If the person investigating is satisfied that there is a strong likelihood of a crime, he may compel the suspect to submit to his search or seize the object of the crime. In some cases, the public prosecutor is not allowed to conduct such a search without information presented by the injured victim. Criminal damage (under s 261 of the Criminal Code) is an example.

A judicial writ is necessary for arrest, confinement, and compulsory search and seizure (Code of Criminal Procedure, s 218). When a judicial police officer or a public prosecutor arrests a suspect with a judicial writ, he may also search and seize the things related to the suspected crime without an additional writ. The items that the suspect physically possesses, and those that are voluntarily submitted to the police by their custodian or holder, can be detained (Code of Criminal Procedure, s 221). Any property deemed unnecessary to be detained must be returned to the original holder or custodian before conclusion of the investigation and criminal trial.

③ *Trial*

§ 13 Where the public prosecutor decides to prosecute, the criminal process enters the second stage of trial. This power of prosecution is unique to Japanese law. Section 248 of the Code of Criminal Procedure states that 'the public prosecutor may decide not to prosecute in the light of the nature, age and circumstances of the criminal, the significance of the crime at issue and mitigating conditions, and the attitude of the criminal after the commital of the crime.' (Because of this provision, the parties involved in a criminal trial have a tendency to make a private settlement in order to create the image that they are persons of good character.) This is a sort of preliminary screening, and as a result of the screening the conviction rate is nearly 99.8%.

Unlike the English judicial practice, all trials are adjudicated by judges

7 Tracing of Assets

only. At the trial, the court may order the reinstatement of property with the consent of both the prosecutor and the defence lawyer, if it is no longer necessary for the trial. The Japanese criminal trial does not necessarily lead to a return of lost assets because the aim of the criminal trial is to protect fundamental human rights and to promote public welfare; however, the court may render a judgment imposing not only the penalty of imprisonment but also the additional sanction of confiscation of the property obtained by the criminal in pursuit of his crime although, if the property belongs to a third party who knows nothing about the crime, confiscation cannot be executed (Criminal Code, s 19 (2)). In a case where the public prosecutor must execute the judgment of confiscation within three months after the judgment, and if a person entitled to the confiscated property applies for its return, the public prosecutor must give it to him (Code of Criminal Procedure, ss 491 and 497).

In passing, a brief explanation of the Japanese court system will be given. After the judgment by the court of first instance (normally, the district court (s 24 of the Courts Act 1947) but if the offence concerned is punishable merely with a fine, the Summary Proceedings Court (s 33 of the Courts Act)), either the accused or the public prosecutor may appeal to the High Court. After the High Court decision, they may appeal to the Supreme Court. Normally, the Supreme Court is divided into three divisions, and each division adjudicates the appeal assigned by the clerical office in the order of the time of filing. Where an appeal might contain an important constitutional issue, the full bench of 15 Justices meets together and adjudicates the appeal.

(b) **Civil procedure**

§ 14 Civil procedure is a more suitable way of tracing assets. As explained in § 4 *above*, there are two types of actions available under the Code of Civil Procedure. One is the action of proprietary rights, and the other that of obligatory rights. The former includes the action on the basis of possession, for in Japanese law there is a clear conceptual dividing line between 'ownership' and 'possession'. In the case of ownership, the owner may obtain an injunction to stop invasion, a declaration of his title, or a specific performance order to restore the original state. In the case of an action on the basis of possession, the person entitled to possess may recover the property in question, because otherwise he would be placed in an odd situation where he is liable for the loss of such property.

Obligatory rights can be created either by contract or as the result of a wrongful act. In either case, the party who wishes to enforce them must go to the court and obtain an enforcement order before execution. Indeed, self-help is absolutely prohibited under Japanese law except in an emergency where one's own life or property is endangered. The creditor must freeze the assets before he enforces his right to obligations.

The procedure for the protection of intellectual property is slightly complicated. In order to protect such an asset, the party concerned shall initiate an *ex parte* motion for injunction under s 344 (2) of the Code of Civil Procedure. Some aspects of Japanese intellectual property law are different from both European law and US law. One important aspect is the fact that 'property' in this case means 'ownership'. This confusion was caused by a mistranslation of the international treaty of the 1886 Berne Convention, and it has created an international controversy. A famous example is *IBM v Fujitsu*, which was eventually settled privately.[5] IBM claimed that if intellectual property is ownership, whatever derived from it should belong to its owner.

In a case where inheritance property is the object of a transaction, the party who intends to obtain it must investigate the family relationship,

---

(5) This arbitration case is elaborated in Tajima and Hé, *IBM v Fujitsu. A solution of operating system software disputes by an international arbitration* [1989] JCA Journal, Nov issue at pp 2-10.

191

7 Tracing of Assets

because there may exist someone who can lawfully claim title to the property. This investigation can be performed by looking at the family registry, which is stored for public inspection at the location where the deceased had residence. Residential registry and domicile registry are different, and it may therefore also be necessary to investigate the latter, depending on the case. Under family law, a person within any category up to the sixth level in the direct blood lineal line is entitled to the succession of such property (the third level for an indirect lineal line). The existence of such entitled persons must be examined by tracing the family and domicile registry.

Normally the district court exercises jurisdiction over these cases. As in the case of a criminal trial, either party may appeal to the High Court not only on law but also on facts after the judgment by the district court. Furthermore, the party has a right of appeal to the Supreme Court. As a result, hundreds of cases go to the Supreme Court every year.

(c) **Trust law**

§ 15   In some cases, the assets may be entrusted property, in which case the law of trust becomes relevant. Under Japanese law, 'trust' is a system by which a person entrusts his trustee to dispose of or transfer property, or to manage or deal with property for a certain purpose. Relevant Acts are the Trust Act 1922, the Trust Business Act 1922, and a few statutes relating to trust conducts and related activities by financial institutions (for instance, the Investment Trust Act 1952 and the Secured Bonds Trust Act 1905).

A trustee is obliged to perform his duty to deal with the entrusted property with a duty of care as a bona fide manager (Trust Act, s 20). This duty of care is much higher than that of an ordinary person if the trustee is a professional like a trust bank. The trustee is prohibited from merging the trust property into his personal assets (Trust Act, s 22); in other words, it is the duty of the trustee to manage the trust property separately (Trust

(3) FINDING AND TRACING ASSETS

Act, s 28).

Where a trustee disposes of a trust property contrary to the aim of the trust, the beneficiary may bring an action against the party who dealt with the trustee, or any third party who presently holds the property, in order to recover the property.[6] This remedy is narrowly limited, because the trustee is *prime facie* owner of the property. To be specific, if the property in question was registered as the property in a public registry, the beneficiary may bring such an action. If there is no registry system and he can prove that the party acted wrongfully or with gross negligence, he may do the same. The beneficiary's right to set aside can be exercised without presenting a motion to do so to the court. The court may issue an order of discharge or other disciplinary action upon the motion of the depositor or beneficiary if there is a breach of trust (ss 47 and 58 of the Trust Act 1922).

Trust property is independent, and therefore it cannot be included in inheritance property. If a person attempts to sell trust property by auction, the beneficiary may seek an injunction preventing such auction or instigating insolvency proceedings (Trust Act, s 16; Civil Execution Act, s 38; Civil Action to Secure Assets Act, s 45). However, where the beneficiary claims priority over general creditors with respect to real property, it is necessary for him to satisfy the requirements of 'public notice'. Normally, this requirement can be met by registration of the trust title in the real estate registry, but if there is no means of 'public notice', this requirement should be relaxed (*see* § 21 *below*). There is an ambiguity, however, in the case where the trustee is bankrupt, as to whether the depositor or the beneficiary may exercise preferential right over the trustee's bankruptcy assets.

---

(6) In the case of a creditor's right to set aside under the Civil Code, such action is allowed for the benefit of all of the creditors. In the case of a beneficiary under a trust, the beneficiary retains the right to protect his own legal interests.

193

7   Tracing of Assets

(d) **Administrative procedure**

① *Note*

§ 16   The Administrative Procedure Act 1993 has been in force since 1 October 1994. This Act resembles the US Administrative Procedure Act of 1946, and therefore 'notice and hearing', 'disclosure of material facts', 'reasoned decision on the basis of evidence' are the congruent major concepts of the Japanese Law. In the ordinary procedure, an aggrieved party shall bring his complaint to the administrative office and exhaust remedies at that level. If the office disposes of the complaint in disfavour of the party, he may bring an administrative action under the Administrative Litigation Act 1962.

From the point of view of the tracing of assets, investigation is a useful means of getting information. Particularly, where the needed information is suspected to be in a public document, a Freedom of Information Ordinance is often very useful. Major cities have promulgated related acts as bye-laws, and indeed these laws have been used for obtaining important information. For example, in a case of a dubious health food, a company sold a healthy tea to a consumer and the consumer succeeded in obtaining information that was given to the Tokyo Metropolis for the purpose of the application for a business licence (Tokyo District Court decision, 15 January 1994, *Hanrei Jiho* [Case Reports] no 1510, at p 27). At present, the Parliamentary Bill for the Freedom of Information Act, a national Act, is presented for debate in the Diet, and it is likely to be passed very shortly.

② *Administrative investigation*

§ 17   Certain administrative agencies are given the power of investigation, the Tax Bureau and the Fair Trade Commission being good examples. (The procedure of the Fair Trade Commission requires issue of a detailed explanation of its findings. See generally M. MATSUSHITA, INTERNATIONAL TRADE AND COMPETITION LAW IN JAPAN (Oxford Univ Press, 1993).). Taking the example of the Tax Bureau, the bureau may ask questions under s 141 of the State Tax Collection Act 1959 and s 142 of that Act gives compulsory power of investigation. The bureau can confiscate the property in question, but if it appears to belong to a third party, it cannot do so without a fair notice and hearing of the third party. In order to compel submission, the bureau must obtain a judicial writ in advance.

(4) Freezing the Assets

(a) Injunction (sashiosae)

§ 18 The matter of how to freeze any assets traced requires careful consideration of the Civil Action to Secure Assets Act 1989 and the Civil Execution Act 1979. The Civil Action to Secure Assets Act 1989 has been effective since 1 January 1991 and provides for matters similar to those falling within the scope of a temporary restraining order under English law. It enables the relevant court to grant a Mareva injunction or an Anton Piller order. Before a normal injunction is granted, this temporary measure is often very useful.

The competent court of the jurisdiction in which the assets are located may render an order to freeze the assets if it finds that there are urgent circumstances (s 12 of the 1989 Act). This order may be granted *ex parte* if the 'purpose, the right or the relation, and the need of security' are clearly explained in the claim and if there is a reasonable amount of evidence for the court to believe that there shall be a cause of action (s 13 of the 1989 Act).

There may be some cases where freezing of evidence is necessary. In any case where the court finds that there is risk that evidence may disappear before a trial, a preliminary examination may be allowed (Code of Civil Procedure, s 343). For instance, a mother whose daughter has died due to medical malpractice may wish to secure evidence before she starts her litigation against a hospital. A copy of the court order must be served to the party who is likely to be affected by the order, and the grounds for such an order, must be explained in the service of process.

The Civil Execution Law 1979 became effective on 1 October 1980. This statute is designed for execution of judgment and enforcement of security. As a preliminary step, the statute requires that the prevailing party shall bring a motion to the district court for the execution or enforcement of the judgment, and also requires that the court, upon receiving such a motion, shall appoint an enforcement officer. The duty of the enforcement officer is to manage and control the entrusted property until the time of its disposition. Usually the officer goes to the place where the assets are located and affixes a sign stating that such assets are subject to his control. It is a crime for an unauthorised person to dispose of assets after such a sign is posted. The trustee advertises the sale of the designated assets by public notice (*via* newspapers etc) and solicits bids for an auction.

In the case of negotiable instruments of property, the enforcement officer secures his right by entering his security in the registry kept at the company. In case there is no such registry, it is necessary for the office to keep custody of the instruments as in the case of a pledge. The officer disposes of the stocks in question in a similar way.

(b) **Bankruptcy procedure**

§ 19   The Bankruptcy Act 1922, as amended in 1947, 1952 and again in 1991, provides the procedure by which creditors satisfy their credits or claims. Bankruptcy procedure in its broadest sense includes four specific ways to deal with the situation of insolvency:

(1) corporate reorganisation, which is only available to companies with shares;

(2) compromise by creditors;

(3) insolvency, which includes both compulsory and voluntary components;

(4) FREEZING THE ASSETS

and

(4) bankruptcy in its strictest sense.

Once a bankruptcy procedure is commenced at a district court, the court appoints an administrator, who is usually a practising lawyer.

In addition to registered land and buildings, it is very often a crucial issue to determine which assets are subject to bankruptcy. Under Japanese law, 'fixtures' are a part of real property and they are subject to the disposition of the real property. For instance, the walls and screens attached to a house are transferred to the purchaser of the house. However, such screens can physically be separated and sold in bad faith on the part of the seller. A third party who bought them in good faith for value obtains title under s 192 of the Civil Code and, as the result, they become personal property whose ownership belongs to the *bona fide* purchaser. The general principle is that 'issue is subject to principal'.

Consumer bankruptcy is briefly considered here because it has certain unique aspects. The market for consumer credit transactions is now more than ¥50 billion, and the number of consumer bankruptcies is increasing since the Japanese economic bubble has burst. An individual consumer who becomes insolvent may choose an ordinary bankruptcy procedure, but creditors normally do not want to accept this. After deduction of expenses for the procedure and maintenance of the minimum living necessities of the consumer, they may have nothing to obtain. Therefore, they normally prefer compromise (item (2) above) or other private settlements whereby the payment is rescheduled to meet the conditions of the consumer. The insolvent consumer may select a settlement by mediation, in which case one legal professional person advises a settlement with the assistance of two persons who are familiar with the subject matter.

197

7 Tracing of Assets

(c) Auction (*keibai*)

① *Liquidation process*

§ 20 Where a party who lost in a lawsuit for damages fails to pay the damages, the judgment creditor may need to trace the assets of the defaulting party. Under the Civil Code, a party to a contract may claim damages for the breach of contract, and this is what Book Three of the Civil Code stipulates. The same Book also provides that a person whose interest has been injured may claim damages for the loss caused by another person. The amount of damages in both cases shall be determined by s 416 of the Civil Code. Section 416 provides that 'the demand for compensation for damages shall be for the compensation by the obligator of such damages as would ordinarily arise from the non-performance of an obligation.'

The Civil Execution Act 1979 provides for two types of auction, one public and the other private. Where the amount of debt is not enormous and the names of the creditors are known, a private auction is preferred. The procedure for private auction is much simpler and the cost of the auction can be kept to a minimum. However, if a considerable number of the creditors are not known, a public auction is compulsory. In this case, the date and place of the public sale will be notified to the public, and those members of the public who attend the auction bid for the assets.

② *Comprehensive personal property mortgage*

§ 21 The topic of 'comprehensive personal property mortgage' is a current issue. The Supreme Court decision of 10 November 1987 is an interesting case in which two major international trading companies of Japan attempted to create 'UCC Chapter 9 Security'. Here, *Nissho-Iwai* agreed with a manufacturing company to create a 'comprehensive personal property mortgage', an obligation that is not recognised by the Civil Code. The mortgage contract between the companies stated that 'all present and future goods, negotiable instruments, damages, advances, and all other obligations that exist at the designated warehouse and offices' shall be the collateral of the mortgage for the credit rendered by the former to the latter to secure the money involved in their transactions. *Mitsui-Bussan*, the main creditor of the manufacturing company, brought an action of bankruptcy against the company to which the warehouse and offices belong, and the creditors motioned for auction. Then *Nissho-Iwai* brought an action seeking injunction of this auction.

In the case of comprehensive personal property mortgage, the debtor is allowed to continue business as usual, and the general creditor has no means of knowing that new goods and other property in the warehouse or in a specific office are the object of security. Where the original contract is broken by the debtor, the creditor may enforce the mortgage, but he or she must first freeze the collateral. Otherwise, third parties' interests will be injured. The Supreme Court held that *Nissho-Iwai* should be granted the injunction because mortgage right should be better title than the specific lien upon which *Mitsui-Bussan* brought this action. *Mitsui-Bussan* was a general creditor who commenced the insolvency litigation and sought auction of its debtor's assets. The same assets are the collateral of the said mortgage and it includes accelerated value because of the comprehensiveness of the assets. However, the court held that a kind of 'prior public notice' is necessary for the protection of third parties.

Ownership of personal property may be transferred from one person to another by a mere representation of their intent. The transferee shall obtain the absolute title to the property if he or she purchases the goods in good faith for a fair market price, and whoever succeeds to the title of such goods shall be exempted from asset-tracing action.

③ *Final liquidation*

§ 22 After all the assets of a debtor are sold, either publicly or privately, the

7   Tracing of Assets

enforcement officer must liquidate and distribute to all eligible creditors in proportion to their respective shares. If the deficit exceeds the total amount of proceeds, each creditor shall obtain only a proportion of his entitled share. The enforcement officer is obliged to make a final report of the liquidation to the court which appointed him.

(5)   Duty of Bankers to Protect Confidential Information

(a)   General principle

§ 23   So far, the discussion in this chapter has consisted of a general explanation of the law behind tracing assets in Japan. We now turn to specific issues related to this subject in the field of banking and financial institutions.

A creditor will often wish to obtain information about the bank account of his debtor in tracing assets. However, the discovery of bank records is subject to special regulations by specific statutes. There is also an established rule under Japanese law that such institutions and bodies may refuse to disclose certain confidential information. The confidential information is not exactly the same as 'bank trade secrets', which are regarded as 'trade secrets' as defined in s 2 (4) of the Unfair Competition Prevention Act 1993. These bank secrets normally mean the customers' list, contract list, and trade conditions files.

There is no statutory provision for imposing a duty on the bank to keep confidential information. However, it is a fundamental convention of the banks to keep them. In theory, there may be an implied contract between the bank and its customers to keep them; or the law of equity may require banks to keep accurate records confidential in good faith; or the law merchant may require financial business to be kept confidential. Whichever theory is applied, it is commonly admitted that there is such a duty on the part of banks to keep secrets.

(5) Duty of Bankers to Protect Confidential Information

(b) **Implied duty of the bankers not to disclose**

§ 24 If it can be taken for granted that bankers have a duty to pay due care under an implied contract, the breach of which may cause a tort liability on the part of the bank, and the bank may be ordered at the same time to pay damages for the breach of an implied contract relating to 'confidential information' (*see* § 6 *above*). There may be cases in which the court issues an injunction. In a case where a bank disclosed information about financial conditions to the superior officer or a worker of its customer, the district court held that the leaking of such confidential information as balance sheets of bank deposits would constitute both a breach of contract and a tort (Tokyo District Court decision, 9 November 1981, *Kinyu Shoji Homu* [Financial Business Law] no 1015, at p 45). Bank officers are not included in the list of persons who are criminally liable for the crime of disclosing confidentially kept secrets (s 134 of the Criminal Code), although an individual banker may be charged with 'breach of trust' under s 247 of the Criminal Code.

In certain circumstances, banks shall be exempted from any legal liability for disclosing bank secrets. The court may ask bankers to supply certain information relevant to a civil trial under s 262 of the Code of Civil Procedure. The power of inquiry given by the Attorneys Act 1949, s 23-2, is similar to the court power just described. However, since the relevant statute contains no provision regarding what sanction shall be imposed upon a bank if it refuses to supply the requested information, it is probably a mere convention that banks normally obey the requests.

(c) **Cases where bankers may disclose**

§ 25 On the other hand, a bank may be ordered to appear before the court as a witness or to produce evidence. Such an order is mandatory and therefore the bank cannot refuse to supply information. Section 271 of the Code of Civil Procedure provides for the duty of a witness to testify, and

7 Tracing of Assets

the banker is not included in the list of persons exempted from the duty. Under the Code of Criminal Procedure, the banker may also be compelled to produce evidence, either in oral (ss 143ff) or in documentary form (ss 99ff).

In the second place, the State Tax Collection Act 1959 and State Tax Offence Regulation Act 1962 provide for proceedings by which a tax agency may request that a bank supply confidential information. The first stage is a voluntary investigation. But, if the bank refuses and the agency considers that enforcement is necessary, it can appeal to the court to issue an order of *mandamus* by which the agency can investigate and enforce its request.

(6) MONEY-LAUNDERING LEGISLATION

§ 26 As explained above, banks are generally prohibited in principle from disclosing confidential information about customers. However, some statutes specifically obligate banks to supply such information. For example, an 'Act relating to the regulation of narcotics and psycho-active substances for the prevention of acts, etc, which may lead to tortious acts related to regulated drugs subject to international cooperation', was enacted in 1991 (commonly known as the money-laundering law). Section 5 (1) of that 1991 Act provides that banks and other financial institutions shall promptly notify the competent government minister of the facts designated by his order if there is a suspicion of unlawful gains. Section 5 (2) makes it an offence to notify the facts of investigation to the bank's customer.

The 1991 Act is designed to make it a crime to give the appearance that the money involved in the illegal trafficking in drugs, narcotics, etc is clean, or to conceal such funds in the confidential files of the banks. In recent years, transactions involving drugs and narcotics have become widespread throughout the world, and international co-operation is needed to prevent

illegal sales activities. The United Nations made a treaty in 1988 for the purpose of establishing such international co-operation, and the 1991 Act is the Japanese statute implementing the treaty. The 1991 Act introduced a new reporting system under which the banks are obliged to give information if a crime specified in the Act is suspected. The main crimes created by the Act are:
(1) illegal concealment of the assets related to imports of drugs, etc; and
(2) receiving such assets with notice of its illegality.

The significant feature of the Act is that it provides for special summary proceedings for the confiscation and retention of rights that may or may not be enjoyed by a third party, including banks. For instance, where a certain amount of money is deposited at a bank and the depositor is suspected to be a criminal under the 1991 Act, the investigator can force the bank to disclose information concerning the depositor.

(7) Multi-Jurisdictional Actions

(a) Foreign corporations under Japanese law

§ 27 Japanese companies are increasingly involved in international transactions these days, and the number of multi-national legal disputes is also increasing. There is always the possibility that the courts of two or more countries will simultaneously engage in adjudication. It is a matter of comity for the competent court to stay the trial while a foreign court is adjudicating the same case. Normally, Japanese courts follow customary international law on this point.

§ 28 Section 36 of the Civil Code provides that 'foreign juristic persons' can exist under Japanese law if they are recognised by Japanese laws or treaties. If so recognised, 'they shall enjoy the same private rights as those of Japanese juristic persons.' Chapter 6 of the Commercial Code, ss 479 to 485-2, provides for recognition of foreign companies. Section 479

7 Tracing of Assets

requires a foreign company to appoint a representative in Japan and to establish its office at the residence of the representative or any other place designated by him.[7] It must register in the corporation registry at the local government office and give public notice of its establishment in Japan. Generally speaking, such foreign companies are treated in the same way as Japanese companies: for example, foreign companies may utilise the process of insolvency or conciliation under s 2 of the Bankruptcy Act 1991 or s 11 of the Civil Conciliation Act 1951; or they can apply for corporate reorganisation under s 3 of the Corporate Reorganisation Act 1952.

Difficulties may arise, however. For instance, a Swiss bank is authorised under Swiss law to engage not only in banking but also in other related activities such as securities and real estate brokerage. In Japan, banks are not normally allowed to engage in certain activities, such as securities exchange, although s 65 of the Stock Exchange Act 1948, as amended in 1992, now permits Japanese banks to be engaged in securities business with the approval of the Minister of Finance (see also s 10 of the Banking Act 1981). The question arises whether the Swiss corporation recognised by the Banking Act 1981 can enjoy the same power to deal with 'securities exchange' in Japan as in Switzerland. Generally speaking, the Japanese government is reluctant to grant powers that are not available to Japanese corporations, but in exceptional cases they might decide to grant such powers. For instance, the Ministry of Finance has actually allowed a Swiss bank to deal with both banking and securities exchange.

Statutes provide for various limitations on the activities of foreign corporations. For instance, foreign corporations must obtain permission from the Japanese government for the acquisition of land, and such

---

(7) The representative does not need to be a director of the foreign corporation, but his appointment must be valid under the law of its incorporation. He must at least be given the power to act as agent in litigation. Restriction on the power of the agent may not be claimed against a third party (s 78 of the Commercial Code).

permission is granted on the basis of reciprocity. A similar restriction is imposed in the case of the acquisition of ships or aeroplanes. The Foreign Exchange and Foreign Trade Control Act 1949 also contains certain restrictions. Under s 9 of the Anti-Monopoly Act 1947, foreign companies are prohibited from becoming holding companies. Doing business in the field of broadcasting, television, etc is prohibited. There are strict restrictions in the fields of banking, insurance, and securities dealing.

There are certain special provisions in the Copyright Act 1970, and with respect to industrial property. The foreign author who produces a publication in Japan is protected by the copyright law, and he is entitled to equal treatment. under the Universal Copyright Treaty of 1974 (ratified by Japan in 1975). In the case of patents, 'the first to apply has priority to the title' is the principle.

A note should be added with respect to a foreign company's insolvency, where 'nationalism' is the general principle. A bankruptcy order is effective only over the assets located in Japan, and a foreign bankruptcy order is *not* effective over the assets located in Japan. Judicial precedent, however, has created an exception: in the Tokyo High Court decision of 30 January 1981, the High Court held that 'a Swiss trustee may bring an action in Tokyo seeking an injunction of the transfer of a trademark because the Japanese Bankruptcy Act does not prohibit the enforcement of the trustee's right in Japan' (*Hanrei Jiho* [Case Reports] no 994, at p 53). In another case, the Tokyo district court allowed the trustee to seek an injunction of attachment on property located in the United States by applying s 304 of the US Bankruptcy Act of 1978.

(b) Recognition in Japan of foreign judgments

§ 29 Where a cause of action is recognised under a foreign law and a judgment was rendered by a foreign court, the party who obtained the judgment may ask Japanese courts to recognise and enforce the judgment.

7 Tracing of Assets

Since judicial action is a monopoly of the State of Japan, a foreign claimant cannot execute the judgment privately and therefore this is the only way for the foreign party to trace the assets in Japan. The Japanese court may refuse to recognise and enforce the foreign judgment or arbitral award on any of the grounds listed in s 118 of the Code of Civil Procedure.

Section 118 of the Code of Civil Procedure provides four conditions for foreign judgments to be enforced in Japan:

(1) the jurisdiction of the foreign court cannot be denied by a statute and its statutory instrument, or by a treaty;

(2) the defeated defendant was properly served with a process or, even without such service of process, the defendant appeared in the foreign court and defended himself;[8]

(3) the foreign judgment is not contradictory to public policy or to good morality;[9] and

(4) there is a reciprocal co-operative relation between the two countries concerned.

Arbitration, in contrast to conciliation, has been used rather passively. In recent years, however, international transactions frequently include arbitration provisions. Japanese practice usually allows ICC international

---

(8) On the basis of this item, Japanese courts often refused to enforce the US court decisions rendered without the appearance of Japanese defendant companies where the service of process was given by ordinary post in English. Service by post is allowed by the American legal process, but Isuzu Motors succeeded in a product liability case in Massachusetts. The United States district court held that the service by post to a Japanese defendant by mail is a violation of art 10 of the 1965 Hague Convention, to which both the United States and Japan are parties (*Golub v Isuzu Motors*, Civil Action No. 95-12766-RCL (decision of 8 May 1996)).

(9) American decisions rendered on the grounds of strict liability have not been recognised, because negligence-based product liability is the public policy of Japan. See *Kansai Steel Company* (Supreme Court decision of 7 June 1983, *Minshu* 37-5-611). But the Product Liability Act 1994 is now in force, and the test will be re-examined when a suitable case goes to court.

arbitration and 1958 New York Convention arbitral awards. In addition, the Japan Arbitration Association has created its own rules on the model of London's arbitration practice.

(8) OTHER MATTERS

(1) Third party liability

§ 29 There may be occasions where a wrongful act done by a wrongdoer is attributable to his principal on the theory of agency. One typical example is the vicarious liability of the employer. Section 715 of the Civil Code provides that 'a person who employs another to carry out a business is bound to make compensation for damage caused to a third party by the employee in the course of the business.' As already mentioned, a shareholder of a company or any third party may sue the directors concerned if certain requirements are met (*see* § 8 *above*).

(2) Insurance policies

§ 30 There may be occasions where assets can be traced to an insurance policy if the person liable has one. The Commercial Code provides for two types of insurance—casualty insurance and life insurance. With respect to casualty insurance, there are fire insurance and transportation by land insurance. In addition, specific provisions of relevant statutes provide for automobile insurance, credit insurance and guarantee, and earthquake. There are also some cases of insurance made by contractual policy on the basis of customary law. The insurance relating to transportation by sea and earthquake insurance are such examples.

(3) Lender's liability

§ 31 Previously, when a bank was sued by its customer it would bring the bank into serious disrepute, and therefore banks made great efforts to

7 Tracing of Assets

avoid such suits. In recent years, however, financial institutions, particularly commercial banks, are often subject to such litigation on the basis of lender's liability.

Lenders may be liable for the loss or damage in cases where the borrower cannot bear liability for wrongful activities or for a breach of contract. Lenders may be treated as participants in the business if they extended credit to enable business to be conducted with full knowledge of the activities involved. The details of this matter are fully discussed in Tajima and Inagaki's *The Impact of International Globalization on Japanese Banking Law*, a report of the International Law Conference held at Cambridge in September 1996.[10] Particularly, read the current problem of *jusen* (housing loan company). Here, major banks created specialist subsidiaries in order to extend loans to potential house-builders on a wide scale. Land prices suddenly dropped and those who bought real property for the purpose of investment faced severe hardships ; as a result, those *jusen* became insolvent. Main banks and other creditors of the *jusen* met together and agreed to waive certain portions of their credits.

In a case of a guarantee, a financial institution may be held liable to pay damages as in the case of stand-by letters of credit. Under Japanese law, a banker's guarantee is much more limited in comparison with Anglo-American law, which has often caused some conflicts between Japanese bankers and foreign traders.

(4) Statutes of limitations

§ 32 Finally, a few words are necessary to explain the significance of statutes of limitations within Japanese law. First, s 31 of the Criminal Code provides that the criminal whose sentence is determined shall be exempted from

---

(10) This essay is reprinted in Yutaka TAJIMA, ANGLA-AMERICAN BUSINESS LAW (Collections of Tajima's Essays vol. 6) (Shinzan-sha Pub. 2006) pp. 119-140.

its execution after the passage of a prescribed period. Section 32 of the Criminal Code provides six categories of the period of the prescription: [30 years for capital punishment-now abolished]; 30 years for life imprisonment with or without forced labour; 20 years for imprisonment of ten years or more; ten years for imprisonment between three and ten years; five years for imprisonment of less than three years; three years for a fine; and one year for other petty offences. The public prosecutor's right to prosecute extinguishes after the passage of the period specified by s 250 of the Code of Criminal Procedure. For instance, the public prosecutor can no longer prosecute a criminal after 15 years have passed since that criminal committed a crime punishable with the death penalty; in the case of a wrongful act, three years after the knowledge of the loss and the trespasser; and, in the case of a breach of contract, ten years after the breach.

In theory, the fact that the present illegal situation has continued for such a long time may indicate that the time has matured to make it legitimate. Similarly, if a wrongful situation has continued more than the stipulated period of the statute of limitations, a private party's right shall extinguish because the gravity of the long continuance exceeds the significance of the dormant claimant's interest. Thus, the statutes of limitations may hinder the tracing of assets, even though there may be a substantive right to do so. However, the passage of the period will be stopped by the commencement of a trial or by starting a public prosecution (s 147 of the Code of Civil Procedure) and, in the case of civil litigation, a claimant must bring an official action, such as an action for damages, a motion to confiscate the defendant's assets, or a motion to compromise before the court.

付　録

1　Learning from Japanese Legal Tradition
2　Special Lecture

> 　ここに収載した2つのdocumentsは実質的には同じものである。2つめのdocumentはロンドン大学高等法学研究所（Institute of Advanced Legal Studies）の特別講義であるが，同研究所がこの講義に基づいて大学の紀要に記録として残したものである。第1のdocumentは，同研修所の編集者が若干手を入れており，第2のdocumentと違う部分があるので，両方を記録として残す意味でここに収載することにした。

AMICUS CURIAE

Journal of the Society for
ADVANCED LEGAL STUDIES

1 Learning from Japanese legal tradition

1. JAPANESE LEGAL HISTORY

Japanese law is an amalgam of a number of different traditions and is an interesting source of study for Europeans at a time when the traditional concept of the nation state is breaking down.

Prince *Shotoku*'s Code of 17 articles, promulgated in 604 and described by some as the first Japanese Constitution, embodied a mixture of Buddhist and Confucianist values. It also represented a kind of social contract in so far as it set out the relationships and mutual obligations that should exist between the different members of the state, from the lowest to the highest. At the heart of this code was the spirit of 'harmony' and, despite many subsequent elaborations and reformulations, this has remained the dominant principle throughout the legal history of Japan, of which the code can be seen as the foundation.

The period of the Tokugawa Shogunate (1680-1868) requires special attention, because it was the time when the influence of Confucianism became conspicuous. The period between 604 and 1600 was a feudal time, when many provincial lords governed their own provinces; after this chaotic period, the nation reached a prolonged state of political equilibrium, economic prosperity and social calm. In contrast with such ancient emperor's ordinances as *Taiho Ritsuryo* in 701 and *Yoro Ritsuryo* in 718, which were oriented towards Chinese law, the laws created during the Tokugawa era contained characteristics unique to Japanese culture. It is true that the study of Confucian prinicples was popular and prevailing at that time, but such principles were interpreted in a distinctive, Japanese way. Apart from the code system, a large amount of customary law in

[付録] *1* Learning from Japanese legal tradition

Japan was created during the period under the influence of Confucianism.

Modernisation is considered to have begun in Japan in 1868. Its long period of international isolation was broken in 1853 by the American Commodore Perry, who threatened the Shogunate Government and forced it to open up the country. After that, foreign influences on Japanese law became noticeable and, indeed, substantial and numerous. In the *Meiji* era (1868-1911), Japanese law was modernised using principles derived from European legal systems, predominantly those of Germany, France and Britain. After the end of World War Ⅱ, American law came to exert a direct and marked influence on the Japanese legal system as a consequence of the American occupation.

The Japanese legal system today is therefore a hybrid, but its core is still unmistakably composed of Japanese traditions and beliefs, as can be seen by the way in which various foreign principles have been modified and filtered into the Japanese system. While taking full account of these influences and looking at divergent developments in foreign legal systems, this article sets out to illuminate this hybrid by examining the philosophies and reasoning underpinning the Japanese legal system, considered within the context of Japanese culture.

When Japan opened up the country, the Ministry of Education immediately sent 100 young students to study abroad. One of the exam questions for their selection was 'Explain *Entick v Carrington* (1765) 19 St. Tr. 1030' and another, a year later, was 'State the rule of *Smith v Buchan* (1888) 58 L. T. 710'. These questions show that the examiner, unknown to us, was at least aware of the leading English cases, and in fact, those who were selected by the examination went to London. Their first mission was to devise a model constitution. The first modern Constitution of Japan passed through the Diet on 11 February 1889 and was promulgated on 29 November 1890. For some reason it was said that the constitution was German-oriented, despite being much influenced by Dicey and by the constitutions of kingdoms such as Denmark, Norway and Holland. The federal constitution of the German Republic of the time did not resemble the said constitution.

2. WRITTEN CONSTITUTION

Today, at the top of the Japanese legal hierarchy lies a written constitution, composed of 103 articles, which was promulgated on 3 November 1946. Looking at the present constitution from the point of view of its function in defining the framework of government, the fundamental provisions are contained mainly in art. 41, 65 and 76, namely:

'*the Diet shall be the highest organ of the state power, and shall be the sole law-making organ of the State*' (art. 41)

'*the executive power shall be vested in the Cabinet*' (art. 65)

'[all] *judicial power is vested in a Supreme Court and in such inferior courts as are established by law*', (art. 76)

Taken together, these constitutional provisions create a governmental structure based on the Western concept of separation of powers.

Chapter 1 of the constitution is composed of eight articles and provides for the existence and the role of the Emperor. Under the present constitution, the Emperor has a symbolic role similar to that of the Queen in the United Kingdom. Inclusion of these provisions was designed to preserve the historical continuity that Japan had enjoyed since at least the time of Prince *Shotoku*'s Code in 604.

Chapter 2, which contains a single provision in the form of art. 9, is perhaps more important, It states that:

'*the Japanese people renounce war as a sovereign right of the nation and the threat or use of force as means of settling international disputes.*'

The interpretation of this particular article has been most controversial, since leading constitutional law professors have interpreted the provision as an absolute ban on all use of force and threat of force, including

[付録] *1*　Learning from Japanese legal tradition

that in self-defence. In recent years, however, constitutional lawyers have recognised the existence of international peacekeeping and other obligations under the United Nations Charter.

In addition to those mentioned above, there are chapters on the Bill of Rights (Chapter 3) and on Local Government (Chapter 8). These provisions were derived from the American Constitution, but in fact most also resemble those in the UK Bill of Rights and the Act of Succession. As a whole, the application of the American constitutional principles has been distorted, as exemplified by the celebrated *Defence Force funeral case* (*Nakaya v. State*, Sup, Ct. Bench Decision, *Showa* 63 [1988] June 1, *Minshu* vol. 42, no. 5, p. 277). In this case, the wife of a trainee soldier in the Air Force brought an action against the defence force over the funeral arrangements in relation to her late husband, who was killed in a training accident along with a number of other trainees. The funeral was proposed to proceed in accordance with Shinto practice, but the dead husband and his wife were very devout Christians. The Supreme Court held that freedom of religion provides for the principle of 'toleration', and interpreted this as meaning that the wife should accept the Shinto funeral (or not attend). The court considered that harmony in the defence force was more important than the individual's right to the free exercise of religion.

3. Roppo

(1) *Structure*

Roppo (six codes) contains the fundamental laws of the country: the Civil Code, Commercial Code, Code of Civil Procedure, Criminal Code and Code of Criminal Procedure, in addition to the Constitutional Code explained above. The Meiji Government hastened the promulgation of these codes, because they felt that it was essential to enhance Japan's international political status in the world so that Japan could revise the unequal treaty ratified by *Tairo Ii*. The influence of French, German and English law is

[付録] *1* Learning from Japanese legal tradition

very clear.

The Diet usually produces about 150 statutes every year in connection with relevant provisions of the basic codes. Some are comprehensive, but normally they are piecemeal. I have published four papers in England explaining recent legislation on banking, tracing assets, and shareholders' suits in Japan, and these exemplify such statutes. In this article I would like to take a more basic example–the 'exemption clause' in contract.

(2) *Exemption clause in contracts——Example*

There is a provision in the standard contract form for warehousing which states that the warehousing company shall not be liable for the loss of deposited property unless the depositor can prove gross negligence on the part of the said company. In the United Kingdom, this kind of exemption clause' would be tested in the courts on the bases of reasonableness. The Unfair Contract Terms Act 1977, for example, states that:

'*a person cannot exclude or restrict liability except in so far as the contract term satisfies the requirement of reasonableness*'.

British lawyers would be reminded of the *George Mitchell* case (*George Mitchell* (*Chesterhall*) *Ltd v Finney Lock Seeds Ltd* [1983] 2 All E. R. 737; 1 All E. R, 108), or the recent case of *Dampskibsselskabet of 1912 and Another v Motis Exports Ltd.* (CA, 21 December 1999). In the United States, the test is based around the principle of 'unconscionability' or it may be a matter of 'fairness', to be determined by the Federal Trade Commission.

In Japan, the end result of actual cases may be the same, but such a clause would not be tested by the court. If a case arose to test such a clause, the company would know that it would be invalidated by the court, and therefore they would not use the clause. This means that such a contractual clause is effective only as a means to discourage depositors from suing the company, and indeed a written contract is a starting point

217

[付録] *1*　Learning from Japanese legal tradition

for settlement of disputes. In this connection, it might be recalled that the above-mentioned six codes were drafted in a very short period, and the reader may correctly guess that the mentality that produced them might have been the same as in the case of the standard contract form. Japanese society is much more strongly based on the traditional customary law than on codes and statutes.

Before I explain the customary law, let me quckly add another example of a tort law. As a premise, it should be noted that s. 709 of the Civil Code provides that:

'*a person who violates intentionally or negligently the right of another is bound to make compensation for damage arising therefrom*'.

Professor Hoshino states that influence of French law is obvious. Here, differences exist between English law and continental law. The English approach to the subject bears the stamp of the kinds of action which existed in former times: specific torts were sanctioned in a variety of actions, imparting rules which were different in each procedural form. In French law, no specific torts are to be found, but there is a general principle similar to the Japanese Civil Code, s. 709. Article 1382 of the French Code states that:

'*any act whatever of man, which causes damage to another, obliges the person by whose fault it occurred to make good that damage.*'

Incidentally, a wrongful act can be viewed as a breach of implied contract not to injure a good neighbour, and therefore, the provision for 'damages' (s. 416), which is English law, is applicable both to contracts and to torts.

In *Doe (an infant) v Roe (a neighbour)*, the Tsu District Court decision of 21 April of Showa 58 [1983], *Hanrei Jiho* no. 1083, p. 135, the parents of a child brought a lawsuit against their neighbour on the ground of negligence. (Incidentally, the city was also the co-defendant, but the court discharged the issue on the ground of no standing.) The child was drowned in a river during a hike organised as part of the citizens' recreational activity of *Yokkaichi City*. The defendant was the leader of the picnic. The child was playing with the defendant's family, but the defendant failed to pay due care to the child. When this lawsuit was publicised, many people who had no relation to the parties, telephoned to ask them to stop the litigation. In the view of the public in general, the parties should not destroy the harmony of the local community by such litigation. In their view, this should be a matter for a private settlement under which the neighbour should console the parents and the parents in turn should tolerate the unintended negligence.

4. CUSTOMARY LAW

The final part of this article looks at customary law. The spirit of 'harmony' is the lifeblood of Japanese law, and the statutory laws are, as it were, its physical appearance. When the six codes were enacted, the drafters carefully added several general provisions. For instance, statutory provisions for 'public policy' (s. 90, Civil Code), 'good morals', 'fidelity and good faith' and the like, can be good grounds for the court to finesse the normally expected conclusions. In 1875, art. 3 of the Great Council's Proclamation No. 103 expressed its desire to preserve customary law as follows:

'In civil trials, those matters for which there is no written law are governed by custom, and those matters for which there is no custom shall be adjudicated by reason (jori).'

One example of *jori* can be seen in the *Unazuki Onsen case* (*Y v. Kurobe Railway Co., Taihan* Showa 10, October 5, *Minshu* vol. 14, no. 22, p. 1965).

The Japanese people are fond of hot springs, as the Romans were. The Unazuki Onsen is one of Japan's most famous hot spring resorts. Hot springs are normally concerned with the right to 'common', which is a sort of customary law provided for in s. 263 of the Civil Code. This section states that the matter of common shall be settled in accordance with customary law. Here, the *Kurobe* Railway Company had the right to common, and created a very long pipeline to carry hot water from the spring source in the mountain to the village resort where there were traditional inns. A villager who owned a precipitous cliff became aware of the fact that the pipeline touched his land. He sought the remedy of ejectment on the basis of his ownership. This was of course an attempt to obtain an excessive amount of compensation. The court held that this lawsuit was an abuse of right in the light of *jori*, because no damage was caused to the plaintiff.

Jori is much concerned with a public opinion and is also related to 'discretion'. Section 248 of the Code of Criminal Procedure provides that 'Character, age and circumstance' of the suspect may be taken into consideration in determining not to prosecute. The discretion to prosecute is also dependent on the *jori*. 'Discretion', on the other hand, is much more concerned with administration. Perhaps *gyosei shido* (administrative guidance) is better known than prosecutorial discretion.

In England, judicial review has been an important issue for administrative law reform. Discretion was a controversial matter. In contrast, discretion, at least until the recent past, was much favoured by Japanese lawyers. For example, when the Antitrust Act was enacted in 1947, the principles of the Act were unfamiliar to most Japanese lawyers. It could be said that this was imposed by the American occupation authority shortly after World War II. Many provisions of the statute were mere translations of American antitrust laws. As a consequence, the lawyers began telephoning the FTC officials for guidance — a practice that became known as *gyosei shido* (administrative guidance). Unfortunately, however, 'discretion' was often abused and became notorious as a bad law, particularly among foreign lawyers. Generally speaking, however, it functioned properly.

5. Conclusion

I would like to add an important note. This article refers to the laws of

[付録] *1* Learning from Japanese legal tradition

10 countries, but an eminent professor of law has pointed out that more than 40 countries in total have influenced the present Japanese legal system. This supports my principal thesis that Japanese legal tradition respects 'the spirit of harmony', not only in the domestic field but also in the international domain. In this age of globalisation, the Japanese people aspire to co-operate with peace-loving nations of the world and, in order to create a new international law system, they seek harmony among nations.

2 Special Lecture

Special Lecture delivered at the Institute Advanced Legal Studies in London on March 21, 2000

Distinguished professors ladies and gentleman

It is a great honour for me to give such an important lecture like this. The primary focus of my study has been Japanese law and Japanese legal reasoning. However, the study has been carried out from a comparative perspective in the firm belief that the study of an aspect of life in one country can yield important insights into a similar aspect of life in another country. In the case of Japanese law, the position is complicated by the fact that the Japanese legal system is itself a complex amalgam of a number of different traditions. An account of such a complex system must be useful to European who are seeing traditional conceptions of the nation state broken down, and are becoming increasingly aware of the importance of using foreign materials to further their understanding of their own "community" law. From this standpoint, this lecture is to give an introductory explanation of the larger study aspiration: The ultimate object of the study is to complete the book entitled "Western and Asian Legal Traditions".

1

First, a brief note on Japanese legal history shall be mentioned, because most of the audiences are not familiar with the legal system. When Prince *Shotoku* promulgated his Code of 17 Articles in 604, described by some as the first Constitution of Japan, it embodied a mixture of Buddhist and Confucianist values. It also represented a kind of Japan "social contract" insofar as it set out the relationships and mutual obligations that should exist between the different members of the state, from the lowest to the highest, At the heart of this Code was the spirit of "harmony" and despite many subsequent elaborations and reformulations, this spirit of "harmony" has remained throughout the legal history of Japan, of which the Code can be seen as the foundation.

The period of the *Tokugawa* Shogunate [1600-1868] requires special attention, because it was the time when the influence of Confucianism became conspicuous. The period between 604 and 1600 is a feudal time when many provincial lords governed their provinces, and it is too much complicated to mention the laws of that period. Anyway, after the chaotic period, the nation reached a prolonged state of political equilibrium, economic prosperity and social calm. In contrast with such ancient emperor's ordinances as *Taiho Rituryo* in 701 and *Yoro Rituryo* in 718, which were Chinese law oriented, the laws created during the *Tokugawa* Era had characteristics unique to Japanese culture. It is true that the study of Confucian principles was popular and prevailing at that time, but such principles were interpreted in a distinctive Japanese way. Apart from the influence of twisted Confucianism.

1868 is the year when modernization is considered to have begun in Japan. The long international isolation was broken in 1853 by the American Commodore Perry, who threatened the Shogunate Government and forced them to open the country. After that, the foreign influences on Japanese law became noticeable, and indeed, substantial and numerous. In the *Meiji* era, which began in 1868 and ended in 1911, Japanese law was modernized using the principles derived from European legal systems, predominantly those of German, France and Britain. After the end of World War Ⅱ (1945) with the American occupation, American law came to exert a direct and marked influence on the Japanese legal system.

The Japanese legal system today is therefore a hybrid, an amalgam. But its core is still unmistakably composed of Japanese traditions and belief, as can be seen by the way in which various foreign principles have been modified as they have filtered into the Japanese system. While taking full account of these influences and looking at divergent developments in foreign legal systems, this lecture sets out to illuminate this hybrid in the belief that it is only an examination of the philosophies and reasonings underpinning the Japanese legal system, considered within the context of Japanese culture, that this legal system can be understood.

2

When Japan opened the country, Ministry of Education immediately sent 100 young studies to study abroad. One of a few exam question for the selection was "Explain Entick v. Carrington [(1765) 19 St. Tr. 1030]" and another question in a later year was "State the rule of Smith v. Buchan [(1888), 58 L. T. 710]". These questions show that the examiner, unknown to us, was at least aware of the English leading cases, and in fact, those who were selected by the examination went to London. The first mission of the studente was ti make a model constitution. The first modern Constitution of Japan passed through the Diet on 11th February 1889, and was promulgated on 29th November 1890. For some reasons it was said that the Constitution was German-oriented, despite that it was much influenced by Dicey and by a few constitution of kingdom (such as Denmark, Norway, and Holland).

Today, at the top of the Japanese legal hierarchy, thre is a written constitution. This Constitution of Japan-the first main subject-was promulgated on 3rd November 1946, and its function in defining the framework of government, the fundamental provisions are contained particularly in Articles 41, 65 and 76. Article 41 provides that "the Diet shall be the highest organ of the state power, and shall be the sole lawmaking organ of the State". Article 65 provides that "the executive power shall be vested in the Cabinet. Article 76 provides that "the whole judicial power is vested in a Supreme Court and in such inferior courts as are established by law." Taken together, these constitutional provisions create the Japanese Government structure based on the Western idea of "separation of powers".

In the sequential order, there is Chapter 1, which is composed of 8 articles and which provides for the existence and the role of the Emperor. Under the oresent Constitution, the Emperor has a symbolic role like the role of Queen in England. Inclusion of these provisions was designed to Preserve the historical continuity that Japan had enjoyed at least since the promulgation of Prince *Shotoku*'s Code in 604.

Chapter 2, which contains a single provisions of Article 9, is perhaps more important. It states that "the Japanese people renounce war as a sovereign right of the nation and the threat or use of force as means of settling international disputes." Its interpretation has been most controversial, because leading constitutional law professors interpreted that provisions as an absolute ban of all "use of force" and "threat of force" which include "self-defense". In recent years, however, constitutional lawyers came to recognize the existence of the international duty under the United Nations Charter to cooperate with its activities. These include peace-keeping activities of the United Nations.

In addition to those mentioned above, there are chapters on the "Bill of Rights" (chapter 3) and on "Local Government" (chapter 8). These provisions derived from the American Constitution, but in fact, most provisions in these chapters resemble those in the British Bill of Rights and the Act of Succession. As a whole, the application of the American Constitutional principles has been twisted as exemplified in the case of the celebrated "Defense-force funeral case" (Nakaya v. State, Sup. Ct. Grand Bench Decision, Showa 63 [1988] June 1, *Minshu* vol. 42, no. 5, p. 277).

In this case, a wife of a training soldier in the Air Force brought an action against the Self-Defense to enjoy a funeral ceremony of the trainee group in which her husband was one of them who were dead as a result of an accidental crash during the training. The funeral was proposed to proceed in accordance the decreased wife should be tolerant to forego the Self-Defense funeral. The Supreme Court considered that "harmony" in the defense-force was very important rather than individual right to free exercise of religion.

3

Roppo (six codes)-the second main subject-are fundamental laws of the country: Civil Code, Commercial Code, Code of Civil Procedure, Criminal Code and Code of Criminal Procedure, in addition to the Constitutional Code explained above. The *Meiji* Government hastened the promulgation of these codes, because they felt that it was essential to enhance the political state of Japan in the World so that Japan could revise the unequal treaty ratified by *Tairo Ii*. Influence of French law, German law, and English law is very clear. An example will be given later in this lecture.

The Diet usually produces about 150 statutes' every year in connection with relevant provisions of the basic codes. Some are comprehensive, but normally they are piece-meal. I published four papers in England explaining recent legislation on banking, tracing assets, and shareholders' suits in Japan, and these exemplify such statutes. Today's audiences are not specialist of the banking law nor bankruptcy law, and therefore, I would like to take a more basic example, "exemption clause" in contact.

There is a provision in the standard contact form for warehousing which states that the warehousing company shall not be liable for the loss of deposited property unless the depositor can be able to prove the gross negligence on the part of the said company. In the United Kingdom, this kind of "exemption clause" would be tested in the court on the basis of "reasonableness". Unfair Contact Terms Act 1977, for example, states

[付録] *2* Special Lecture

that "a person cannot exclude or restrict liability except in so far as the contract term satisfies the requirement of reasonableness". British lawyers would be reminded of the George Mitchell (Chesterhall) Ltd. v. Pinney Lock Seeds Ltd, [1983] 2 All ER 737; 1 All ER 108], or a most recent case of "Dampskibsselskabet af 1912 and another v Motis Exports Ltd., C. A., 21 Dec. 1999. In the United States, this may be tested by the principle of "unconscionability" under UCC, or it may be a matter of "fairness" to be determined by the Federal Trade Commission.

In Japan, the end result of actual cases may be the same, but such clause would not be tested by the court. If a case arises to test such a clause in reality. this means that such a contact clause is only an effective effort to discourage depositors from suing the company, and indeed, a written contact is a starting point to settle disputes. In this connection, one might be recalled that the above mentioned six codes were made in a very short period, and he may correctly guess that the mentality to produce them might have been the same as in the case of the standard contact form. Codes and statutes are "*tatemae*" in Japanese society, and reality is much more strongly based on the traditional customary law.

Before I explain the customary law, let me quickly add another example of a tort law. As a premise, it should be noted that section 709 of the Civil Code provides that "a person who violates intentionally or negligently the right of another is bound to make compensation for damage arising therefrom". Professor Hoshino states that influence of French law is obvious. Here, differences exist between English law and continental law. The English approach to the subject bears the stamp of the forms of action which existed in former times. Specific torts were sanctioned in a variety of actions, imparting rules which were different in each procedural form. In French law, no specific torts are to be found, but a general principal similar to the said section 709 of the Japanese Civil Code. Article 1382 of the French Code states that "any act whatever of man, which causes damage to another, obliges the person, by the fault of whom it did occur, to make good that damage. Incidentally, a wrongful act can be viewed as a breach of implied contract not to injure a good neighbour, and therefore, the provision for "damages" (section 416), which is English law, is applicable both to contracts and torts.

In Doe (an infant) v. Roe (a neighbour), the *Tsu* District Court Decision of 21th April of Showa 58 [1983], *Hanrei Jiho* no. 1083, p. 135, parents of a child brought a law-suit against their good neighbour on the ground of "negligence". (Incidentally, the city was also the co-defendant, but the court discharged the issue on the ground of "no standing"). Here, the child was drowned in a river during the hiking carried out by the citizens' recreations activity of *Yokkaichi* City. The defendant was the leader of the picnic. The child was playing with the defendant's family, but the defendant failed to pay a due care to the child. When this law suit was publicized, many people who had no relation to the parties telephoned them to stop the litigation. In the viewpoint of the public in general, this should be a matter for a private settlement. In the settlement, the neighbour should console the parents, and the parents should tolerate the negligence which was not intentional.

4

In the final part of this lecture, "customary law" — the third main subject — shall be discussed. The spirit of "harmony" is the life blood of Japanese law, and the statutory laws are, as it were, its physical appearance. When the six codes were enacted, the drafters carefully add several general provisions. For instance, statutory provisions for "public policy" (section 90 of the Civil Code), "good morals", "fidelity and good faith", and the like, can be good ground for the court to finesse the normally expected conclusions. In 1875, Proclamation No. 103 of the Great Council expressed its desire to preserve customary law in its Article 3, which stated "in civil trials, those matters for which there is no written law are governed by custom, and those matters for which there is no custom shall be adjudicated by reason (*jori*). "One example of *"jori"* can be seen in the *Unazuki Onsen* case (Y. v. *Kurobe* Railway Co. *Taihan Showa* 10 Oct. 5, *Minsyu* vol 14, no. 22, p. 1965.

The Japanese people are fond of "hot-springs" as Romans do. The *Unazuki Onsen* is one of very famous hot-spring resort. Hot-spring is normally concerned with the right to common, which is a sort of customary law provided for in section 263 of the Civil Code. The section states that the matter of common shall be settled in accordance with "customary law". Here, the *Kurobe* Railway Company had the right to common, and created a very long pipe line to carry hot water from the spring source in the mountain to the village where you find traditional inns for resort. A villager who had the ownership of a precipitous cliff became aware of the fact that the pipe line touched his land. He sought the remedy of ejectment on the basis of ownership. The was of course an attempt to obtain an excessive amount of consolation money. The court held that this law suit was an abuse of right in the light of *"jori"*, because no damage was caused to the plaintiff.

"jori" is much concerned with a publish opinion, and it is also related to "discretion". Section 248 of the Code of Criminal Procedure provides that "character, age, and circumstance" of the suspect may be taken into consideration in determining not prosecute him. The discretion to prosecute is also dependent on the *"jori"*. "Discretion" is much more concerned with administration. Perhaps, *gyosei shido* (administrative guidance) is more well-known than the prosecutorial discretion.

In England, "judicial review" has been an important issue for administrative law reform. "Discretion" was a controversial matter. In contact, "discretion", at least until recent years, was much favoured by Japanese lawyers. I give you one example. When the Antitrust Act was enacted in 1947, the principal of the Act were unfamiliar to most Japanese lawyers. One might say that it was imposed by the American occupation authority shortly after the World War II. Many provisions of the statue were mere translation of American antitrust laws. As a consequence, the lawyers began telephoning the FTC officials to give guidance. FTC officers gave kind advice. The practice became to be known as *"gyosei shido* (administrative guidance)". Unfortunately, however, discretion was often abused and become notorious as a "bad law" particularly among foreign lawyers. Generally speaking, however, it has functioned properly.

5

Before concluding this lecture, I wound like to add an important note. In this lecture, laws of 10 countries are mentioned. It is pointed out by an eminent professor of law that more than 40 countries influenced over the present day Japanese legal system. This fact is a good evidence to show my main thesis of today's lecture: Japanese legal tradition respects "the sprit of harmony" not only in domestic field but also in international domain. In an Age when the whole world is getting more global, Japanese people aspire to cooperate with peace loving nations of the world, and in order to create a new international law systems, they seek "harmony" among nations. The preamble of the present Constitution states that "We, the Japanese people, desire peace for all time and are deeply conscious of the high ideals controlling human relationship, and we have determined to preserve our security and faith of the peace-loving peoples of the world. "Here, we see the sprits of "harmony" at international level.

事項索引

❖ あ 行 ❖

アジェンダ 21 の決議 ・・・・・・・・・・・・・・・・・*104*
アムネスティ・インターナショナル ・・・・・・*114*
アメニティ・・・・・・・・・・・・・・・・・・・・・・・・・・・・・*55*
アメリカの都市計画 ・・・・・・・・・・・・・・・・・・・・*63*
アルミタージュ判決 ・・・・・・・・・・・・・・・・・・・*133*
アングロ・サクソン法 ・・・・・・・・・・・・・・・・・・・*3*
EC ・・・・・・・・・・・・・・・・・・・・・・・・・・・・・・・・・・*102*
EC 指令 ・・・・・・・・・・・・・・・・・・・・・・・・・・・・・*100*
遺棄(desertion) ・・・・・・・・・・・・・・・・・・・・・・*151*
イギリス国教 ・・・・・・・・・・・・・・・・・・・・・・・・・*115*
違憲審査 ・・・・・・・・・・・・・・・・・・・・・・・・・・・・・*41*
遺産管財人(administrator) ・・・・・・・・・・・・・*165*
遺産分割 ・・・・・・・・・・・・・・・・・・・・・・・・・・・・*164*
一般法 ・・・・・・・・・・・・・・・・・・・・・・・・・・・・・・・*88*
イニシャティブ ・・・・・・・・・・・・・・・・・・・・・・・*59*
委任契約 ・・・・・・・・・・・・・・・・・・・・・・・・・・・・・*20*
イングランド教会 ・・・・・・・・・・*114, 116, 141*
うかがい訴訟(case stated) ・・・・・・・・・・・・・・*61*
永久拘束禁止の原則 ・・・・・・・・・・・・・・・*110, 172*
エクイティ ・・・・・・・・・・・・・・・・・・・・・・・*3-5, 148*
　　──の格言 ・・・・・・・・・・・・・・・・・・・・・・・*7*
　　──の裁判所 ・・・・・・・・・・・・・・・・・・・・・*18*
　　──の法理 ・・・・・・・・・・・・・・・・・・・・・・・*17*
エクイティ上の権利 ・・・・・・・・・・・・・・・・・・・*54*
エクイティ上の担保権 ・・・・・・・・・・・・・・・・*36-7*
エクイティ裁判所 ・・・・・・・・・・・・・・・・・・・・・・*5*
エリザベス女王 ・・・・・・・・・・・・・・・・・・・・・・*117*
王会(Curia Regis) ・・・・・・・・・・・・・・・・・・*3-4, 5*
王座部裁判所(King's Bench) ・・・・・・・・・・・・*4*
オプション取引 ・・・・・・・・・・・・・・・・・・・・・・*128*
親子関係 ・・・・・・・・・・・・・・・・・・・・・・・*153-4, 156*
親の権利 ・・・・・・・・・・・・・・・・・・・・・・・・・・・・*158*
親の養育権・教育権 ・・・・・・・・・・・・・・・・・・*142*

❖ か 行 ❖

解釈の方法(rule of construction) ・・・・・・・・*175*
開始令状(original writ) ・・・・・・・・・・・・・・・・*4-6*

開発計画 ・・・・・・・・・・・・・・・・・・・・・*51-2, 56, 58*
貸付信託 ・・・・・・・・・・・・・・・・・・・・・・・・・・・・*128*
カシミール・コール対ギル事件 ・・・・・・・・・・*24*
カスボーン対スカーフ判決(1738 年) ・・・・・・*39*
家　族 ・・・・・・・・・・・・・・・・・・・・・・・・・・・・・・*142*
カリキュラム(教育) ・・・・・・・・・・・・・・・・・・・*159*
仮判決(nisi decree) ・・・・・・・・・・・・・・・・・・・*151*
環境情報 ・・・・・・・・・・・・・・・・・・・・・・・・・・・・*100*
環境大臣 ・・・・・・・・・・・・・・・・・・・・・・・・・・・*52, 61*
環境評価報告の内容 ・・・・・・・・・・・・・・・・・・*103*
環境法 ・・・・・・・・・・・・・・・・・・・・・・・・・・・*92, 101*
環境保護 ・・・・・・・・・・・・・・・・・・・*51, 54, 92, 102*
監護権 ・・・・・・・・・・・・・・・・・・・・・・・・・・・・・・*158*
危険廃棄物 ・・・・・・・・・・・・・・・・・・・・・・・・・・*102*
危険物(harzadous substances) ・・・・・・・・・・・*56*
騎士奉仕 ・・・・・・・・・・・・・・・・・・・・・・・・・・・・・・*9*
寄託(bailment) ・・・・・・・・・・・・・・・・・・・・・・・*22*
救済方法 ・・・・・・・・・・・・・・・・・・・・・・・・・*7, 118*
教　育 ・・・・・・・・・・・・・・・・・・・・・・・・*155, 158-60*
教育改革 ・・・・・・・・・・・・・・・・・・・・・・・・・・・・・*45*
教会裁判 ・・・・・・・・・・・・・・・・・・・・・・・・・・・・*141*
教会裁判所 ・・・・・・・・・・・・・・・・・・・・・・・・・・*115*
教会法 ・・・・・・・・・・・・・・・・・・・・・・・・・・・*12, 155*
強制収用の手続 ・・・・・・・・・・・・・・・・・・・・・・・*67*
行政法 ・・・・・・・・・・・・・・・・・・・・・・・・・・・・・・・*48*
京都国際環境会議 ・・・・・・・・・・・・・・・・・・・・*104*
キリスト教 ・・・・・・・・・・・・・・・・・・・・・・・・・・*114*
記録(records) ・・・・・・・・・・・・・・・・・・・・・・・・・*62*
金融商品の流動化 ・・・・・・・・・・・・・・・・・・・・*139*
クエーカー ・・・・・・・・・・・・・・・・・・・・・・・・・・*114*
クックとベーコン ・・・・・・・・・・・・・・・・・・・・・・*5*
国親(parens patriae) ・・・・・・・・・・・・・・・・・・*145*
クリーン・ハンズの原則 ・・・・・・・・・・・・・・・*118*
経済的利益 ・・・・・・・・・・・・・・・・・・・・・・・・・・・*70*
血縁関係 ・・・・・・・・・・・・・・・・・・・・・・・・・・・・*157*
権原証書(land certficate) ・・・・・・・・・・・・・・・*53*
権限踰越(ultra vires)の法理 ・・・・*44, 46, 59*
限嗣不動産権(fee tail) ・・・・・・・・・・・・・・・・・*10*
公益信託 ・・・・・・・・・・・*111, 114, 116-7, 119, 130*

事項索引

公益性 …………………………… 116
強姦罪 …………………………… 151
拘禁(imprisonment) ……………… 7
公　示 …………………… 135, 138
公序(public policy) …………… 149
公正な裁判 ……………………… 41
公用収用(taking) …………… 40, 92
コーク …………………………… 18
国際慣習法 …………………… 105
国際結婚 ……………………… 158
国　籍 ………………………… 156
国家の責任 …………………… 145
子供の権利 …………………… 161
子供の福祉(welfare) ……… 149, 157
コモン・ロー ………………… 3-4, 154
　　　──の継受 ………………… 37
コモン・ロー上の担保権 ……… 38
コモン・ロー裁判所 …………… 5-6
婚　姻 ………………………… 141
　　　──の成立 ……………… 146
ゴンザレス判決 ……………… 144

◆ さ 行 ◆

債権の証券化 ………………… 137
財産権 …………………… 40, 67
財産の混合(mixing) ………… 120
財産法(property law) ………… 21
裁判管轄権 …………………… 141
財務室裁判所
　(Court of Exchequer Chamber) … 5
差止命令 ……………………… 118
産業廃棄物 …………………… 98
残酷な行為 …………………… 150
残余権(remainder) …………… 10
シージン ……………………… 169
ジェームズ判決 ……………… 40
自然的正義 …………………… 49
自然的正義の原理 …………… 59-60
執行人(executor) ………… 164-5
死手禁止法 …………………… 117
市の内部事項 ……………… 79, 81-2
シ・プレ原理 ……………… 121-2
司法審査(judicial review) …… 61

司法令状(judicial writ) ………… 6
事務弁護士(solicitor) ………… 27
収益蓄積の禁止 ……………… 174
宗教団体 ……………………… 130
集合流動動産 ………………… 139
私有財産 ……………………… 40
住宅問題 ……………………… 28
自由保有(free tenure) ………… 8
受益者(cestui que use) ………… 16
受託者 ………………………… 131
準司法機能 …………………… 61
準正(legitimation) …………… 157
生涯権(life estate) ……… 10, 166, 170
承継的財産処分 ……………… 166
譲渡担保権(mortgage) …… 33, 35, 54
消費者保護 ………………… 41, 101
将来権(future interests) …… 166-7
女　性 ………………………… 19
所有権 …………………… 12, 19
ジョン・ロック ………………… 21
人格代表(personal representation) … 165
親権(parens patriae) ………… 158
信託銀行 ………………… 132, 137-8
信託契約 ………………… 127, 131
信託設定 ………………… 127, 138
水質汚染防止 ………………… 102
ストリート対モンフォード判決(1985年) … 29
スワップ取引 ………………… 128
請願(petition) …………………… 3
正当な補償 ……………… 22, 56, 67
性犯罪 ………………………… 85
絶対的期間権 ………………… 24
セッツルメント ………… 127, 130, 166
相　殺 ………………………… 138
相　続 ………………………… 163
相続法 ………………………… 165
訴訟開始令状→開始令状(4〜6)
訴訟方式 ……………………… 4, 7
租税回避 ……………………… 20
ゾーニング ……………… 63, 65, 91
ソフト・ロー …………………… 104

234

事項索引

◆ た 行 ◆

大権令状(prerogative orders) ………118
第三者に対する公示 ………135, 138
大法官(Chancellor) ………4
大法官省 ………49
ダーウィンの進化論 ………141
タラーク離婚 ………150
短期賃借権(short term lease) ………12
単純不動産権(fee simple) ………10, 16
団体交渉 ………84
担保権(mortgage) → 譲渡担保権
　　──の設定 ………139
地方自治 ………72
　　──のサービス ………45
地方分権化 ………45
嫡出子 ………154, 157
中央政府 ………51
忠実義務 ………132
賃貸借契約(tenancy) ………24, 28-31
追跡権(tracing) ………119, 135
通行権 ………26
通常裁判所 ………142
デュー・プロセス ………67, 91
デリヴァティヴ取引 ………138
デリヴァリ契約 ………128
導管理論(conduit theory) ………136
登　記 ………12, 53
動産(chose in possession) ………22
投資家 ………38
同性愛 ………146
同棲契約 ………146
謄本保有(copyhold) ………9
特殊法人(gingo) ………63
特定履行(specific performance) ………25, 120
特別裁判所(special tribunals) ………47-8
都市計画 ………93
都市計画法 ………50-1, 68
都市再開発 ………64, 69
土地明渡請求訴訟(ejectment) ………12
土地収用 ………56, 63-4, 66, 69
土地審判所(Lands Tribunal) ………57, 61
土地の評価 ………71

土地負担(land charge) ………23, 33-4
土地法 ………52
土地保有態様(tenure) ………8, 15, 168
特権(enfranchisement) ………30
賭　博 ………88

◆ な 行 ◆

奈良県ため池条例事件 ………91-2
日本信託法 ………126
ニューサンス法理 ………93
ノーフォーク卿判決 ………171

◆ は 行 ◆

場合訴訟(case) ………4
廃棄物(waste) ………98-100
判決(decree) ………7
非自由保有(unfree tenure) ………8
非嫡出子 ………157
平等保護(equal protection) ………91
貧困家庭 ………143
ファースト・ナショナル銀行対トムソン判決 ………37
夫婦一体の原則(coverture) ………147, 151
夫婦財産関係 ………141, 151
夫婦別産制 ………151
父子関係 ………153
復帰権(reversion) ………10
不動産(real property) ………22
不動産権(estate in possession) ………10
プーフェンドルフ ………154-5
不法侵害(trespass) ………8
扶　養 ………158
プライヴァシー ………100
ブラックストン ………18, 154-5, 166
フーンスロー市の事件(2011年) ………34
平和な家庭生活 ………41
別居(divorce a mensa et thoro) ………149-50
ベンチャー事業 ………138-9
ヘンリー8世 ………9
法定相続人 ………164
法の支配 ………48
法務総裁(Attorney General) ………118, 134
ホーシャム不動産グループ対クラーク判決 ………39
補償額 ………65

235

事項索引

ボスカワン対ボジャ事件 ……… 34	banks ……………… 203-4, 208
ホーム・ルール ……………… 91	Bill of Rights …………… 216, 226
ホームレス …………… 32, 34, 66	chartered city ……………… 79-83
ポリス・パワー（police power）…… 69, 92	common law marriage ……… 146
❖ ま 行 ❖	comprehensive personal property mortgage ……………… 198
まちづくり ……………………… 91	confidential information ……… 201-2
マネー・ロンダリング ………… 202	consortium ……………………… 148
マンチェスター市議会対ピノック判決 …… 41	consumer bankruptcies ……… 197
水汚染 …………………………… 105	contingent interest ……………… 167
民事訴訟裁判所 …………………… 4	contracts ……………………… 183
メートランド ………………… 17-8	corporate governance ……… 184
❖ や 行 ❖	county …………………………… 73
遺　言 ……………… 129, 163	criminal investigation ……… 188
ユース法 ……………… 17, 169-70	criminal procedure ……………… 187
ユダヤ教 ……………………… 114	customary law ………… 218-9, 229
養子縁組（adoption）…………… 157	demise ……………………… 35-6
ヨーロッパ共同体法 ……………… 67	derivative action ……………… 185
ヨーロッパ憲法 …………………… 39	discretion ……………… 220, 230
ヨーロッパ人権規約 …………… 39, 41	divorce ……………………… 184
ヨーロッパ人権裁判所 …………… 68	divorce a mensa et thoro ……… 150
ヨーロッパ連合 ………………… 101	doomsday ……………………… 15
❖ ら 行 ❖	double jeopardy ……………… 84
ランベス事件 ……………………… 57	drugs ……………………… 202-3
リーエン …………………………… 38	ejectment ………………………… 7
離　婚 ……………………… 149	eminent domain ……………… 186
離婚調停 ……………………… 150	Emperor ……………………… 226
リットルトン ……………………… 9	execution of judgment ……… 196
ローマ法 …………………… 4, 8, 155	exemption clause ………… 217, 227
ローマ法のアクチオ（訴訟方式）…… 4	fair rent ………………………… 31
❖ A - W ❖	fairness ……………………… 228
a third party ……………… 197, 207	family tracing ……………… 184
actions *in personam* ………… 180	fraud ……………………… 179, 187
actions *in rem* ……………… 180	general law city ……………… 78, 83
actus reus ……………………… 179	*gyosei shido*（administrative guidance） ……………………… 220, 231
administrative suit ……………… 186	harmony ………… 219, 227, 231
Amish ……………………… 159	home rule ……………………… 72
arbitration ……………………… 206	independent schools ……… 158
bank ……………………… 201	injunction ………… 191, 195, 201
bankruptcy ……………… 196-7, 205	insolvency ……………………… 196
	insurance ……………………… 207
	intellectual property ……… 191

事項索引

investigation ·····················192
jori ························220, 230
judicial review ···············220, 230
knight ····························13
kokoku sosho ·····················186
Land Tribunal ······················70
lender's liability ·················207
liability of directors ··············185
local government ·············216, 226
mandamus ·······················186
mandate contract ············185, 187
medical malpractice ···············195
mens rea ························179
Money-Laundering ·················202
mortgage ······················198-9
multi-national legal disputes ········203
municipal affairs ···················79
negligence ···················218, 229
negotiable instruments ·············196
nulla poena sine lege ·············179
obligations ·······················183
ownership ··················191, 199
personal property ············182, 199
professional negligence ············185
property ·························178

proportionality test ················42
public notice ····················199
public policy ················219, 229
rate ····························44
recognise and enforce the foreign
　judgment or arbitral award ·······206
Rent Assessment Committee ·········31
rent officers ······················31
right of security ·················183
right to free exercise of religion ····227
seisin ·······················11, 169
self-help ························191
separation of powers ··············226
special district ····················73
spirit of "harmony" ···············224
standard contract term ············218
standing to sue ···················178
Star Chamber ······················5
Supreme Court ···················192
tax evasion ······················188
torts ···························183
unconscionability ············217, 228
United Nations Charter ···········216
vested interest ···················167
wardship ························142

237

判例索引

◆ A ◆

Abbott v. City of Los Angeles, 53 Cal. 2d
   674, 349 P. 2d 974(1960) ················85
Abbott v. Fraser(1874)L.R. 6 P.C. 96 ·····113
ACLU v. Kukasey, 534 F. 3d 181 (3rd Cir.
   2008) ·······································144
Alliance and Leicester plc v. Slayford
   [2001]1 All ER 1(CA) ················36
Andrews v, Partington(1791)3 Bro. C. C.
   401 ··175
Ankenbrandt v. Richards, 504 U. S. 689
   (1992) ······································144
Armitage v. Murse, [1977]2 A11 ER
   705, 713 ····································133
Attorney-General v. Downing(1766)Amb.
   550, 571 ····································112
Attorney-General v. Meyrick[1893]
   A. C. 1 ······································113
Austin v. Southwark LBC, [2011]
   A. C. 355 ··································32

◆ B ◆

B and L v. U. K.[2006]1 F.L.R. 35 ········142
Barker and Another v. O'Gorman and
   Others[1970]3 All E. R. 314 ···········114
Barralet v. Attorney-General[1980]3 All
   E. R. 918 ··································116
Blakemore v. Glamorganshire Canal
   Navigation(1832)1 My. & K. 154;
   Litvinoff v. Kent(1918)34 T. L. R. 298 ···119
Boomer v. Atlantic Cement Co., 26 Y. Y.
   2d 219, 257 N. E. 2d 870(1970) ··········93
Borland v. Sanders Lead Company, Inc.,
   369 So. 2d 523(1979) ····················93
Boscawn v. Bajwa[1996]1 WLR 328(CA)
   ··34
Bowman v. Secular Society Ltd.[1917]
   A. C. 406 ··································114

Bradshaw v. University College of Wales
   [1987]3 All E. R. 200(Ch. D.) ·········119
Branch v. Western Petroleum, Inc., 657 P.
   2d 267(1982) ······························93
British Museum Trustees v. White(1826)
   2 Sim. & St. 594 ··························113

◆ C ◆

Cadell v. Palmer(1833)1 Cl. & F. 372 ·····172
Casborne v. Scarfe(1738)1 Atk 603, 26 ER
   377 ··39
Chamberlayne v. Brockett(1872)8 Ch.
   App. 206 ····································121
Chartered Insurance Institute v. Corp. of
   London[1957]2 All E. R. 638 ··········116
Chavez v. Sargent 52 Cal. 2d 162, 339 P.
   2d 801(1959) ·······························84
Chertsey Urban District Council v.
   Mixnam's Properties[1965]A. C. 735 ····47
Childe v. Bailie(1618-23)Palmer 48, 333;
   Cro. Jac. 459 ······························172
Cincinnati v. Vester, 281 U. S. 439(1930) ···65
City of Edinburgh Council v. Secretary of
   State for Scotland and Another, [1998]1
   All ER 174(H. L.) ························57
City of London Building Society v. Flegg,
   [1988]1 A. C. 54 ··························147
Classification Act ······························77
Clephane v. Edinburgh Corp.(1869)L. R. 1
   Sc. & Div. 417 ····························121
Coggs v. Bernard, (1703)2 Ld. Raym. 909,
   91 ER 25 ····································22
Commissioners for Special Purposes of
   Income Tax v. Pemsel[1891]A. C. 581 ···111
Construction Industry Training Board v.
   Attorney-General[1973]Ch. 173 ········122
County of Los Angeles v. Riley, 6 Cal. 2d
   625, 59 P. 2d 139(1936) ···················78
County of Sacramento v. Chambers, 33

239

判 例 索 引

Cal. App. 142, 164 Pac. 613(1917) ……… *78*

◆ D ◆

Dampskibsselskabet af 1912 and another v Motis Exports Ltd., C. A., 21 Dec. 1999 …………………………… *217, 228*
Darcy v. San Jose, 104 Cal. 642, 38 Pac. 500(1894) ……………………………… *76*
Davies v. City of Los Angeles, 86 Cal. 37, 24 Pac. 771(1890); Hyde v. Wilde, 51 Cal. App. 82, 196 Pac. 118(1921) ……… *74*
Day v. Hosebay Ltd., [2010]EWCA Civ. 748 ……………………………………… *32*
Defence Force funeral case(Nakaya v State, Sup. Ct. Bench Decision, *Showa* 63 [1988] June 1, *Minshu* vol. 42, no. 5, p. 277) ………………………………… *216*
Dillon v. Acme Oil Co., 2 N. Y. S. 289(1888) ………………………………………… *93*
Director of Building and Lands v. Shun Fung Ironworks Ltd., [1995]2 AC 111 (1995) ……………………………………… *70*
Dodkinv. Brunt(1868)L, R. 6 Eq. 580 …… *121*
Doe(an infant)v. Roe(a neighbour), the *Tsu* District Court Decision of 21th April of Showa 58[1983], *Hanrei Jiho* no. 1083, p. 135 ………………… *218, 229*
Duke of Norfolk's Case(1681-85)3 Ch. Cas. 1; 2 Swanston 454 …………… *171*

◆ E ◆

Eagle Star Insurance Co. v. Green, [2001] EWCA Civ. 1389 ……………………… *12*
Entick v Carrington(1765)19 St Tr 1030 …………………………………… *214, 225*
Ex parte Braun, 141 Cal. 204, 74 Pac. 780 (1903) ………………………………… *78, 81*
Ex parte Daniels, 183 Cal. 192 Pac. 442 (1920) ……………………………………… *84*
Ex parte Jackson, 143 Cal. 564, 77 Pac. 457 (1904) ……………………………………… *76*
Ex parte Jackson, 上の(7) ……………… *76*
Ex parte Roach, 104 Cal. 272, 37 Pac. 1044

(1894) ………………………………………… *83*

◆ F ◆

Farley v. Stirling, 70 Cal. App. 526, 233 Pac. 810(1925) ……………………… *75*
Fatima v. Secretary of State for the Home Department, [1986]2 All ER 32 ……… *150*
Ferrand v. Wilson(1845)4 Hare 344 …… *174*
First National Bank plc v. Thompson [1996]Ch. 231, [1996]1 All ER 140 ……… *37*
Fribrance v. Fribrance, [1957]1 All ER 357 …………………………………… *152*

◆ G ◆

G. P. & B. v. Bulcraig and Davis, (1988)12 EG 103 ……………………………… *28*
George Mitchell(Chesterhall)Ltd. v. Pinney Lock Seeds Ltd, [1983]2 All ER 737; 1 All ER 108] ……………… *217, 228*
Ghaidan v. Godin-Mendoza[2004]UKHL 30 ……………………………………… *25*
Ghaidan v. Godin-Mendoza, [2004]2 A.C. 557 ……………………………………… *147*
Gilmour v. Coats[1949]A. C. 427 ………… *116*
Gissing v. Gissing, [1971]A. C. 886 ……… *152*
Gleason v. Municipal Court, 226 Cal. App. 2d 584, 38 Cal. Rptr. 226(1964) ………… *87*
Goel v. Sagoo, [1969]1 All ER 378 ………… *49*
Golub v Isuzu Motors, Civil Action No. 95-12766-RCL(decision of 8 May 1996) ……………………………………… *206*
Gonzales v. Carhart, 550 U. S. 124(2007) … *144*

◆ H ◆

Hadley v Baxendale(1854)9 Ex D 341 …… *183*
Hawaii Housing Authority v. Midkiff, 467 U.S. 229(1984) ……………………… *68*
Henshaw v. Foster, 176 Cal. 507, 169 Pac. 82(1917) …………………………………… *78*
Horsham Properties Group Ltd. v. Clark [2008]EWHC 2327, [2008]All ER D 58 (Oct.) …………………………………… *39*
Hounslow London Borough Council v.

240

判例索引

Powell Leeds City Council v. Hall Bingham City Council v. Frisby, [2011] 2 All ER 129(S. C.) ···················· 34
Housing Authority v. Kosydor, 17 Ill. 2d 602, 162 N. E. 2d 357(1959) ············ 65

◆ I ◆

IBM v Fujitsu[1989]JCA Journal, Nov issue at pp 2-10 ······················ 191
In re Adoption of Williams, 766 N. E. 2d 637(Ohio 2002) ························ 160
In re Clark's Trust[1875]1 Ch. D. 497 ····116
In re Edmondson's Will Trusts[1972]1 W. L. R. 183 ······························· 175
In re Hoffman, 155 Cal. 114, 99 Pac. 517 (1909) ································· 84
In re Hubbard, 62 Cal. 2d 119, 41 Cal. Rptr. 393, 396 P. 2d 809(1964) ·········· 88
In re Koehne, 59 Cal. 2d 646, 30 Cal. Rptr. 809, 381 P. 2d 633(1963) ················ 87
In re Lane, 58 Cal. 2d 99, 22 Cal. Rptr. 857, 372 P. 2d 897(1962) ·········· 85-6, 89
In re Loretizo, 59 Cal. 2d 445, 30 Cal. Rptr. 16, 380 P. 2d 656(1963) ················ 87
In re Manser, Attorney-General v. Lucas [1905]1 Ch. 68 ························ 114
In re Moss, 58 Cal. 2d 117, 23 Cal. Rptr. 361, 373 P. 2d 425(1962) ················ 86
In re Sic, 73 Cal. 142, 14 Pac. 405(1887) ····84
In re Spence, Barclays Bank, Ltd. v. Stockton-on-Tees Corp.[1938]Ch. 96 ···113
In re Zorn, 59 Cal. 2d 650, 30 Cal. Rptr. 811, 381 P. 2d 635(1963) ················ 87
Incorporated Council of Law Reporting for England and Wales v. Attorney-General[1971]3 All E. R. 1029 ·········· 113
Incorporated Council of Law Reporting for England and Wales v. Attorney-General[1972]Ch. 73 ··················· 112
Inland Revenue Commissioners v. Baddeley[1955]A. C. 572 ··············· 112
IRC v. Yorkshire Agricultural Society [1928]1 K. B. 611 ···················· 116

◆ J ◆

J. A. Pye(Oxford)Ltd. v. Graham[2003]1 A. C. 419 ······························· 41
J. v. C., [1969]1 All ER 788[1970]A. C. 668 ··· 162
James v. United Kingdom, Series A No. 52, (1986)8 EHRR 123 ······· 30, 40, 68, 166
Jesus College Case(1615)Duke 363 ······· 113
Joseph Rowntree Memorial Trust Housing Association Ltd. v. Attorney-General [1983] 1 All E.R. 288 ·················· 112

◆ K ◆

Kamrowski v. State, 142 N. W. 2d 793(Wis. 1966) ································· 65
Kansai Steel Company(Supreme Court decision of 7 June 1983, Minshu 37-5-611) ·································· 206
Karner v. Austria, [2003]2 FLR 623 ······ 147
Kashmir Kaur v. Gill, [1988]2 All ER 288 ···24
Kelo v. City of New London, 545 U. S. 469 (2005) ···························· 50, 69
Kingnorh Trust ltd. v. Tizard[1986]2 All ER 64 ································· 147
Knightbridge Estates Trust Ltd. v. Byrne, [1939] Ch. 441 ························· 37
Knightsbridge Estates Trust, Ltd. v. Byrne [1940] A. C. 613 ················ 173
Kozesnik v. Township of Montgomery, 24 N. J. 154, 131 A. 2d 1(1957) ············ 65
Kusinov v. Barclays Bank Trust Co. Ltd. [1989]Fam. L. 99 ······················ 165

◆ L ◆

Lake v. Bushby[1949]2 All ER ············ 28
Leeds Industrial Co-operative Society Ltd. v. Slack[1924]A. C. 851(H. L.) ····120
Lloyds Bank plc v. Rosset, [1988]3 All ER 915 ································· 147
London Risiduary Body v. Lambeth BC [1990]2 All ER 309 ···················· 57
Lucas v. South Carolina Coastal Council,

241

判例索引

505 U. S. 1003(1992) ······ 69
Lupton v. White(1805)15 Ves. 432 ······ 120

◆ M ◆

Manchester City Council v. Pinnock, [2010]UKSC 45, [2010]3 WLR 1441 ····· 41
Mann v. Scott, 180 Cal. 550, 182 Pac. 281 (1919) ······ 84
McCain v. Koch, 517 N. Y. S. 2d 918, 511 N. E. 2d 62(1987) ······ 66
McGovern v. Attorney-General[1981]3 All E. R. 493 ······ 113
McGrath v. Cohen(1978)1 N. S. W. L. R. 621 ······ 113
McPhail v. Doulton[1971]A. C. 424 ······ 110
Metropolitan Water Dist. v. Whitsett, 215 Cal. 400, 10 P. 2d 751(1932) ······ 77
Miller v. Miller: McFarlane v. McFarlane, [2006]UKHL 24, [2006]2 AC 618 ······ 152
Mixnam's Properties v. Chartsey Urban District Council [1964] 1 Q. B. 214 ····· 47
Moggridge v. Thackwell(1803)7 Ves. 36 ··· 121
Morice v. Bishop of Durham(1805)10 Ves. Jun. 552 ······ 110
Multiservice Bookbinding Ltd. v. Marden, [1979] Ch. 84 ······ 37

◆ N ◆

Nakaya v. State, Sup. Ct. Grand Bench Decision, Showa 63[1988]June 1, *Minshu* vol. 42, no. 5, p. 277 ······ 226
Nectow v. Cambridge, 277 U. S. 183, 48 S. Ct. 447(1928) ······ 91
Nollan v. California Coastal Commission, 483 U. S. at 834-5, 107 S. Ct. at 3147 (1987) ······ 69
North of England Zoological Society v. Chester RDC[1959]3 All E.R. 116 ······ 113
Northern Ireland Valuation Commissioner v. Lurgan Borough Council[1968]NI 104 ······ 116

◆ O ◆

Oakacre Ltd. v. Claire Cleaners(Holdings) Ltd.[1982]Ch. 197 ······ 120

◆ P ◆

Palmer v. Simmonds(1854)2 Drew. 221 ··· 110
Pasadena v. Chamberlain' 204 Cal. 653, 269 Pac. 630 (1928) ······ 78
Pasadena v. Stimson, 91 Cal. 238, 27 Pac. 604(1891) ······ 76
Pearks v. Moseley(1880)5 App. Cas. 714 ··· 174
People v. Bass, 225 Cal. App. 2d 777, 33 Cal. Rptr. 365(App. Dep. Super. Ct.(1963) ······ 87
People v. Franks, 226 Cal. App. 2d 123, 37 Cal. Rptr. 800(1964) ······ 87
People v. Jenkins, 207 Cal. App. 2d 904, 24 Cal. Rptr. 410(App. Dep. Super. Ct. 1962) ······ 87
People v. Lopez, 59 Cal. 2d 653, 30 Cal. Rptr. 813, 381 P. 2d 637(1963) ······ 87
Pettitt v. Pettitt, [1970]A. C. 777 ······ 7, 20, 35, 152
Pipoly, v. Benson, 20 Cal. 2d 366, 125 P. 2d 482(1942) ······ 83, 84
Poletown Neighborhood Coucil v. Detroit, 304, N. W. 2d 455(Mich. 1981) ······ 64
Price v. Attorney-General[1914]A. C. 20 ··· 121

◆ R ◆

R(on the application of R)v. Leeds Magistrates and Others, [2005]EWHC 2495 ······ 142
R(Sainsbury's Supermarkets Ltd.)v. Wolverhampton, cc[2011]1 AC 437 ··· 50, 68
R. v. Central Independent Television plc, [1994]Fam. 192(C. A.) ······ 162
R. v. Fulham, Hammersmith and Kensington Rent Tribunal, ex parte Zerek, [1951]2 K. B. 1 ······ 49
R. v. Hopley, (1860)2 F. & F. 202 ······ 157
R. v. Poole, *ex parte* Beebee, [1991]J. P. L.

242

判例索引

643 ·····94
R. v. Rushmoor Borough Council, ex p. Barrett, [1988]2 All ER 268(C. A.) ·····31
R. v. Somerset CC, *ex parte* Harcombe (1977)37 BMLR 1, 96 LGR 444 ·····33
R. v. United Kingdom (Human Rights; Punishment of Child), [1998] 2 FLR 959 ·····157
R. v. Woods, (1921)85 JP 272 ·····157
Re Adams and the Kensington Vestry (1884)27 Ch. D. 394(C. A.) ·····110
Re Bennett[1960]Ch. 18 ·····110
Re C(a Minor)(wardship; surrogacy), [1985]F.L.R. 846; A v. C, [1986]F.L.R. 445 ·····153
Re Cottam's Will Trusts[1955]3 All E.R. 704 ·····112
Re Coxen, McCallum v. Coxen, [1948]Ch. 747 ·····122
Re Dalziel, Midland Bank Executor and Trustee Co. Ltd. v. St. Bartholomew's Hospital[1943]Ch. 277 ·····122
Re De Noailles, Clouston v. Tufnell(1916) 85 L. J.(Ch.)807 ·····121
Re Deely's Settlement(1973)117 S. J. 877 ·····175
Re Diplock's Estate[1947]Ch. 716 ·····119
Re E(SA)(a minor)[1984]1 All ER 289 ·····145
Re Finger's Will Trusts, Turner v. Minister of Health[1972]Ch. 286 ·····121
Re Golay[1965]2 All E. R. 660, [1965]1 W. L. R. 969 ·····110
Re Gott[1944]Ch. 193 ·····110
Re Hamilton[1895] 2 Ch. 370 (C.A.) ·····110
Re Hampton Full Allotment Charity, Richmond upon Thames London Borough Council v. Rogers(1988) Times, 30 March(C. A.) ·····119
Re J(Specific Issue Orders; Muslim upbringing and cicumasion), [1999]2 FLR 678, upheld by[2001]1 FLR 571 ·····159
Re KD(a Minor)(Ward; Termination of Access), [1988]A. C. 806 ·····162
Re Kebty-Fletcher's Will Trusts; Public Trustee v. Swan and Snowden[1968]2 W. L. R. 34 ·····175
Re Levien, Lloyds Bank Ltd. v. Worshipful Co. of Musicians[1955]3 All E.R. 35 ·····113
Re Oatway[1903]2 Ch. 356 ·····119
Re R(A Minor)(wardship; medical treatment)[1992]Fam. 11 ·····145
Re S(a monor), [1998]A. C. 750(H. L.) ·····161
Re S(Abduction), [1996]1 FLR 600 ·····161
Re Tilley's Will Trusts[1967]Ch. 1179 ·····120
Re Tyrrell's Estate[1907]1 I. R. 292 ·····173
Re W(Minors)(Care Order; Adequacy of Care Order), [2002]2 A.C. 291 ·····162
Re Watson, Hobbes v. Smith and Others [1973]3 All E. R. 678 ·····115
Re Williams, Tucker v. Williams, [1952] Ch. 828;[1952]2 All E. R. 502 ·····172
Re Z(a Minor)(Identification: Restrictions on Punishment), [1997]Fam 1 at 26 ·····159
Re Z(a Minor)(Identity; Restrictions on Publication), [1977]Fam. 1(C. A) ·····162
Robins v. Prunyard Shopping Center, 23 Cal. 3d 899, 153 Cal. Rptr. 854. 592 P. 2d 341(1979) ·····92
Rosemary Simmons Association Ltd. v. UDT Ltd.[1987]1 All E. R. 281 ·····122
Royal Borough of Kensington and Chelsea v. O'Sullivan, [2003]2 FLR 459 ·····152
Royal Choral Society v. IRC[1943]2 All E.R. 101 ·····113
Royal College of Surgeons of England v. National Provincial Bank[1952]A. C. 631 ·····110, 113
Russell v. Russell, [1924]A. C. 687 ·····153

◆ S ◆

S. v. Distillers Co.(Biochemicals)Ltd. [1970]1 WLR 114 ·····158
Santa Barbara County Water Agency v. All Persons ·····78
Santa Barbara County Water Agency v. All Persons, 47 Cal. 2d 699, 306 P. 2d 875(1957) ·····78

判例索引

Save Britain's Heritage v. Secretary of State[1991]2 All ER 10 ·················· 94
Scmlla Properties Ltd. v. Gesso Properties (BVI)Ltd., [1995]BCC 793 ··············· 41
Sheffield CC v. ADH Demolition, (1984)82 L. G. R. 177 ···························· 97
Shelley's Case(1581)1 Co. Rep. 93b ······· *170*
Shimizu(U. K.) Ltd. v. Westminster City Council, [1997]1 All ER 481(H.L.) ······· 57
Sinclair v. Brougham[1914]A. C. 398 ··· *119-20*
Smith v Buchan(1888)58 LT 710 ········ *214*
Smith v. Buchan[(1888), 58 L. T. 710] ···· *225*
Southcote v. Bennet, (1601) Cro. Eliz. 815, 4 Co. Rep. 83b, ·························· 22
Southwark London Borough Council v. Williams, [1971]Ch. 734 ················ 66
Spitcauer v. County of Los Angeles, 227 Cal. App. 2d 376, 38 Cal. Rptr. 710(1964) ······································ 87
Sporrong v. Sullen, Series A No.52, (1983) 5 EHRR 35 ···························· 40
State Highway Commissioner v. Buck, 226 A. 2d 840(N. J. 1967) ·················· 65
State of New York v. Schenectady Chemical Co., 117 Misc. 2d 960, 459 N. Y. S. 2d 971(1983) ························ 93
Stephens v. Stephens(1736)Cases. Talbot 228 ····································· *172*
Street v. Mounford[1985]A. C. 809 ········ *29*
Supreme Court Decision of 14 March 1978, *Minshu* vol 32, no 3, p 211 ········ *177*
Swiss Bank Corp. v. Lloyds Bank Ltd., [1982]A. C. 584 ························ 38

◆ T ◆

The Trail Smelter Case(1931-1941), RIAA III 1905 ·························· 97
Thellusson v. Woodford(1805)11 Ves. Jun. 112 ····································· *172*
Thornton v. Howe(1862)31 Beav. 14 ······ *114*
Tokyo District Court decision, 15 January 1994, *Hanrei Jiho*[Case Reports]no 1510 ····································· *194*

Tokyo District Court decision, 9 November 1981, *Kinyu Shoji Homu* [Financial Business Law]no 1015, at p 45 ······································· *198*
Tokyo High Court decision of 30 January 1981, *Hanrei Jiho*[Case Reports]no 994, at p 53 ···························· *205*

◆ U ◆

Unazuki Onsen case(Y. v. Kurobe Railway Co. *Taihan Showa* 10 Oct. 5, *Minsyu* vol 14, no. 22, p. 1965) ············· *219, 230*
United States v. Certain Lands in Louisville, 78 F. 2d 684(6th Cir. 1935) ···· *64*
United States v. Faasse, 265 F. 3d 475 (6th Cir. 2001) ························ *144*

◆ V ◆

Village of Euclid v. Ambler Reality Co., 272 U. S. 365(1926) ······················ 91
Von Schmidt v. Widber, 105 Cal. 151, 38 Pac. 682.(1894) ························ 75

◆ W ◆

Walnut Creek v. Silveira, 47 Cal. 2d 804, 306 P. 2d 453(1957) ······················ 77
Walsh v. Secretary of State of India(1863) 10 H. L. Cas. 376 ······················ *173*
West Coast Advertising Co. v. City and County of San Francisco, 14 Cal. 2d 516, 95 P. 2d 138(1939) ······················ 80
Westdeutsche Landesbank v. Islington, [1996]2 All ER 961 ······················ 44
Whitby v. Mitchell(1890)44 Ch. D. 85 ····· *172*
White v. White[2001]1 A. C. 596(H.L.), [2000]2 F.L.R. 981(H.L.) ············· *152*
William and Glyn's Bank Ltd. v. Boland [1981]A. C. 487 ························ *147*
Williams v. Eady(1893)10 TLR 41(C. A.) ··· *160*
Wisconsin v. Yoder, 406 U. S. 205(1972) ··· *159*
Wright v. Atkyns(1823)Turn & R. 143, 157 ····································· *110*
Wynn v. Skegness UDC[1966]3 All E. R.

244

336 ·· *116*

◆ X ◆

X(Minors)v. Bedfordshire County Council, [1995]2 A. C. 633 ·············· *162*

◆ Y ◆

Y. B. 184, 19 Ed. III R. S. 376(1346) ········· *6*
Yale Diagnostic Radiology v. Estate of Foundain, 838 A. 2d 179 ················ *145*

Young v. New York City Jransit Authority, 729 F. Supp. 341(1990) ······· *66*

◆ Z ◆

Z v. United Kingdom, [2001]2 FLR 612; TP and KM v. United Kingdom, [2001] 2 FLR 549 ····························· *162*

最高裁(大)判決昭和38年6月26日・刑集17巻5号521頁 ······················· *91*

法令索引

(Environmental Protection Act 1995)
1285年 De Donis 法 ……………… *168*
1290年 Quia Emptores 法 …………… *168*
1290年 エドワード1世の法律
　（Quia Emptores）……………… *15*
1535年 ユース法 ………………… *169*
1536年 Statute of Uses ……………… *15-6*
1602年 エリザベス女王の救貧法 ……… *112*
1660年 土地保有態様に関する法律 ……… *9*
1660年 土地保有態様の廃止に関する
　法律 ……………………… *16*
1677年 詐欺防止法 ……………… *26*
1688年 Toleration Act ……………… *114*
1857年 Matrimonial Causes Act ……… *149*
1873年・1875年 司法府に関する
　法律 ……………………… *18*
1882年 妻の財産に関する法律 ……… *151*
1893年 物品売買法 ……………… *21*
1925年 財産権に関する法律
　→ Law of Property Act 1925
1933年 全国産業復興法 …………… *64*
1935年 社会保障法 ……………… *143*
1947年 都市・国土計画法 ………… *46, 50*
1957年 ヨーロッパ共同体条約第16章 … *101*
1958年 審判所および調査に関する法律 … *48*
1960年 慈善信託法 ……………… *117*
1964年 永久拘束・収益蓄積法 ……… *173*
1969年 婚姻法 …………………… *149*
1971年 都市計画法 ……………… *43*
1972年 地方自治法 ……………… *44*
1974年 公害規制法（Public Pollution Act
　1974）第5条 …………………… *99*
1975年 相続（扶養家族の家族供与分）に関
　する法律 ……………………… *164*
1981年 最高法院法（Supreme Court Act）… *60*
1985年 住居に関する法律 ………… *30*
1988年 教育改革法 ……………… *158*
1989年 地方自治，住宅供給に関する法律
　（Local Government and Housing Act）… *62*

1990年 都市国土計画法
　（Town and Country Planning Act）…… *52*
1991年 計画および補償に関する法律
　（Planning and Compensation Act）…… *60*
1995年環境保護法第 ………………… *98*
1998年 人権に関する法律 …………… *41*
2002年 養子縁組に関する法律 ……… *157*

　　　　　＊　＊　＊

Access to Justice Act 1999 ………… *33, 35*
Acquisition of Land Act 1981 ………… *67*
Administration of Estates Act 1925 ……… *164*
Administration of Justice Act 1969 ……… *122*
Administration of Justice Act 1982 ……… *164*
Administration of Justice Act 1985 ……… *163*
Administrative Complaint Act 1962 ……… *186*
Administrative Litigation Act 1962
　…………………………… *177, 186, 194*
Administrative Procedure Act 1993 ……… *194*
Adoption of Children Act 1926 ………… *157*
Agricultural Holdings Act 1986 ………… *34*
Ancient Monuments and Archaeological
　Areas Act 1979 ………………… *55*
Anti-Monopoly Act 1947 ……………… *205*
Antitrust Act 1947 ……………… *220, 230*
Assured Shorthold Tenancy under
　Housing Act 1985 ………………… *30*
Attorneys Act 1949 ………………… *201*
Banking Act 1981 …………………… *204*
Bankruptcy Act of 1978 ……………… *205*
Bankruptcy Act 1922, 1947, 1952 ……… *196*
Bankruptcy Act 1991 ……………… *196, 204*
Building Lease Act 1921 ……………… *182*
Calif. Const. (1879) ………………… *73, 75*
Calif. Const. (1914) ………………… *80*
Calif. Govt. Code §§ 34100-34102 ………… *77*
Chamberlain Act 1923 ………………… *31*
Charitable Uses Act, 43 Eliz. Ic. 4[1601] … *111*
Charities Act 1960 ………………… *112, 117-8*

法令索引

Child Maintenance and Other Payments Act 2008 ·················· 161
Child Online Protection Act, 47 U. S. C. § 231 ·················· 144
Child Support Act 1991 ·················· 161
Child Support Enforcement Act of 1935, 42 U. S. C. §§ 651–669 (2010) ······ 143
Child Support Enforcement Amendments Act of 1984 ·················· 143
Child Support Performance and Incentive Act of 1998, 42 U. S. C. § 9658a (2011) ··· 143
Children Act 1989 ··· 142, 153, 156, 159, 161-2
Children Act 2004, ·················· 157
Children and Young Persons Act 1933, ··· 157
Cityland and Property (Holdings) Ltd. v. Dabrah, [1968] Ch. 166 ·················· 37
Civil Action to Secure Assets Act 1989 ················ 177, 193, 195
Civil Code, s 388 ·················· 181
Civil Conciliation Act 1951 ·················· 184
Civil Execution Act 1979 ······ 193, 195-6, 198
Civil Partnership Act 2004 ·················· 147
Code of Civil Procedure ·················· 195
Code of Criminal Procedure ······ 188-90, 202
Corporate Reorganisation Act 1952 ······· 204
Commercial Code ·············· 185, 203, 207
Commercial Law (Special Provisions) Act 1974 ·················· 185
Common Law Procedure Act 1854 ······· 120
Company Law 1899 ·················· 184
Compensation Act 1916 ·················· 70
Compulsory Land Taking Act 1951 ······· 187
Compulsory Purchase Act 1965 ······ 61, 67
Constitution Article 65 ·················· 225
Constitution Articles 41, 76 ·········· 215, 225
Constitution, Art. 9 ·················· 215
Constitutional Reform Act 2005 ·············· 49
Contracts (Rights of Third Parties) Act 1999 ·················· 25
Control of Pollution Act 1974 ·················· 93
Convention on International Trade in Endangered Species of Wild Fauna and Flora ·················· 106

Convention on the Conservation of European Wildlife and Natural Habitats ·················· 106
Convention on the Preservation of Migratory Species of Wild Animals ····· 106
Convention on the Protection of the Rhine against Chemical Pollution (Rhine Chemical Convention) ·················· 105
Convention on the Regulation of Antarctic Mineral Resource Activities ············ 106
Convention on Wetlands of International Importance, Especially as Waterfowl Habitat ·················· 106
Copyright Act 1970 ·················· 205
Council Directive, 15 July 1975; 75 / 442 / EEC ·················· 103
Council Directive, 2 April 1979; 79 / 409 / EEC ·················· 103
Council Directive (17 December 1979; 80 / 68 / EEC) ·················· 102
Council Directive, 28 June 1984; 84 / 360 / EEC ·················· 102
Council Directive, 12 December 1991; 91 / 689 / EEC ·················· 102
Council Directive, 21 May 1992; 92 / 43 / EEC ·················· 103
Council Regulation, 1 February 1993; 259 / 93 / EEC ·················· 102
County Courts Act 1959 ·················· 122
Criminal Code, ·················· 190
Courts Act 1947 ·················· 190
De Donis 1285, 13 Ed. 1, c. 1 ·················· 168
Deceased Wife's Sister's Act 1907 and Marriage Act 1949 (Remedial Order) 2007 (SI 2007/438) ·················· 142
Dower Act 1833 ·················· 165
EC Directive 85 / 337 (Assessment of the Effects of Certain Private and Public Projects on the Environment) ·········· 102
EC Directive 85 / 337 ·················· 93
Education Act 2002 ·················· 159, 163
Education Act 2005 ·················· 163
Education and Inspections Act 2005 ······ 163

法令索引

Education Reform Act 1988 ········ *158, 163*
Environmental Protection Act 1995 ··· *98, 100*
Executive Order 12, 606 of Sept. 2, 1987 ··· *143*
Family Law Act 1986, ···················· *156*
Family Law Act 1996 ···················· *149*
Family Law Reform Act 1969, s. 26, s. 27 ··· *153*
Family Provision (Intestate Succession) Order ·· *164*
Family Provision Act 1966 ················ *164*
Fatal Accidents Act 1864 ················ *158*
Finance Act 1972 ························ *111*
Finance Act 1976 ························ *111*
Foreign Exchange and Foreign Trade Control Act 1949 ······················· *205*
French Code art. 1382 ················ *218, 228*
Furnished Housed (Rent Control) Act 1946 ·· *31*
Further Education and Training Act 2007 ·· *163*
General Rate Act 1967, ···················· *111*
Hague Abduction Convention (1980) ······ *160*
Higher Education Act 2004 ··············· *163*
Housing (Homeless Persons) Act 1977 ······ *66*
Housing Act 1985 ························ *30*
Housing Act 1988 (assured and shorthold tenancies) ······························ *28, 32*
Housing Act 2004 ························ *47*
Human Fertilisation and Embryology Act 1990 ···································· *153*
Income and Corporation Taxes Act 1988 ································ *16, 111-2*
Increase of Rent and Mortgage Interest (War Restrictions) Act 1915 ·············· *31*
Inheritance (Family Provision) Act 1938 ··· *165*
Inheritance (Provision for Family and Dependants) Act 1975 ················ *164-5*
International Child Abduction Remedies Act, 42 U. S. C. §11606-11611, Pub. L. 100-300, 102 Stat. 437 (1988); Exectuive Order No. 12648, 53 F. R. 30637 (1988) ··· *144*
Investment Trust Act 1952 ·············· *192*
Japanese Civil Code ······················· *218*
Judicature Act 1873 ······················· *141*

Land Charges Act 1972 ···················· *54*
Land Compensation Act 1961 ········ *47, 61, 67*
Land Lease Act 1921 ······················ *182*
Land Lease and Building Lease Act 1993 ··· *182*
Land Registration Act 1925 ·········· *24-5, 53*
Land Registration Act 2002 ··· *12, 25, 27, 36, 41*
Land Registration Act 2003 ················ *26*
Landlord and Tenant Act 1954 ········ *28-30*
Lands Tribunal Act 1949 ···················· *61*
Law of Property (Miscellaneous Provisions) Act 1989 ···················· *11, 27*
Law of Property Act 1925
················ *11-2, 25, 27, 53, 166, 172-4*
Leasehold Reform Act 1967 ············ *30, 40*
Legitimacy Act 1976 ···················· *156-7*
Local Democracy, Economic Development and Construction Act 2009 ·········· *46, 68*
Local Government Act 1972
································ *43, 62, 111, 118*
Local Government Act 2000 and 2003 ······· *45*
Local Government and Housing Act 1989 ··· *30*
Local Government and Public Involvement in Health Act 2007 (Ch. 28) ·············· *45*
Local Government, Planning and Act 1980
·· *62-3*
Local Government, Planning and Land Act 1990 ······································ *63*
Localism Act 2011 ························ *46*
Lord Cairns' Act 1858 ···················· *120*
Matrimonial and Family Proceedings Act 1984 ······································ *151*
Matrimonial Causes Act 1857 ······· *141, 150*
Matrimonial Causes Act 1973 ············· *152*
Matrimonial Causes Act 1875 ············· *149*
Mortmain and Charitable Uses Act 1888
·· *117*
Municipal Corporations Act 1882, 45 & 46 Vict. c. 50 ································ *43*
Perpetuities and Accumulations Act 1964
·· *173-4*
Planning [Listed Buildings and Conservations] Act 1990 ················ *55*
Planning Act 2008 ························ *68*

249

法令索引

Planning and Compensation Act 1991 47
Planning and Compulsory Purchase Act 2004 67
Prince *Shotoku*'s Code in 604 ... 213, 215, 223
Product Liability Act 1994 206
Public Health Act 1875 31
Public Trustee Act 1906 111
Quia Emptores 1290, 18 Ed. 1, c. 1 168
Recognition of Divorces and Legal Separations Act 1971 150
Recreational Charities Act 1958 116
Religious Disabilities Act 114
Rent Act 1965 31
Rent Act 1968 49
Rent Act 1977 ...... 28, 30, 32
Restatement, Trusts, Second §362 117
Roman Catholic Charities Act 1832 114
Rules of Supreme Court Or. 53 62
School Standards and Framework Act, Education Act 1996 163
Secured Bonds Trust Act 1905 192
Settled Land Act 1925 19
SI 1970 No. 1681 51
Social Security Act of 1935, P. L. 93-647, 42 U. S. C. §§601 *et seq* 143
State Tax Collection Act 1959 202
State Tax Offence Regulation Act 1962 ... 202
Statute Law Revision Act 1883, s. 3 120
Statute of Frauds 1677 26
Statute of Mortmain 1279 169
Statute of Uses (1536) 16, 170
Statute of Westminster III (1290) 15
Statute Quia Emptores (1290) 8
Stock Exchange Act 1948 180
Supreme Court Act 1981 120
Taiho Ritsuryo in 701 213
Tenures Abolition Act 1660 ...... 16, 142
The Statute of Uses (1535, 27 Henry VIII, ch. 10) 15
Town and Country Planning Act 1990 ...... 55-6, 68, 93
Trade Description Act 1958 115
Tribunals and Inquiries Act 1971 117

Tribunals, Courts and Enforcement Act 2007 49
Trust Act 1922 192-3
Unfair Contact Terms Act 1977 ...... 217, 227
Unfair Competition Prevention Act 1993 200
Uniform Interstate Family Support Act ... 143
Universal Copyright Treaty of 1974 205
Value Added Tax (Charities) Order 1973 ... 111
Vienna Convention on Early Notification of a Nuclear Accident 107
Water Resources Act 1991 93
Wildlife and Countryside Act 1981 94
Wills Act 1837 163
Yoro Ritsuryo in 718 213

* * *

アメリカ合衆国憲法第5修正 40
オゾン層保護のためのウィーン条約 104
核兵器実験を禁止する条約(モスクワ条約, 1963年) 107
環境保護法(1995年) 98, 100
原子核事故または放射線エネルギーの事例における援助に関するウィーン条約 (Vienna Convention on Assistance in the Case of a Nuclear Accident or Radiological Emergency) 107
国立公園法(National Park Act 1949) 94
財産法(property law)に関する法律と呼ばれる法律 21
受託者法(Trustee Act) 24
キャリフォーニア州憲法(1979年)
　——第11編6節 76
　——第11編8節 74
　——第11編12節, 13節 79
田園地区に関する法律(Countryside Act 1968) 94
同性愛関係(2004年) 165
同棲関係(1995年) 165
特定債権等に係る事業の規制に関する法律(平成4年制定, 平成10年最終改正) ... 139
特別保存地域は1990年 55
土地継承法(Settled Land Act) 24

250

法　令　索　引

土地の取得に関する法律(Aquisition of Land Act 1981)..................*63*
土地負担法(Land Charges Act)..........*24*
廃棄物その他の物質の放出による海洋公害の防止に関する条約(モスクワ，ワシントン，1972年)..................*105*
バクテリア(生物)..................*107*
ベルヌ条約(Berne Convention concerning the Commission for the Protection of the Rhine against Pollution)............*105*
ヨーロッパ共同体指令
　(Council Directive, 4 May 1976; 96／464／EEC)..................*102*
ヨーロッパ人権規約議定書第1条..........*41*
ヨーロッパ人権規約第1プロトコール......*39*
ヨーロッパ人権規約
　──第2条..................*142*
　──第4条..................*41*
　──第8条..................*142*
　──第14条..................*146*
アメリカ合衆国憲法第10修正..........*143*

◆　日本の法令　◆

刑事訴訟法..................*189, 209, 220, 230*
刑　法..................*178-80, 188, 201, 208-9*
国有財産法28条の2..................*130*
商　法..................*185, 204*
所得税法
　──12条..................*136*
　──176条..................*136*
　──78条3項..................*136*
信託業法(法律第65号)..................*124-5*
　──5条..................*129*
信託法(法律第62号)..................*124-5*
　──47条..................*139*
　──68条..................*130*
　──2条..................*129*
　──16条2項..................*134*
　──31条..................*126, 134-5*
　──35条..................*131*
　──56条前段..................*139*
　──57条..................*127*
担保付社債信託法(明治38年)..........*137*
地方自治法(1986)..................*130, 134*
地方税法73条の2, 73条の7, 585条ないし597条..................*136*
日本国憲法
　──9条..................*226*
　──29条2項..................*91*
　──29条3項..................*92*
　──76条..................*226*
民事訴訟法..................*191, 195, 201, 206, 209, 229*
民　法..................*131, 182-4, 197-8, 203, 207, 218-9, 228*
有価証券取引税法8条..................*136*

251

〈著者紹介〉
　　田　島　　裕（たじま　ゆたか）

昭和15年4月30日，愛知県に生まれる。東京大学大学院博士課程終了後，昭和49年4月より平成2年3月まで，大阪市立大学法学部に勤務（助教授，教授），平成2年4月より，筑波大学大学院ビジネス科学研究科企業法学専攻教授。平成17年4月より，獨協大学教授。
ケンブリッジ大学（ブリティッシュ・カウンシル・フェロー），ハーバード・ロー・スクール，キャリフォーニア大学（バークレー），バーミンガム大学など，客員教授。筑波大学名誉教授，OBE（英国）。

■主要著書
『議会主権と法の支配』（有斐閣・1981年），『英米法』（筑摩書房・1985年）[共著]，『イギリス法入門』（有斐閣・1991年），『比較法の方法』（信山社・1998年），『イギリス法入門』（信山社・2001年），『UCCコメンタリーズ(1)〜(3)』（雄松堂出版・2006年-2009年），『英米の裁判所と法律家（著作集3）』（信山社・2009年），『刑法・証拠法・国際法（著作集7）』（信山社・2010年）。

【翻訳】スカーマン『イギリス法—その新局面』（東京大学出版会，1981年），ダイシー『憲法序説』（学陽書房・1983年）[共訳]，ポパー『確定性の世界』（信山社・1995年、文庫版・1998年）。

エクイティの法理
　—英米の土地法・信託法・家族法—　田島裕著作集5

2013（平成25）年8月30日　第1版第1刷発行
1775-01011-P272-¥8000-040-010

著　者　田　島　　裕
発行者　今井　貴・稲葉文子
発　行　株式会社信山社
編　集　信山社出版株式会社
　〒113-0033　東京都文京区本郷6-2-9-102
　　TEL 03-3818-1019　FAX 03-3818-1411
信山社販売株式会社　〒113-0033　東京都文京区本郷6-2-10-101
　　TEL 03-3818-1019　FAX 03-3818-0344
出版契約 No. 2013-1775-01011　order@shinzansha.co.jp

印刷　亜細亜印刷／製本　渋谷文泉閣

©2013, 田島 裕, Printed in Japan. 禁コピー，信山社制作
落丁・乱丁本はお取替えいたします。
ISBN 4-7972-1775-9 C3332　1775-0101-012-040-010
NDC 分類 322. 910-a105

JCOPY　〈(社)出版者著作権管理機構　委託出版物〉
本書の無断複写は著作権法上での例外を除き禁じられています。複写される場合は，そのつど事前に，（社）出版者著作権管理機構（電話 03-3513-6969，FAX 03-3513-6979, e-mail:info@jcopy.or.jp）の許諾を得てください。

田島 裕 著

法律論文の書き方と 参考文献の引用方法
（新書判）

本体 800 円（税別）

「論文はどう書けばいいのだろう？」学生にとって大きな壁となる論文作成の、基本的心得・実際の書き方や文献表記の統一的ルールを解説する。法律を専門としない院生・学部生にも参考となる。いつでも持ち運べるポケットサイズで、普段の生活はもちろん、留学先にも持って行くことが出来る学生の心強い味方。

信山社

◇ 法律学講座 ◇

◆ **憲法講義（人権）**
赤坂正浩 著

◆ **行政救済法**
神橋一彦 著

◆ **信 託 法**
星野　豊 著

◆ **国際労働法**
小西國友 著

◆ **実践国際法**
小松一郎 著

◆ **外国法概論**
田島　裕 著

信山社

田島　裕 著作集〈全8巻〉

◇第1巻　合衆国憲法の基本構造、基本的人権、統治機構
アメリカ憲法──連邦憲法の構造と公法原理── 　一〇,五〇〇円

◇第2巻　議会の機能、立法と法の支配
イギリス憲法──議会主権と法の支配── 　予価八,〇〇〇円

◇第3巻　司法制度、改革、裁判官、弁護士、陪審
英米の裁判所と法律家 　一〇,〇〇〇円

◇第4巻　その形成と展開を探る
コモン・ロー（不法行為法と契約法） 　予価八,〇〇〇円

◇第5巻　英米の土地法・信託法・家族法
エクイティの法理 　八,〇〇〇円

◇第6巻　会社、銀行、担保、消費者保護
英米企業法 　一一,五〇〇円

◇第7巻　刑法・証拠法、仲裁法他
刑法・証拠法・国際法 　一二,〇〇〇円

◇第8巻　判例が語る英米法
英米法判例の法理論 　六,〇〇〇円

別巻
◇第1巻
比較法の方法 　本体二,九八〇円

◇第2巻
イギリス憲法典──一九九八年人権法の制定

◇第3巻
イギリス法入門〔第2版〕 　三,二〇〇円

◇第4巻
アメリカ法入門 　続刊予定

── 信山社 ──